高职高专会展专业新形态教材

会展信息管理

(第 3 版)

张 素 主 编
章 笕 陈 唐 副主编

清华大学出版社
北 京

内 容 简 介

本书全面、系统地介绍了会展信息理论与实务，是国家骨干高职院校建设项目的重点专业——浙江旅游职业学院会展策划与管理专业校企合作共同开发的教材。本书顺应信息时代的发展趋势和会展行业的发展需求，结合"项目导向、产学并行"的人才培养模式，围绕会展项目的管理过程，分8个项目模块介绍了会展信息管理内容，具体包括会展信息管理概述、云上会展、会展项目策划信息管理、会展项目运营信息管理、会展现场服务信息管理、会展场馆信息及智能化管理、会展信息系统的安全保障、会展软件操作综合实训。通过本书，读者能够了解会展信息化应用和管理的手段，从而提升会展职业竞争力。

本书既可作为高等院校会展管理相关专业的基础课教材，也可供相关行业人员培训参考使用。

本书提供课件和会展信息管理题库，请读者扫描封底二维码获取。

本本书封面贴有清华大学出版社防伪标签，无标签者不得销售。
版权所有，侵权必究。举报：010-62782989，beiqinquan@tup.tsinghua.edu.cn。

图书在版编目(CIP)数据

会展信息管理 / 张素主编. —3版. —北京：清华大学出版社，2022.3（2024.8重印）
高职高专会展专业新形态教材
ISBN 978-7-302-60175-3

Ⅰ. ①会… Ⅱ. ①张… Ⅲ. ①展览会—信息管理—高等职业教育—教材 Ⅳ. ①G245

中国版本图书馆 CIP 数据核字 (2022) 第 029175 号

责任编辑：施　猛
封面设计：周晓亮
版式设计：孔祥峰
责任校对：马遥遥
责任印制：宋　林

出版发行：清华大学出版社
　　　　　网　　址：https://www.tup.com.cn, https://www.wqxuetang.com
　　　　　地　　址：北京清华大学学研大厦 A 座　　　邮　编：100084
　　　　　社 总 机：010-83470000　　　　　　　　　邮　购：010-62786544
　　　　　投稿与读者服务：010-62776969，c-service@tup.tsinghua.edu.cn
　　　　　质 量 反 馈：010-62772015，zhiliang@tup.tsinghua.edu.cn
印 装 者：三河市龙大印装有限公司
经　　销：全国新华书店
开　　本：185mm×260mm　　　印　张：16.75　　　字　数：351 千字
版　　次：2013 年 5 月第 1 版　2022 年 3 月第 3 版　印　次：2024 年 8 月第 3 次印刷
定　　价：49.00 元

产品编号：096430-02

前言(第3版)

《会展信息管理》自2013年5月出版以来，得到高职高专院校及一些本科院校同仁的好评和广泛使用，我们倍感荣幸。本书第2版经过出版社的申报获得评审专家的认可，成功入选"十三五"职业教育国家规划教材。这既是对教材编写工作的肯定，同时也对本书第3版的修订提出了更高的要求。

当今世界，信息技术日新月异，朝着数字化、网络化、智能化的方向深入发展。党的二十大报告指出，建设现代化产业体系，加快数字经济发展，建设数字中国，已经成为我国未来发展蓝图的重要组成部分。数字经济作为发展最快、创新最活跃、辐射范围最广的经济活动之一，正成为全球经济复苏和增长的重要驱动力。在此背景下，会展业逐步与数字经济深度融合，加快云计算、大数据、物联网、移动互联网、虚拟现实、人工智能、区块链等技术在会展业的应用，推动传统展会向数字化、智慧化和绿色化转型，打造"永不落幕的展会"。

为了适应数字经济时代发展的需要，落实立德树人的根本任务，本书在第2版的基础上进行了如下修订：在学习目标中增加了思政育人目标和课程思政学习导入；增加了相关的数字资源，配合纸质教材，可满足移动学习、线上线下混合式教学的需要；进一步更新和充实了知识链接和案例链接；对某些章节的数据和内容进行了更新、补充；在附录中增加了展览会信息管理系统建设规范。本次修订力求内容新颖、重点突出，反映会展信息化建设的前沿和发展趋势，符合院校教学、行业学习需要。

编者在修订本书的过程中，获得了上海八彦图信息科技有限公司(31会议)、杭州展之信息技术有限公司等致力于数字会展发展的企业的大力支持，以上企业不仅为本书提供了应用实例，而且在教学实施过程中给予了软件支持，在此表示衷心的感谢。此外，感谢互联网资源共享和生态共赢的环境丰富了本书的内容和实例。最后，由衷感谢使用本书的院校师生和读者。

受编者能力和所掌握的资源的限制，本书修订后仍可能存在疏漏或不足，敬请读者对本书提出宝贵的改进意见，以便我们不断完善，使本书能更好地满足各界需求。

反馈邮箱：wkservice@vip.163.com。

编者
2022年1月

前言(第2版)

　　《会展信息管理》一书自2013年出版以来得到高职高专院校同仁的好评和广泛使用，一些会展企业相关人员也将本书作为参考书，这也体现出本书具有较强的实用性。随着大数据时代的到来，"互联网+"成为展览业创新发展的驱动力，"互联网+会展"成为创新2.0下会展业发展的新形态、新业态。进入中国会展经济发展新常态的现代会展业，通过日趋多样化的信息技术手段，不断强化竞争力、提升品牌影响力。三年过去，为了适应大数据时代发展的需要，应出版社的要求，本书在原版的基础上进行修订。修订版进一步充实了最新互联网信息交流手段和平台的相关内容，在某些章节适当增加了信息平台和软件的应用操作实例和案例，对原版存在的某些知识空缺做了补充，对书中相关章节的数据进行了更新。我们力求反映当代会展业的最新发展趋势和应用热点，做到内容新颖、具体、实用性强。我们希望修订后的教材能更加适应教学需要，让学生对信息交流的实践性手段有较好的理解和应用。

　　本书编写分工如下：项目1、项目2、项目3、项目7由张素完成；项目6由章笕完成；项目4、项目5由陈唐完成。

　　受能力和所掌握的资源所限，尽管我们对本书进行了修订，但仍可能存在疏漏或不足之处，我们殷切地希望读者对本书提出宝贵的改进意见，以使本书越来越完善，越来越适应高职高专教育发展的实际需要。反馈邮箱：wkservice@vip.163.com。最后，感谢互联网资源共享和生态共赢的环境丰富了本书的应用实例，在此也对使用本书的院校师生和读者表示衷心的感谢。

编者
2017年4月

前言(第1版)

会展业作为现代服务业的重要组成部分，属于信息密集型产业，信息技术强烈地影响会展业的发展。这就要求会展业的经营管理人员不仅具备全面专业的经营管理知识，而且能够顺应时代发展和行业发展的需要，采用先进的信息技术处理复杂的信息资源，从而保证会展业的健康有序发展。未来，大型会展集团将会越来越重视会展信息化建设和应用。本书立足会展项目管理过程中的主要环节，结合会展应用信息系统实例，使读者了解会展信息化的应用和管理手段。

"会展信息管理"是会展策划与管理专业的职业技术课程，是在"项目导向、产学并行"的人才培养模式下开发的理论与实践相结合的必修课程。本书是浙江旅游职业学院国家骨干院校建设项目成果，综合介绍了目前会展行业所使用的会展相关软件，体现项目导向，紧密结合行业需求，围绕会展项目管理过程进行阐述，主要分为网上会展、项目策划、项目运营、现场服务、场馆智能化、管理智能化6个项目模块。通过学习本书，学生可掌握一般会展项目运营的信息化管理流程，熟悉展会现场、会展场馆所必需的各种信息系统。

本书以行业信息化需求为导向，围绕会展项目管理过程的主要环节进行信息化管理设计，使会展教育同步于会展业信息化建设和应用，让学生对会展管理信息化建设和应用有一个全面的了解。本书主要有以下几个亮点。

(1) 突出应用性。本书不仅按照会展项目管理过程的主要环节介绍信息化的建设和应用理论，而且运用了很多行业软件，能够提高学生的实践工作能力。本书每个项目的结尾附有相关的实训题目和应用实例，用于指导教学实践，并附有案例链接和知识链接供读者参考，内容突出体现行业需求和行业应用情况。

(2) 体现"项目导向、产学并行"。本书在编写过程中，从编写团队的组建到实例的提供，都有来自会展行业的技术顾问参与；从项目章节的模块化到各章节的知识点，都以虚拟项目和实体项目为导向，阐述相关理论知识；同时对会展业正在应用的会展信息软件进行梳理，让学生了解会展业信息化建设情况，以增强学生的就业竞争力。

编者在编写本书的过程中，浙江旅游职业学院会展专业所有老师提供了大力支持，作为紧密型校企合作开发教材的合作企业——杭州磐天信息科技有限公司的工程师斯海军为本书的编写提供了技术指导，浙江旅游职业学院现代教育技术中心的许竹君老师为本书提供了支持和建议，我的学生袁双丹、史敏一协助做了资料整理工作，在此一并表示感谢。

此外，编者参阅和引用了部分已有的研究成果和文献，大部分已注明出处，在此谨向这些作者和企业表示诚挚的谢意，也希望这些会展信息软件能够在企业和教学中得到更加广泛的应用。由于会展信息化是一个新领域，限于编者的经验和水平，书中难免存在疏漏和错误，敬请广大读者和专家不吝指正，反馈邮箱：wkservice@vip.163.com。

编者

2012年12月

目　录

学习项目1　会展信息管理概述 …………1

学习任务1.1　会展业与信息技术 …………2
　1.1.1　会展业概况 ………………………2
　1.1.2　信息技术概述 ……………………3

学习任务1.2　会展信息及管理 ……………4
　1.2.1　会展企业遇到的困扰及解决方法 …4
　1.2.2　会展信息的分类和作用 …………5
　1.2.3　会展信息管理分析与实现 ………9

**学习任务1.3　会展信息在会展中的
　　　　　　　应用** …………………………13
　1.3.1　展馆的"智能化" ………………13
　1.3.2　会展管理和服务的"信息化" …14
　1.3.3　会展信息管理软件的开发和
　　　　应用 ……………………………14
　项目小结 …………………………………15
　实训练习 …………………………………16

学习项目2　云上会展 ………………………20

学习任务2.1　云上会展概述 ………………21
　2.1.1　云上会展的应用形式 ……………21
　2.1.2　云上会展与传统会展的区别
　　　　与优势 ……………………………23
　2.1.3　云上会展的服务内容 ……………26
　2.1.4　云上会展的运作流程 ……………28

学习任务2.2　云上会展建设过程 …………29
　2.2.1　云上会展的建设要点 ……………29
　2.2.2　云上会展的建设步骤 ……………30

学习任务2.3　我国重要的云上会展 ………32

　2.3.1　我国云上会展的呈现模式 ………32
　2.3.2　广交会云展览 ……………………34
　2.3.3　服贸会云展览 ……………………35
　2.3.4　丝博会云展览 ……………………37

**学习任务2.4　新技术在云上会展中
　　　　　　　的应用** ………………………38
　2.4.1　云计算技术 ………………………39
　2.4.2　大数据技术 ………………………39
　2.4.3　人工智能技术 ……………………41
　2.4.4　扩展现实技术 ……………………44
　2.4.5　数字孪生技术 ……………………50
　项目小结 …………………………………52
　实训练习 …………………………………53

学习项目3　会展项目策划信息管理 ……61

学习任务3.1　会展策划信息市场调研 ……63
　3.1.1　会展策划信息市场调研的内容 …63
　3.1.2　会展策划信息市场调研的方法 …67
　3.1.3　会展策划信息调查方案的设计 …69

**学习任务3.2　会展项目策划信息管理
　　　　　　　内容** …………………………75
　3.2.1　会展立项策划信息管理 …………75
　3.2.2　会展项目可行性分析信息管理 …77
　3.2.3　会展项目策划信息管理流程 ……78
　3.2.4　商务展览、会议文案策划
　　　　流程管理 …………………………79

**学习任务3.3　会展项目策划信息的
　　　　　　　应用** …………………………82

项目小结……………………………… 86
实训练习……………………………… 86

学习项目4　会展项目运营信息管理……92

学习任务4.1　会展项目运营信息管理的流程……………………………… 94
 4.1.1　展前阶段……………………… 94
 4.1.2　展中阶段……………………… 99
 4.1.3　展后阶段…………………… 101

学习任务4.2　会展项目运营信息管理的主要内容………………… 103
 4.2.1　参展商信息库建设………… 103
 4.2.2　招展代理管理……………… 105
 4.2.3　招展联络管理……………… 109
 4.2.4　展位实时管理……………… 110
 4.2.5　参展费用管理……………… 112
 4.2.6　展览服务商管理…………… 115
 4.2.7　观众邀请管理……………… 115

学习任务4.3　会展项目运营信息管理的实践应用………………… 120
 4.3.1　招展业务流程应用………… 120
 4.3.2　参展商参展业务流程应用…… 121
 4.3.3　在线展位申请业务流程应用…… 122
 4.3.4　参展商报到业务流程应用…… 123
 4.3.5　会议室预订业务流程应用…… 124
 4.3.6　观众在线预约登记业务流程应用…………………………… 125
 4.3.7　现场参展商服务业务流程应用…………………………… 126

项目小结……………………………… 127
实训练习……………………………… 127

学习项目5　会展现场服务信息管理……133

学习任务5.1　会展现场信息管理内容…… 134
 5.1.1　会展行业的价值链分析…… 134
 5.1.2　会展现场信息管理的意义…… 135
 5.1.3　会展现场信息管理的对象…… 138
 5.1.4　会展大数据采集工具与方法…… 143

学习任务5.2　会展现场信息管理系统…… 144
 5.2.1　会展现场信息管理系统介绍…… 144
 5.2.2　会展现场信息管理系统结构…… 148
 5.2.3　多媒体技术在会展现场的应用………………………… 152

学习任务5.3　会展现场服务信息的管理与应用……………………… 160
 5.3.1　会展现场服务信息管理的具体工作…………………… 160
 5.3.2　会展现场服务信息管理系统的应用………………………… 164

项目小结……………………………… 170
实训练习……………………………… 170

学习项目6　会展场馆信息及智能化管理………………………… 173

学习任务6.1　国内外会展场馆发展现状…………………………… 174
 6.1.1　国外会展场馆发展情况…… 174
 6.1.2　国内会展场馆发展情况…… 176

学习任务6.2　会展场馆信息化建设的结构划分…………………… 181
 6.2.1　信息数据中心及应用系统平台………………………… 181
 6.2.2　会展场馆多媒体信息发布系统………………………… 182
 6.2.3　会展场馆经营信息管理系统…… 184
 6.2.4　会展场馆服务管理系统…… 184
 6.2.5　会展场馆内部办公自动化管理系统…………………… 185

学习任务6.3　会展场馆智能信息化建设…………………………… 189
 6.3.1　会展场馆建筑智能化系统

　　　　概述…………………………………190
6.3.2　大型会展场馆智能化系统技术
　　　　选型…………………………………191
6.3.3　大型会展场馆智能化系统总体
　　　　技术架构……………………………194
6.3.4　大型会展场馆智能化监控网络
　　　　系统…………………………………195
6.3.5　大型会展场馆建筑设备监控
　　　　系统…………………………………196
6.3.6　大型会展场馆智能化集中监控
　　　　系统…………………………………198
项目小结……………………………………200
实训练习……………………………………200

学习项目 7　会展信息系统的安全保障……………………………206

学习任务7.1　会展信息系统的安全技术
　　　　　　　保障……………………………207
7.1.1　会展信息系统的物理安全………207
7.1.2　会展信息系统的网络与系统
　　　　安全…………………………………210

7.1.3　会展信息系统的应用安全………213
学习任务7.2　会展信息系统的应急预案
　　　　　　　与服务监督……………………214
7.2.1　会展信息系统的应急预案………214
7.2.2　会展信息系统的服务监督………217
项目小结……………………………………218
实训练习……………………………………218

学习项目 8　会展软件操作综合实训…222

学习任务8.1　31轻会软件操作实训……222
8.1.1　分析思路……………………………222
8.1.2　操作步骤……………………………223
学习任务8.2　客户关系管理软件操作
　　　　　　　实训……………………………239
8.2.1　分析思路……………………………239
8.2.2　操作步骤……………………………239
项目小结……………………………………244
实训练习……………………………………244

参考文献……………………………………251

**附录　展览会信息管理系统建设规范
　　　（GB/T 33489—2017）**……………252

学习项目 1
会展信息管理概述

学习目标

知识目标：了解信息技术与会展信息的内涵；掌握会展信息的分类；理解会展信息在会展业中的应用。

能力目标：能够初步分析会展信息；能够简单识别并总结会展信息化建设的基本情况。

思政育人目标：具有良好的思辨能力，爱岗敬业。

课程思政

2022年1月，国务院印发《"十四五"数字经济发展规划》（以下简称《规划》）。《规划》以习近平新时代中国特色社会主义思想为指导，全面贯彻党的二十大精神，立足新发展阶段，完整、准确、全面贯彻新发展理念，以数字技术与实体经济深度融合为主线，加强数字基础设施建设，赋能传统产业转型升级。到2025年，实现数字经济核心产业增加值占GDP比重达到10%，做强做优做大我国数字经济，为构建数字中国提供有力支撑。作为会展业从业者，应具有良好的信息素养，提高会展业数字化运营能力，为产业赋能。

导入案例

第五届丝绸之路国际博览会打造数字展会新业态

2021年5月11—15日，第五届丝绸之路国际博览会(以下简称"丝博会")暨中国东西部合作与投资贸易洽谈会在西安举行。本届丝博会创新展会服务模式，提供虚拟展馆、产品直播、在线论坛、在线询价互动、视频洽谈室、电子名片、商机智能匹配等一系列数字化服务，赋能产业数字化转型，形成"线上赋能线下，线下驱动线上，线上线下融合，数据驱动业务"的数字展会新业态。

线上丝博会平台聚焦"展、论、服、洽、管、营"六大核心要素，应用3D和VR技术，在云端构建七大虚拟展馆，累计在线观众约41万人，超400万人次云端观展；首次开设电商直播平台，共设有10个专属直播间帮助参展企业进行展示推介，直播观看人数超62万人次；首创线上公共洽谈室，并提供18种语言自动翻译服务，为来自全球各地的企业搭建了一个可以流畅自如洽谈磋商的线上"会客厅"；应用快速检索、智能匹配技术实现高效供需对接，展会期间累计在线询盘31 271次，展品收藏13 285次，采购信息发送12 911条；通过电子名片提升参展商和观众在线上和展会现场的社交体验，展会期间累计交换电子名片43 359次。线上丝博会将长期在线展示、在线服务、在线运营，搭建一个连接参展商和采购商的数字商贸平台，突破时空限制，真正实现丝博会永不落幕，为线上线下融合办展提供了新典范！

资料来源：在线丝博会. 第五届丝绸之路国际博览会[EB/OL]. (2021-07-08)[2021-12-01]. http://www.xbhz.net. 作者整理而成

学习任务1.1 会展业与信息技术

1.1.1 会展业概况

1. 全球会展业概况

会展业起源于19世纪末的欧洲，其中，德国、意大利、法国和英国是世界级的会展大国。根据《2019全球展览业经济影响力报告》，2018年，全球共举办展览会32 000场，展出净面积达1.38亿平方米，参展商450万家，专业观众3.03亿人。会展业在全球创造了131.4万个直接工作岗位，拉动了687亿欧元(按当时汇率折合811亿美元)的直接GDP。欧洲仍是全球最大的展览参与者市场，2018年接待观众1.12亿人次(占全球观众的37.0%)；北美排名第二，2018年接待观众9120万人次(占全球观众的30.1%)；亚太地区排名第三，2018年接待观众8150万人次(占全球观众的26.9%)。据2020年7月发布的《UFI全球展览业晴雨表》统计，全球会展业每年产生的直接经济效益超过3000亿美元，为世界经济带来的增长总额超过3万亿美元。虚拟化展会及展会数据管理将对参展商和观众产生较大的吸引力，并能提供更多的增值服务。

2. 中国会展业概况

近年来，我国会展业快速发展，已经成为构建现代市场体系和开放型经济体系的重要平台，在我国经济社会发展中的作用日益突显。2015年，国务院发布《国务院关于进一步促进展览业改革发展的若干意见》(国发〔2015〕15号)，这是国务院首次全面系统地提出展览业发展的战略目标和主要任务。

会展业的发展对所在产业和地区经济、社会发展有较强的推动作用。会展业不仅可以有效促消费、扩内需，还有利于促进城市服务水平以及基础设施建设水平的提升，提高一个城市的管理水平、文明程度和知名度、美誉度。同时，会展业有助于实体产业技术的更新和结构的优化。如今，会展业已成为展示大国外交的重要平台。随着经济全球化水平的不断提升，会展业在促进贸易往来、技术交流、信息沟通、经济合作及增加就业等方面发挥着日益重要的作用。2019年，全国经济贸易展览总数达11 033场，展览总面积达14 877.38万平方米，全国投入运营的展览场馆达292座，室内可供展览总面积为1197万平方米。我国已成为全球展览场馆最多及可供展览面积最大的国家。上海、广州、重庆、北京、南京、青岛、成都、沈阳、深圳和昆明等城市的会展业发展较快，已形成以北京、上海、广州三大会展城市为核心的环渤海会展经济圈、长江三角洲会展经济圈和珠江三角洲会展经济圈。

在移动互联网及云计算等现代信息技术不断与国民经济各个行业融合发展的过程中，现代信息技术也将成为推动会展业创新发展的驱动力，会展业信息化水平显著提高。随着移动互联网的兴起，"自媒体"蓬勃发展，微博、微信等即时通信工具成为人们获取信息的重要来源，各会展企业也顺应形势开始建立官方微博、官方微信、公众号，及时发布展览资讯并与客户开展互动交流。展会官网、官方微博、官方微信使用率大幅增长，公众号、专业化信息平台等方式得到普遍应用。"互联网+"作为推动会展业新一轮转型的外在动力，将对传统会展业形成具有变革意义的冲击和倒逼，刺激会展商业模式主动调整，拓展服务边界，提高服务效率和服务质量，进一步深化改革，再造产业链条，重构产业格局。

1.1.2 信息技术概述

信息技术是关于信息的产生、发送、传输、接收、变换、识别和控制等应用技术的总称。它具体是指实现信息采集、信息传输、信息处理、信息存储、信息检索、信息管理等功能的开发和利用手段。从对信息资源的利用性角度而言，信息技术具体包括信息处理技术、信息应用技术和信息安全技术。

1. 信息处理技术

信息与数据不同，它是指反映客观世界中各种事物的特征和变化，并可借各种载体加以传递的有用知识；数据是指人们用来反映客观世界而记录下来的可以鉴别的数字、字母、符号、声音和图像。数据是对现实世界的观察记录，而信息是对数据的加工处理，甚至存储。人通过感官获取信息，而要使信息获取的效率更高、质量更好，还要借助一定的技术设备。

现代通信技术是人们传输信息、获取数据的主流途径，也是计算机网络技术的基础，它主要包括移动通信技术、数据通信技术、卫星通信技术等。获取信息后的存储、加工、输出和利用需要通过计算机硬件、软件和网络来完成。硬件是计算机的可见部分，是计算机系统工作的基础；而软件主要用来帮助用户使用计算机硬件，以完成相关数据的输入、处理、存储及输出等活动。

2. 信息应用技术

目前,信息应用技术主要应用于管理领域和生产领域。其中,管理领域信息应用技术的主要代表为管理信息系统(management information system,MIS)技术,它是由人和计算机等组成的能进行信息收集、传输、加工、存储和利用的人工系统,其功能包括对信息的分析、设计、实施和评价等。生产领域信息应用技术的主要代表为计算机集成制造系统(computer integrated making system,CIMS)技术,它通过计算机硬件、软件,综合运用信息技术、现代管理技术和制造技术,通过信息集成、过程优化及资源优化,实现物流、信息流、价值流的集成和优化运行,实现人(组织及管理)、经营和技术三要素的集成,从而提高企业的市场应变能力和竞争力。信息应用技术已经成为现代企业信息管理的重要手段。

3. 信息安全技术

随着计算机技术的飞速发展,计算机信息安全问题如窃取信息、篡改信息、假冒合法用户、恶意破坏程序等越来越受到关注。信息安全技术主要包括信息安全管理和安全防范技术,如密码技术、防火墙技术、访问控制技术、数据库安全技术、备份与恢复技术等。信息安全技术是计算机和网络正常运行的保障,是企业信息管理的前提。近年来,"云安全"技术获得了主流安全厂商的青睐,针对云端服务器群组的保护技术也不断推陈出新,成为未来信息安全防御技术的发展趋势。

学习任务1.2 会展信息及管理

近年来,随着计算机和网络技术的迅速发展以及信息技术的广泛应用,信息化浪潮席卷全球,信息化管理渗透到各行各业,对传统会展业的改造也正在进行中。会展业被推崇为"现代城市的面包",汇聚着巨大的信息流、技术流、商品流和人才流。信息技术的广泛应用可以使会展经济所带来的资金、商品和信息的流动更加合理,从而降低会展项目参与方的运营成本。

1.2.1 会展企业遇到的困扰及解决方法

1. 会展企业遇到的困扰

会展业信息繁杂,在实施信息化建设之前,许多会展企业会被下列问题所困扰。

(1) 客户数据凌乱,缺乏管理。客户资料以文本或excel表、word文档的形式存放在业务员的电脑中,对各个会展项目部来说,客户信息缺乏有效的整合与共享,客户资料的完整性和保密性受到员工离职等因素的影响。

(2) 业务联系复杂，耗费招展人员大量精力。招展人员将大量精力耗费在打电话、发传真及发邮件、收发资料等事务上，难以脱身开展更高层面的管理工作。

(3) 财务管理混乱，管理层对财务状况难以把握。企业存在较大的收款问题，应收应付账款不清，管理人员对会展项目财务状况难以把握。

(4) 缺乏分析，无法对各届展会、展商的情况做出精确评价。缺乏有效的客户、财务状况统计分析，对于每一届展会展商的情况与展会组办质量无法做出清晰评价。

2. 会展企业解决困扰的方法

会展企业如何摆脱上述困扰呢？会展企业可以通过会展信息化的实施来解决经营管理方面的问题。

(1) 规范工作流程，明确员工职责。会展信息化实现了科学、合理、规范的招展业务流程，员工按照工作流程进行系统操作，可以保证操作的安全性，避免因员工的错误操作造成损失。

(2) 明确权责，确保责任到人。每一位员工都有自己对应的账号和密码，员工根据自己的权责通过账号登录操作系统来完成工作。同时，系统对员工的关键操作做好记录，以避免出现纠纷和麻烦。

(3) 实施会展信息化，可将最新的信息化应用功能嵌入会展软件的开发中，实现展会现场及场馆、展位的图形化管理，更加直观、醒目。

由此可知，了解和运用会展信息已经成为会展企业实现有效管理的关键。

1.2.2 会展信息的分类和作用

展览行业主要涉及场馆、主办商、服务商(搭建部门、酒店、餐饮部门、运输部门、观众登记部门等)、参展商、买家、普通观众等方面。展览服务贯穿展会的展前、展中、展后等各个不同的阶段。展览行业的信息化管理涉及面广，所要处理的事务繁杂、数据庞大。通过对展览信息的全面管理和深入挖掘，建立以展会为基础的行业客户数据中心，可不断提高参展商和观众的交流效率，从而全面提高展览品牌竞争力。

国际会议业在多年的实践中，也形成了一整套会议信息管理服务体系。节奏快、数量庞大的会议服务产业，已经逐渐从酒店业、旅游业中分离出来，快速形成一个独立的产业。在这个产业群中，包含策划、会议公司、酒店、翻译、速记、会务用品、摄影摄像、公关传播、票务等多个环节。会议信息化管理对于创建新的经营管理模式、降低成本、提高效率、改进服务质量有重要作用。

国内会展信息化发展之路

综上所述，会展信息是指展览行业和会议业及其项目管理所涉及的信息。

> **知识链接1-1**

会展业的常规信息获取渠道

一、国家级渠道

1. 会展中国(中国经济网)：http://expo.ce.cn/
2. 中国贸易新闻网(会展频道)：http://www.chinatradenews.com.cn/

二、第三方会展门户网站

1. 中国会展门户：http://www.cnena.com/
2. 中国会议产业网：http://www.meetingschina.com/
3. 商旅专家：http://www.cnbtmice.com/
4. 活动家：http://www.huodongjia.com/

三、专业杂志

1. 《中国会展》 界上传媒
2. 《中国会议》 界上传媒
3. 《中外会展》 新展国际传媒
4. 《会议杂志》 北京亿文思咨询有限公司

四、微信公众平台

1. 中国会展：cce2001
2. 中国会展门户：cnenaweixin
3. 会展贼船：MICE-ZC
4. 会展人生：huizhanrensheng
5. 中经网会展：huizhanzhongguo
6. 中国会议：ccce2001
7. 商旅专家：chinabtmice
8. 今日会展：expotoday

资料来源：会展贼船. 会展行业资讯与观点的常规获取渠道汇总[EB/OL]. (2016-04-04)[2021-12-02]. http://mp.weixin.qq.com. 作者整理而成

1. 会展信息的分类

会展信息主要包含参展商信息、观众信息、场馆信息、展会信息及会议组织信息等内容。

(1) 参展商信息。参展商信息即参展单位的企业信息及负责人名片信息，主要包括单位名称、企业性质、国家地区、省区城市、通信地址、行业类型、网址、法人或总经理、主要产品或服务、企业行业地位等信息。

(2) 观众信息。观众信息即观众名片信息，主要包括观众姓名、所在单位、所在部门、职务及地址、办公电话、传真、电子邮件、手机等必要信息。对于专业观众，了解其出生日期、英文名字、民族、业余爱好、忌吃食物、是否是VIP等信息，有助于提高招商工作的针对性，进而提高展会质量。

(3) 场馆信息。场馆信息即场馆销售、运营、技术保障、保卫等信息，主要包括场馆面积、场馆配套设施、场馆财务管理、场馆智能化管理(设备自动化、通信系统、消防系统、安保系统)等信息。

(4) 展会信息。展会信息即展会组织机构的业务管理信息，包括展会基本信息、展会组织机构信息、展览服务商信息、主办商对场馆租赁的需求、参展商的参展需求和服务需求、观众网上报名的数据、展会评估报告、观众和参展商及服务商的满意度调查报告等信息。这些信息多见于展会的参观指南、招展书、参展手册、会刊、展会评估报告等材料。

(5) 会议组织信息。会议组织信息即会议运营过程中所涉及的各要素信息，包括会议主题和议题、会议演讲人、会议通知、会议专业活动、会议场地与会议室、会务(会议印刷品、名卡等)、住宿、餐饮活动、社会活动(开幕式、招待会、参观游览等)等信息。

知识链接1-2

第十九届上海国际汽车工业展览会

展会信息/expo information

主办单位/organizers
- 中国汽车工业协会
- 上海市国际贸易促进委员会
- 中国国际贸易促进委员会汽车行业分会

承办单位/co-organizers
- 上海市国际展览有限公司

欧洲地区协办单位
- 慕尼黑国际博览集团

支持单位/supported by
- 中国汽车工程学会

特别支持单位/specially supported by
- 中国机械工业联合会

批准单位/approved by
- 上海市人民政府

官方网站/official website
- http://www.autoshanghai.org

第十九届上海国际汽车工业展览会时间安排如表1-1所示。

表1-1　第十九届上海国际汽车工业展览会时间安排

相关事项	日期	时间及观众安排
媒体日	2021年4月19—20日(星期一至星期二)	09:00—18:00
专业观众	2021年4月21—23日(星期三至星期五)	10:00—19:00
普通观众	2021年4月24—27日(星期六至星期二)	10:00—19:00
	2021年4月28日(星期三)	10:00—15:00

资料来源：第十九届上海国际汽车工业展览会. 车展指南[EB/OL]. (2021-05-08)[2021-12-03]. https://www.autoshanghai.org/guide#info. 作者整理而成

2. 会展信息的作用

(1) 提高会展活动效率。展览业务运用信息化技术，能够提高展览各个环节的信息收集、传递、处理的电子化和自由化效率，避免一些中间环节及由这些环节产生的错误和时间耗费。如今，参展企业和组展商大多通过网络信息技术进行沟通，电子邮件、企业网页、电子支付、网络身份安全认证、信息和数据传播及自动化处理、网上商品交易等信息技术被广泛地应用到会展业中，大大提高了工作效率，降低了成本。

(2) 降低会展活动的业务经费。以招展活动为例，在传统的招展过程中，会展企业需要针对不同的参展商和观众制作大量的特定样式的邀请函，再通过传真或电子邮件等方式发送给他们，并及时记录回复情况等，工作量大、工作内容简单重复且十分耗时。运用信息化技术后，会展企业只需在数据库中录入潜在参展商的条件，选择一种邀请函的样式模板，根据日志中记录的预约信息以及用户设定的提醒条件进行业务处理即可，在保证会展活动的工作质量和工作效率的同时，节约了宝贵的时间和人力资源，实现无纸化办公，从而大大降低了招展成本。

(3) 有利于会展管理水平的提高。目前，会展企业内部从领导审批、员工报销、人事考核到合同生成、库存管理、展会管理等，基本实现了信息化。ERP(enterprise resource planning，企业资源计划)、CRM(customer relationship management，客户关系管理)、SCM(supply chain management，供应链管理)、EC(electronic commerce，电子商务)等先进管理信息技术的运用，促进了会展项目宣传工作的开展，组展商、参展商和观众可获得比以往更为丰富、深入的信息资料，大大提高了会展企业的管理水平。

(4) 便于会展服务朝规范化、科学化的方向发展。会展业协调管理机构是在掌握大量信息和数据、在多个组展商及其项目中选优汰劣的基础上开展工作的。会展企业通过信息平台能够更加快捷地获取来自各方的实时信息，动态地调整相关政策，更好地适应瞬息万变的市场，获得市场先机，促使展览活动操作走向规范化，使会展业协调管理机构在流程标准化和运作规范化方面有据可依，从而为其实施科学化管理奠定基础。

(5) 促进会展业的全球化、国际化发展。信息技术的发展和应用使得会展项目的宣传工作面向全球市场，会展项目信息从定向发布走向非定向发布，打破了地域的限制，加快了政府、会展行业协会、会展企业、参展企业之间的信息交流速度。政府可以通过网络向公众发布最新的政策和法规，并为会展行业协会、会展企业、参展企业提供快捷的政府服务；会展行业协会可以及时将行业动态和行业规定传递到相关部门和企业；会展企业可以实时报道会展信息，让无法参加会展活动的组织和个人随时了解会展进展，或者提供网上参展报名服务，方便参展企业开展活动。信息技术促使国内会展资源不断向外拓展，国际化进程不断深化。

(6) 有利于传统会展业的完善和发展。会展活动涉及政府、会展行业协会、会展企业、参展企业、媒体和会展观众等不同主体，涉及面广，需要多方合作才能保证会展项目的顺利进行。电子商务等信息技术在会展业的应用，为会展信息在不同主体之间的交流创造了条件，促进了信息共享，拓展了信息交流的广度。例如，会展企业可以通过政府的在线服务开展国际会展申报工作，会展项目获得批准后，通过信息技术的支持，相应的信息会被会展行业协会、会展企业、媒体和参展商、观众共享，使会展活动开展得更加顺畅。当会展各个主体都利用网络交流信息时，依据网络效应理论，会给每个主体带来更高的价值，弥补了传统会展项目管理的不足。

案例链接1-1

湖北网络会展平台——开启会展业网上交易先河

湖北网络会展业务借助电信的通信资源，围绕展会主办方、参展企业、展会观众(会员)三大用户群体，解决整个展会过程中的发起展会、申请参与展会、发布展示产品(包括图片、文字、视频、音频等)、参观展会，到最终各方的利益和权益分配等各个环节、各个层次的关键性问题，同时借助商企平台完成各个环节的权限控制与服务、代收费等活动，是会展信息化应用的典型业务。

湖北网络会展的内涵：利用互联网、通信网络、电话网和短信等多种手段，实现展前、展中、展后的信息化管理；充分利用互联网这个媒介，建立专业网站，做好会展宣传和服务工作；引入大型项目管理方法，做好会展相关活动的管理；建立客户服务中心，为会展参与者提供一站式服务，从而实现会展管理"科学化、效率化、效益化、品牌化"的目标。

资料来源：泛新科技. 成功案例：湖北网络会展平台——开启会展业网上交易先河[EB/OL]. (2011-07-03) [2021-12-05]. http://www.027fs.com/sitedata/2/news/64.htm. 作者整理而成

1.2.3 会展信息管理分析与实现

会展信息的主要特点在于"集中"。大量的参展企业与大量的观众可在短时间内相互接触，交流信息，彼此获得"新、奇、特"的信息、知识，感受文化理念，激发创新灵感。当前，会展业的信息管理局限在一个较低的层次上，表现为：在一次会展活动中，会展主办企业和参展商各自独立地重复收集观众名片信息，没有进行数据的共享和交换，缺乏对信息的深入利用；不同会展活动之间的数据信息独立，缺乏归并和统一处理。在会展业中，要提高办展水平，对行业信息进行有效管理尤为重要。

管理的任务在于通过有效地管理人、财、物等资源来实现组织目标。信息作为管理活动中一种极为重要的资源，将会影响管理活动的有效程度。信息管理工作的主要内容包括以下6个方面，如图1-1所示。

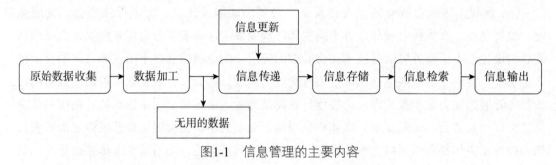

图1-1　信息管理的主要内容

1. 会展信息管理分析

根据会展项目的进程特点，可将其分为5个发展阶段，即筹备阶段、准备阶段、会展期间、会展结束阶段、休会期间。各个阶段出现的信息具有不同的特点。

1) 筹备阶段信息管理

在筹备初期，首先要根据会展项目的具体情况，如举办日期、规格、会展对象、资金来源、地点等诸多要素进行详细策划，确定筹备工作的具体事宜，收集相关信息，安排专人负责每一项工作，按时、保证质量地落实。

(1) 筹备信息管理。筹备信息是按照会展的进度和日程安排的，很多信息在时间轴上具有先后依存的关系，即前一项工作没有完成，会影响后续工作的开展。在策划时应考虑到这样的信息依赖关系，并采取措施降低其依赖程度，以避免影响整个筹备工作的进度。会展筹备阶段的信息包括会议信息、场馆信息、会展承办方的信息、会员登记信息、特约嘉宾基本信息、饭店信息、单场会议场馆费用信息、会展布局设计等。

(2) 预算信息管理。预算的制定依赖于对整个会展活动的策划，在制订活动计划时，需要把整场活动分解到一系列详细的项目中，对每个项目的支出都要做预算，以控制各项成本支出。通过各种营销手段和措施，争取最大限度地增加收入，做到开源节流。例如，近几年来，政府主导型展会也从原来的政府包办，逐步转变为政府少量资助，会展公司通过招商、联系赞助、出租展位、提供服务来解决资金问题，实现了社会效益和经济效益并重的目标。

对于会议项目而言，由于会议没有展位可以出租，很多会议的举办单位通过"以会养会"的形式，即依靠收取会员的会务费、拉赞助的形式来解决会议的资金问题，会务费是其经费的主要来源。有些客商可在会议期间展出产品，甚至在大会上专门介绍他们的产品。

因此，在进行预算信息管理时，可以将会展活动期间的所有经费在财务系统中按照"专项"来建立账户，所有费用的收入和支出都纳入该专项进行统一管理，对专项资金做到专款专用。在会议接待期间，将出现大量的收入信息，如收取会务费、租费等，需要财务部门人员配合工作，如收取现金、开发票等。

(3) 场地信息管理。展会承办方举办一场大型展会时，一般会将展览馆的展区整体承租下来，然后根据展馆布局将展区分割成一系列小展位，再将小展位转租给参展商，这样承办方对场地信息的管理实际上就转换成对展位的信息管理。因此，展会场地规划至关重要。承办方应根据客户的需要合理安排整个展会场地，提高展会场地的使用率，同时确保布局更人性化，便于参观者走动、工作人员出入、参展商搬运货物，如突发火灾等险情，可以在最短的时间内安全地疏散人群。

2) 准备阶段信息管理

会展活动经过前期的策划阶段后就进入准备阶段，即对项目策划报告中指出的各项准备工作逐项落实的阶段。例如，确定项目各环节工作落实的日程和先后顺序，优先安排人力、物力、财力等，做好这一阶段的信息管理工作是项目顺利完成的关键所在。

(1) 准备项目信息管理。准备项目信息管理主要是指对筹备报告指出的项目进行细化和具体化的过程，研究解决人员、费用支出、完成时间、各项目间的衔接、项目的完成等一些关键问题。例如，会议项目开展前，需要了解与会代表的抵达时间、住宿要求、会务费缴纳情况、就餐情况、回程时间或旅游项目参加情况等。若有重要嘉宾出席，还需要安排嘉宾的具体行程，有演讲任务的还需要确定主题和演讲内容等。此阶段的信息管理工作是否细致，决定着项目最终效果的好坏。

(2) 资金信息管理。在会展活动的准备阶段，需要大量的资金投入，而展位收入大多临近准备阶段的后期才能到账。因此，在准备阶段需做好资金的到账信息管理、应付账款管理、会务费收取、出租展位收取租费等工作。在此阶段，应建立资金管理制度和管理模式，以借助财务的专项经费管理功能来实现资金信息管理。

(3) 客户信息管理。就会议而言，客户信息管理主要针对与会者即会议会员。收集会员信息有助于会议的举办方掌握足够的信息，以便在下届会议之前有目的地递送会议邀请函或会议通知，降低发送的盲目性。在会议期间印发与会人员通讯录，还能促进会员之间相互建立联系。

就展览而言，参展商一般会成为展会的"会员"客户。在收集参展商信息时，不仅要收集其企业类型、规模、性质等信息，还要收集展品和企业产品的相关信息。这些信息可以通过参展商名录和展品目录查询，也可放在展会官网上供更多的客户查询，使更多没有机会参加展会的客户能够从网上获取参展商的信息，提高参展商的产品交易量，从而提升企业的知名度。

3) 会展期间信息管理

会议期间信息管理包括跟进会议日程、与会代表注册信息管理、与会代表回程时间的确定、住宿状态和交通方式的更新、对收集的会议征文进行登记处理等方面。展览期间的信息管理包括展会安全信息管理、安保查岗情况记录、大型展会志愿者管理、参展商入场登记信息管理、参展商服务信息管理、门票销售信息管理等。

4) 会展结束阶段信息管理

(1) 会议结束阶段。会议闭幕之后，会议承办方的主要任务是将会议代表送离场馆，将会议场馆的租用、餐饮、住宿费用结算完毕，之后便可撤离。结束阶段的信息管理工作内容主要包括：建立送客用车记录，准确无误地将与会代表送至相关客运单位；针对每笔往来账目逐一说明款项的用途和金额；对与会代表注册信息进行存档，有条件的话，可录入相应数据库中，以便随时调用。

(2) 展览结束阶段。展览结束阶段的工作量相对较大，需要做好参展商的撤展、场地清扫、移交和费用结算等工作。信息管理工作内容主要包括：按照准备阶段制定的撤展预案执行撤展计划，做好调度工作；对租用的物品进行清点和信息更新；对每笔往来账目逐一说明和清算。

5) 休会期间信息管理

做好展览或会议后期的信息管理工作，有助于下届会展项目的顺利开展。很多主办商忽视了会展期间收集的调查数据，没有对会展项目的整体成效、宣传效果、接待成果和成交结果系统深入地进行考核和评价，导致下届会展项目的举办依旧缺乏系统性。因此，在休会期间应完成客户信息数据库的建立和更新，向客户邮寄或发送会展总结并致谢，进行会展项目的总结性宣传，以便吸引大众和媒体的关注，扩大影响力。

2. 实现会展信息管理的有效途径

实现会展信息管理的有效途径有很多，就展会来说，主要有以下几个。

(1) 信息收集。在展会现场，主办方通过观众登记等方式收集的观众信息，可以为参展商所利用，而参展商也可在展台收集观众信息。主办方还可以把最新的展会动态通过文字、图片、视频等方式上传至互联网，让参展商在第一时间了解展会的最新进展，也可以使那些没来参展的企业及时了解展会的相关情况。

(2) 实现对数据的综合分析和利用。在数据库的支持下，主办方可将各届展会的相关数据及时归并、统一处理，实现信息共享，确定观众的行为习惯和价值评判标准。同时，也能够减少重复收集信息的工作量。

(3) 信息资源共享。主办方通过共享的信息资源可以为客户提供更多的配套服务，如商务旅行、VIP礼仪接待等。

学习任务1.3 会展信息在会展中的应用

1.3.1 展馆的"智能化"

展馆"智能化"(智慧展馆)是指以会展技术中台、业务中台和数据中台为依托,将新兴互联网云技术、人工智能、大数据分析与物联网技术、地理信息系统、5G等各种技术应用到展馆运营管理中。

展馆智能化是一项系统且复杂的工作。首先,展馆要发挥"连接"的价值,将会展活动参与各方,比如组织者、参会者、参展者等,与展馆内部的设施与资源,以及展馆外部的各类资源等连接在一起;其次,要给会议展览参与各方做好"连接"工作提供良好的服务,提升会展体验。伴随科技的飞速发展,展馆"智能化"已成为提高展馆管理效率、降低展馆维护成本、提供便捷优质的体验服务的重要手段。

展馆智能化包括以下几方面。

1. 展馆内部日常运营管理的智能化

展馆采用与计算机和互联网相关的应用系统——企业内部信息化管理系统来实施管理,具体包括财务与人事管理、办公管理、安全保障、设备运行管理、客房与餐饮管理等模块。

2. 展馆设施及其运营管理智能化

展馆设施及其运营管理智能化包括会议展览硬件设施的自动化、智慧化,比如座椅、舞台、隔断等智能化,涉及温度、空气质量、灯光以及停车等方面。

3. 视听多媒体与互动智能化

视听多媒体与互动智能化包括视频、音频、灯光、机械以及中控等多个相互关联的系统模块的应用,比如智慧大厅(会议、展览、活动、演出等)、视频会议室、多功能舞台、多媒体显示、互动体验设计等。

例如,南京国际博览中心运用新一代信息技术实现展馆数据的收集、管理、分析、筛选智慧化,拓展云上展览馆,搭建云上展览展示、云上防疫等模块,打造展会业务管理类、展会服务类和支撑系统等基础数据库,探索云上展览馆的盈利点,推动线上线下展会双线融合、协同发展。

1.3.2　会展管理和服务的"信息化"

会展信息化，是指利用现代信息技术，通过信息资源的深入开发和广泛利用，不断提高会展经营、管理、决策的效率和水平，进而提高会展经济效益和企业竞争力的过程。信息化可以提升会展业的专业化服务水准，有助于展会主办方及时对展会的动态价值信息、阶段价值信息进行评估，以及对数字信息加工趋势进行分析。

信息化在会展业的应用主要分展前、展中和展后三个阶段。在展前阶段，参展商和展会主办方可以通过互联网完成展位申请、资格审核、申报、录用、展位分配、参展企业资料录入、费用收取、证件办理等工作，展会主办方还可以通过邮件群发系统向参展商发送电子请帖。以前这些工作要通过邮件或快递来完成，信息化大大提高了筹展效率，同时也节约了大量的成本。在展中阶段，信息化系统主要包括采购商和参展商办证系统、报到验证系统、展区展品查询系统等。网络化的办证系统可以非常快捷地打印证件，同时能把办证资料存入后台数据库。在展后阶段，展会统计系统可以非常准确地对各种数据进行统计，提供饼状图、线形图、柱状图等多种直观的统计图，帮助观众查询当日的项目成交金额、数量，并将这些分析数据按项目、行业等进行分类，有助于对潜在客户的开发与挖掘。

1.3.3　会展信息管理软件的开发和应用

从20世纪80年代末90年代初开始，我国外经贸部逐渐意识到信息化的重要性，开始设立专人研究展会信息化管理软件。20世纪90年代中期，广州交易会展览中心开始自主开发展会管理软件，并应用于交易会的管理和服务。到了20世纪末，已经基本形成一套完善的展会管理体系。

20世纪90年代，国内的软件开发人员开始注意到会展业对信息技术的需求，于是，出现了专门为会展业提供信息化解决方案的软件开发公司。例如，深圳捷顺科技实业有限公司自主开发了一系列专利技术，如智能名片图像处理技术、高速图像采集技术、无线网络通信技术、智能一卡通技术、会展业专用手持终端产品等。西安远华软件公司则开发了一系列集成化的管理软件，如展览企业管理软件、专业观众管理软件、会展现场管理系统、会议管理软件、展会撮合管理软件、会展网上业务管理系统、数据挖掘和数据仓库等，产品服务内容涉及会展企业内部的日常事务管理、展会现场管理、展会预约撮合、展馆管理、会议管理等会展业的各个方面。澳龙信息科技(上海)有限公司开发了移动电话电子条码门票、多种胸卡制作(条码胸卡、磁条胸卡、智能芯片、RFID胸卡)、磁盘商业线索跟踪器、在线信息数据库和统计分析系统等。北京中联艾博国际会议展览服务有限公司也开发出独具特色的展览与会议信息管理软件，以其良好的服务功能，获得一些跨国公司的青睐，其承办的公司大型会议及展览信息管理业务已经扩展到亚洲其他国家和美国。北京联展创想信息技术有限公司开发出智能会议系统，包括会议会务系统、会议签到系统、会议表决系统、会议信息发布系统、会议网上直播系统、电子票箱等，各子系统既可紧密配合使用，也可独立运作。此外，该系统可与办公自动化系统衔接，会前做会议议程审批，会后做会议文件归档。这些会展信息管理软件均各有优势，同时也都在改进之中。

如今，许多大型会展企业已在不同程度上使用了较为先进的会展业务信息管理软件，上述这些会展信息服务企业亦逐步拥有了稳定的客户群。但会展企业使用较多的是会展项目局部管理软件，尤其是门禁系统，用于登记观众资料，形成客户数据库。究其原因，可分为外因与内因两个方面：外因为在目前阶段，可供选择的软件开发商和成熟的解决方案相对较少，成本偏高。内因在于我国会展业的规范化和专业化水平不高，信息化管理意识不强，一些规模不大的会展项目，一则受到实力限制，二则对数据处理要求不高，因此适宜采用较简单的会展信息服务软件。而一些小型信息技术公司除了能为其开发具备特定功能的会展信息管理软件外，还能提供诸如计算机和网络设备安装、网站建设等系列服务。尽管如此，信息技术的进步和会展项目的整合等各方面因素仍在积极推动会展信息化管理系统向全面、高效、易操作的方向发展。

案例链接1-2

体博会出新意——"展会撮合系统"的推出

2005年，第三届(上海)中国国际体育用品博览会(以下简称"体博会")隆重召开，会展面积达10万平方米。在以往的展会中，观众和展商之间的交流存在较大的盲目性。在本届展会中，这一现象随着首次在体博会上出现的"展会撮合系统"而改变。所谓的展会撮合系统，是指为体博会参会买家与卖家牵线搭桥，提供信息交流互动平台的软件系统。形象地说，展会撮合系统就是"展会婚介所"。

体博会的参展商在会展前登记时已向组委会的计算机系统提供了一系列相关信息，已注册的专业观众在进入位于第三展馆的现场撮合区后，只需在电脑中录入交易商品的行业、类型、价格、地域等信息进行组合查询，并参照参展商信息和各种交易信息，即可在系统内匹配若干对象。随后，系统将现场为买卖双方安排展会期间的商务活动日期。

"展会撮合系统"的作用类似"红娘"，通过应用该系统，参会者无须在10万平方米的展馆里盲目地寻找，而是通过"速配"的方式让买卖双方找到合适的交易对象，从而增加成交机会。

资料来源：体育资源网. 体博会出新意"展会撮合系统"推出[EB/OL]. (2015-06-17)[2021-12-08]. http://www.chinafit.com. 作者整理而成

项目小结

会展业的数字化、信息化建设将进一步完善会展的媒介功能，促使会展服务内涵的拓展，为参展商和观众提供更多的方便。本项目围绕信息化对会展业产生的影响，详细阐述了会展信息管理的内容及会展信息管理系统的应用,并简述了会展信息管理系统的技术基础。通过学习本项目,读者既能了解会展业信息化建设的概况,又能理解其中的原理。

实训练习

实训题一:从会展主办方的角度来说,会展信息管理可以应用在哪些方面?具有哪些作用?

实训题二:试提出会展信息管理系统的设计框图或组成构想。

实训题三:通过访问会展网站,了解目前国内外会展业信息化建设基本情况。

应用实例 | 上海世博会与信息化

1. 上海世博会概况

世界博览会(universal expo)(以下简称"世博会")是一个富有特色的"讲坛",它鼓励人类发挥创造性和主动参与性,把科学和情感结合起来,将种种有助于人类发展的新概念、新观念、新技术展现在世人面前。因此,世博会被誉为世界经济、科技、文化的"奥林匹克"盛会。1851年5月1日,第一届世博会在英国召开。世博会是工业革命背景下科技进步的产物,它代表着世界技术发展趋势,推动了现代科技进入人类生活。许多新技术、新产品都是在世博会上初次"亮相"并得到普及推广的。

中国2010年上海世界博览会(Expo 2010)是第41届世博会,也是由中国举办的首届世博会,于2010年5月1日开幕至10月31日结束,历时184天。2010上海世博会标志如图1-2所示。上海世博会以"城市,让生活更美好"(better city,better life)为主题,总投资额

图1-2　2010上海世博会标志

达450亿元人民币,创造了世博会史上规模最大的纪录,吸引了200个国家和45个国际组织参加世博会,超过7308.44万人的参观人数也创下了历届世博会之最。本届世博会首次同步推出网上世博会,在举办实体世博会的同时,开创性地推出"网上中国2010年上海世博会",充分利用和借助互联网的独特优势,实现实体世博会和网上世博会的有机联动。互联网将使上海世博会成为"永不落幕的世博会",约有170个国家和国际组织确认参加网上世博会。

2. 上海世博会对信息系统的需求

上海世博会事务协调局信息化部总结出世博会信息系统应满足6类人群的需求,即决策指挥控制人员、园区管理和服务人员、后备保障人员、参展商、参观人员和新闻媒体。

下面我们重点介绍以下3类人群对世博会信息系统的需求。

- 参展商。该群体的需求包括展览基础设施、展位布局与展位、物流与仓储服务、销售管理、参观人群预警与管理、信息通信与信息服务、应急通信保障、后勤供应和水电气供应等方面。
- 园区管理和服务人员。该群体需要完整、及时、准确地了解和掌握世博园区所有信息，包括各类设施和供应系统的运行信息、参观人员的状况信息、参展人群的需求信息、物流信息、交通信息，以及反恐、突发事件(自然灾害、火灾、医疗急救)信息等。
- 新闻媒体。该群体需要便利、可靠、快速的通信服务和信息服务。例如，为记者提供话音接入和数据接入，保证全球新闻媒体能够方便地报道世博会场情况，高速且同步地发布文稿、图片、视频等信息。为新闻媒体人员提供服务的质量，将直接反映世博会科技水平，特别是信息化水平。

3. 世博会信息化面临的挑战

世博会期间，由于人员流动性高、场馆多而分散、信息交互量大、高端用户多，对信息基础设施的先进性、通信服务的标准化有更高要求。世博会信息系统与非常稳定、成熟的奥运会管理系统相比较，更能体现自主创新的特征，再加上系统庞大复杂，需要协调上百家供应商，涉及几百个数据模块、上千个数据流，面临的挑战非常大。

4. 世博会信息系统的规模

世博会的保障要素包括46类，共计15 000多个，分布于39个保障单元，包括500个不同规模的网络、1000余台服务器和超过1000个应用程序。

世博信息系统规划建设60千米管线，近百个信息化机房，100多个弱电间，以及业务专网、图像视频网、园区商务网、800兆集群通信网、移动电话网、固定电话网、宽带接入网等40余个信息系统，涵盖安保管理、交通管理、网上世博、票务管理、物流管理等44个信息化项目的系统集成服务，包括服务器、笔记本电脑、台式机、多功能一体机、打印机、投影机、移动存储7类多达15 000套计算技术设备。

5. 上海世博会信息化建设内容

上海世博会信息化建设内容包括世博会信息系统基本结构、上海世博会园区运营指挥中心信息系统、上海世博会信息运营调度中心、世博交通信息管理系统、世博智能交通系统、世博票务系统、世博安保系统、世博园区能源与环境监测系统、世博会广播电视中心新闻共享及发布系统、世博会场馆智能化系统及网上世博会。2010上海世博会信息系统基本结构如图1-3所示。

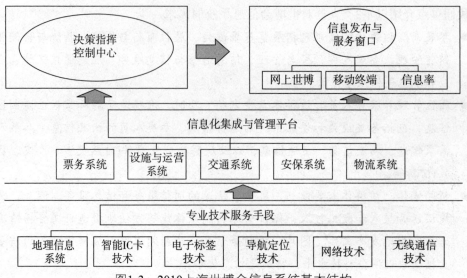

图1-3　2010上海世博会信息系统基本结构

信息技术已成为世博会组织者为参展商和参观人员提供支持和服务的重要支柱。同时，这些先进的信息化技术也成为世博会筹备、组织、管理和营运的利器。

- 集约化的建设方式和智能网技术。园区通信基础设施以集约化的方式进行建设，实现高度共享，电信的城市光网、EPON(以太无源光网络)、IPV6(互联网工程任务组)、东方有线光纤+HFC(混合光纤同轴电缆网)的接入和运营商普遍采用的智能网技术等，为"三网合一"以及解决信息高速公路"最后一公里"等难题进行了实践性探索。

- 无线宽带技术。重点普及以国产标准TD-SCDMA(时分同步码分多址)为主的3G技术的应用，同时采用WIFI(无线保真网络)+MASH(多级噪声整形)技术，并提供宽带接入服务，保证无线信号的更宽覆盖和高速传输。同时在园区内建设TD-LTE(分时长期演进)实验网络，为组织者、媒体记者、各方嘉宾提供丰富的移动信息服务。

- RFID(电子标签)和传感网技术。该技术已广泛应用于世博会的门票、物流配送、展馆预约、证件管理、电子车牌等诸多方面。中国移动首次推出内置RFID模块的手机电子门票，并和交通银行合作，在园区内提供手机电子支付业务。

- 互联网应用技术。网上世博会将借助互联网的FLASH、Web3D(虚拟三维)、CDN(内容分发网络)及SOA(面向服务的体系结构)架构技术等，把世博会的理念、精神以及内容传到全球，可以完全满足国内外用户对网上世博的访问需求。

- 多媒体技术。虚拟技术综合演播厅运用虚拟仿真技术将园区建设规划、展馆建设、大型活动方案从抽象化、符号化转变为形象化、可视化，为科学决策、活动组织、运营指挥提供了直观生动的演示平台。

- 智能视频处理技术。高清视频图像处理、人像识别、图像信号智能调用等多项信息技术被大量运用于本届世博会的客流引导、视频监控等系统，通过智能视频分析和智能视频监控，使监控系统成为主动、智能化的识别工具，可自动提取关键信息，为组织者提供警示服务，有效提升相关系统的服务能级和响应效率。

- 电子地图和定位导航技术。在传统导航功能的基础上，更加注重智能化、个性化和多功能化，利用高精度电子地图和共用的地理信息系统平台，为园区的车辆和工作人员提供多种定位导航服务。
- 特大型活动的信息化管理。为适应大型活动的组织管理需求，充分借鉴奥运信息系统的管理经验，针对世博会的特点，综合运用地理信息系统技术、基于位置的信息发布技术、应急方案数字化技术等，实行数字化的综合运行管理，为大型活动的管理、服务提供信息化支撑。值得一提的是，特大型活动信息化管理系统完全由国内自主研发、建设，并提供运行保障。

资料来源：中国2010年上海世博会官方网站[EB/OL]. (2010-01-01)[2021-12-07]. http://www.expo2010.cn. 作者整理而成

学习项目 2
云上会展

学习目标

知识目标：了解云上会展的应用形式、服务内容和我国重要的云上会展项目；理解云上会展与传统会展之间的关系。

能力目标：能够基本掌握云上会展的运作流程和建设步骤；能够掌握各种新技术在云上会展中的应用效果。

思政育人目标：树立创新意识，敢为人先，投入社会主义建设伟大实践。

课程思政

"必须坚持科技是第一生产力、人才是第一资源、创新是第一动力""完善科技创新体系"。党的二十大报告强调创新是国家发展的动力源泉，要坚持创新引领发展。面对危机，一些富有创新精神的会展企业在大量会展活动纷纷被迫延期举办的困境下，没有坐以待毙，而是大力拓展互联网思维，积极应用大数据、云计算、5G产业、人工智能技术，开展线上办展、网上直播、主题论坛等活动，力求于危中寻机、困中求变。科技赋能，为推动行业转型升级提供了可能。会展人创新求变，采用"互联网+"技术赋能会展产业链，为会展业的数字化、网络化、智能化改造开辟了一条新路。

导入案例

线上博览会如何在疫情下突围——从"云上东博会"看展会可持续发展

新冠肺炎疫情发生以来，会展业经历了大洗礼。不少会展企业采取多种方式自救，其中线上会展受到全行业推崇。在此期间举行的第18届中国—东盟博览会和中国—东盟商务与投资峰会正是采取"实体展+云上东博会"的形式办展。"云上东博会"打破空间限制，积极打造数字展览平台、数字会务平台、数字营销平台等，保证国内外政商界的关注度和参与度，开辟多领域合作的云上"南宁渠道"，为会展业的可持续发展做出了有益探索。

自中国和东盟建立对话关系以来，双方全方位合作不断深化。东博会自2004年举办以来，立足中国—东盟合作面向全球开放，创造了超越11个国家的广阔市场和巨大商机。2020年，在新冠肺炎疫情阴霾笼罩下，东博会首次采用"实体展+线上展"的方式，突破地域限制拓展商机。打开"云上东博会"，可看到中国商品馆、东盟国家馆和"一带一路"国际馆等众多线上场馆。各场馆通过3D虚拟展厅让观众近距离感受各国文化及参展商品。"云上东博会"启动后，全年在线，常态化运营，成为"永不落幕的东博会"。2021年，东博会继续采取线上线下相结合的模式，完善"云展示""云会议""云洽谈"等功能，丰富直播推介会、"一对一"视频配对活动等，打造智能获客生态闭环。

资料来源：宋岩. 线上博览会如何在疫情下突围——从"云上东博会"看展会可持续发展[N]. 新华社，2021-09-12. 作者整理而成

学习任务2.1 云上会展概述

云上会展，又称为线上会展或数字会展，是指利用网络虚拟空间进行的展览及贸易活动，即以互联网和数字技术为基础，对实物展览会(展厅、展品)虚拟化，实现展览活动各个环节电子化的新型展会。云上会展将三维虚拟技术(AR和VR等)、云计算、大数据、移动互联网技术、社交社群与会展行业展示、撮合、商洽等服务特点相结合，使组展者、参展商和观众可以通过计算机和互联网络进行互动交流。云上会展不仅创新展会展陈形式与内容，实现数字展厅、虚拟会展、超现实展览等新型展会形式，打造沉浸式远程展会，而且能化解线下参展局限性，从而提高参展商和观众的参会参展程度。

2.1.1 云上会展的应用形式

1. 会展企业数字化的企业管理活动

基于数字技术实现企业知识在线共享、数据共享，让会展企业的员工、供应商建立更紧密的数字化联系，实现数字化协同，减少沟通和经营成本，提升效率。

具体表现：各类数字化、OA自动化的协作和共享工具的应用。

2. 会展企业数字化的业务经营活动

基于数字技术与会展服务群体进行直接或间接互动，建立员工与客户的永续连接，建立会展群体之间的数字化社群，提供数字化服务和产品，从而促进客户获取、保留、增值，提升客户体验。

具体表现：CRM(客户关系管理系统)等。

3. 会展活动项目的数字化

基于数字技术，实施会展项目全生命周期管理，以及会展项目前期、中期、后期一体化运营管理，实现服务端和体验端等端到端的无缝衔接，创造一致性体验。

具体表现：线上展览门户建设(手机端、PC端)等。

4. 会展产业和生态的数字化

基于数字技术，让会展产业链接入更广泛的行业生态伙伴，让会展与产业连接，让产业与城市连接，创造新的商业模式。

具体表现：云展大脑。

案例链接2-1

云展大脑ExpoNow全揭秘

云展大脑是阿里巴巴长期打磨的数据智能产品，结合会展发展实际全链路打通ABM(account-based-markting，目标客户营销)、触达、DSP(demand-side platform，需求方平台)、CRM(customer relationship management，客户关系管理)、CDP(customer data platform，客户数据平台)、MA(marketing automation，营销自动化)等多个大模块，帮助展会主办方搭建营销技术基础设施，打造数据增长引擎，如图2-1所示。通过数据协同，一站式解决数据孤岛问题，使私域流量盘活，公域流量拉新，从而获得高频高效的利益，在提升数据驱动能力的同时赋能商业价值进一步提升。

云展大脑结合具备超亿库存的企业级数据库，针对展商原有数据，补全企业信息，形成精准的360°客户画像，并进行Look-alike运算。基于目标客户营销的方法论，主办方可通过圈选"潜在客户"，更有针对性地营销目标客户，节省营销投放成本。

当主办方获得更精准的B端客户画像之后，可通过需求方平台触达进行统一管理和配置。通过客户数据平台系统，跨平台采集和整合各渠道营销、客户业务以及行为数据，通过各类标准模型分析、探索式自助分析，将数据转化为用户标签及客群包，建立管理及洞察分析数据闭环，赋能对客户的精细化运营。同时，云展大脑的客户管理系统承载客户数据，可对销售转化过程进行行为追踪，从而完成展会全生命周期的数据管理。

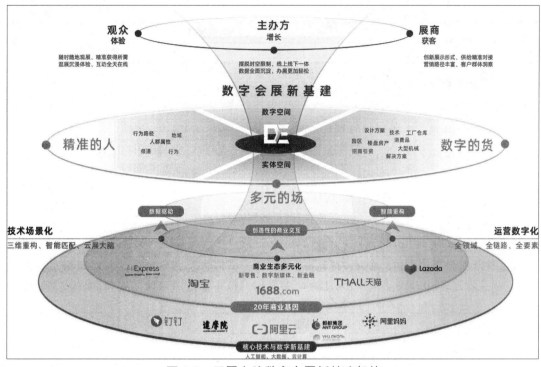

图 2-1 云展大脑数字会展新基建架构

资料来源:云上会展官网[EB/OL]. (2022-09-19)[2022-11-10]. http://digitalexpo.com/. 作者整理而成

2.1.2 云上会展与传统会展的区别与优势

1. 云上会展与传统会展的区别

会展为信息的传播、观众和参展商之间的交流建立了一个平台。云上会展与传统会展的区别如表2-1所示。

表2-1 云上会展与传统会展的区别

比较项目	会展类型	
	云上会展	传统会展
组织手段	展会核心资源和商机通过互联网展示,提供云展示、云引流、云互动、云洽谈等功能	文件、传真、电话、电子邮件等,辅以媒体宣传
会展场所	网络虚拟空间	实物场所

(续表)

比较项目		会展类型	
		云上会展	传统会展
展会相关要素	展出手段及内容	充分运用3D、XR等技术提供沉浸式产品和服务，实现展会和展商品牌365天在线展示	实物产品
	展出期限	24小时×365天永不落幕	有固定展期
	现场管控	无须现场组织、管理、协调	现场组织难度大，事务繁杂，对口主管部门多
	参展费用	免费或仅支付会员/注册费用	需支付各种场地费用、展位搭建费用、物流费用和人员费用等
	观众范围	世界各地的互联网用户	有一定的时空和专业限制
	观众参与手段	PC或移动互联网访问	到实地参展
	交流方式	通过实时在线直播、视频、音频和自动化客服等互动技术，实现3D虚拟展馆、VR看展、虚拟直播演讲等	现场工作人员或辅助设备，信息传递量有限，但面对面沟通体验更好
	签约方式	电子邮件或数据传递方式	书面契约方式
	客户管理	留存包括地域、用户偏好、个性化标签等全方位的用户信息	仅留存用户基本信息及部分补充信息
	展会收入	包括基础会员费、展示增值服务、营销增值服务以及商机服务等方面，包含数字化展位、广告位、展商入驻、平台服务、预约配对、营销流量、发布会直播平台等	展位收入、广告和企业赞助收入、增值服务收入等

2. 云上会展的优势

从表2-1中，可以看出云上会展是将实体会展行为电子化的一种手段，相较于实体会展，云上会展具有以下优势。

(1) 降低了交易成本。一是由于不必租赁会展场地和避免使用其他在交易行为中要用到的实物等因素，可使场地租赁和实物支出费用大大降低。二是交易双方通过网络交换商务信息，相对于传统的信件、传真、电话等方式，通信费用大幅降低。三是交易双方可通过网络进行宣传、广告，相对于使用传统媒体，广告费用更为低廉。四是通过网络进行实时沟通，使无库存生产和无库存销售成为可能，降低了库存管理费用。五是实现了会展企业内部信息化办公，提高了信息传递效率，节省了时间成本，提高了工作效率。

(2) 提高了交易效率。由于计算机将交易过程中的商业文件格式标准化，使得商业行为和流程可以由计算机自动处理，比如物料采购、信息采集等，在一定程度上无须人工干预，不仅降低了人工成本，而且避免了传统贸易方式费用高、易出错、处理速度慢的问题，使得交易更加快捷、高效。

(3) 提高了交易透明度。交易双方的沟通、下单、支付、配送都可通过网络进行，相关交易数据可通过服务器安全保存,方便交易双方查询回顾。若干非商业核心信息还可以对第三方公开,比如交易数量及客户评价等,有利于形成良好的交易氛围。

(4) 为客户提供定制服务。传统方式下,客户必须在展会期间才能参观、洽谈,受地点、时间等因素限制较强。而云上会展能够提供24小时不间断服务,用户随时都可以接入。企业可以通过网络跟踪消费者的消费习惯和购物需求,并及时反馈到公司决策层,促使企业针对消费者开展更有针对性的研发和服务。

云上会展是传统会展在网络上的延伸,云上会展促进买卖双方洽谈磋商的核心价值与传统会展相同,两者是相辅相成的互补关系。今后,"线上+线下"的深入融合模式将成为促进会展业发展的加速剂。

知识链接2-1

云上会展的核心价值

1. 云上会展有利于提升经营和管理效率

云上会展能够提升企业内部协同效率,打破企业各部门的隔阂,还能借助数字化工具,让企业外部客户的连接更紧密、更高效,突破传统会展活动低效的商业模式。此外,企业和主办方借助数字平台,在数据挖掘、算法匹配、推荐技术等人工智能技术的支持下,可以让一些更精专、更小众的需求实现更高效的匹配和对接。

2. 云上会展有利于降低运营成本

数字技术为会展活动的主办方和企业提供数字化产品和服务。比如,将传统的线下演讲内容转化为按需索取的数字化视频内容,企业可以零边际成本向广大用户提供营销和推广服务。此外,技术服务商可向活动主办方提供基于"订阅模式"的SaaS服务,用户按年付费开通账号即可运营,大幅度降低自建数字活动平台的成本。

3. 云上会展有利于重塑客户体验

数字化内容更丰富,更容易获取,用户按需索取,可满足"长尾"需求。数字化传播渠道不仅成本更低,还能提供端到端的无缝体验。线上线下融合,能实现物理形态(和空间)和数字虚拟化形态(和空间)的融合,为参会者的注册、参会、互动、分享、学习、交流创造新的体验。

4. 云上会展有利于数据资产积累和数据获得

数字化管理平台可实现参会者线上和线下参会行为数据的融合,创造数据价值。海量数据可通过数字化手段实现可视化,数据的参考性更强。主办方通过对数据进行分析,可获得用户画像,为集团招商和运营提供决策依据,为展商提供更为个性化、更有深度的参展报告,实现更精准的按需索取和商机配对。

5. 云上会展有利于获得数字化收入

通过云上会展实现的收入表现为为赞助商企业提供基于互联网的展示权益、赞助在线论坛直播的权益、电子广告权益。云上会展可使传统会展业务通过数字化途径，获得全新内容的额外收入。

资料来源：楚有才. 一文读懂数字会展[EB/OL]. (2022-01-24)[2022-11-16]. https://zhuanlan.zhihu.com/p/461167478. 作者整理而成

2.1.3 云上会展的服务内容

云上会展的服务提供方是会展产业链上下游的服务方，比如，会展活动的主办方和承办方，以及会展活动的服务方和合作方。云上会展的终端服务对象是会展活动的参与群体，比如，会展活动的观众、嘉宾、参展商、赞助商、媒体、志愿者、工作人员等。

对于B2B线上展会来说，会展组织方的主要目的是撮合交易。对于参展商而言，不仅要全面展示展品，更重要的是能够与采购商及时、精确、有效地互动和沟通，且在互动和沟通后产生洽谈需求和采购意向。对采购商而言，则希望在平台上方便、快捷地找到想要的产品和服务，能够点赞、收藏，可以随时随地发起意向订单，实现即时沟通，与参展商预约洽谈，以便于产品问题、采购问题得到快速响应。

因此，云上会展的运营逻辑需要遵循从searching(搜索)、engaging(互动)到matching(匹配)的SEM漏斗模型，提升供采对接服务水平，更好地留住流量，增强用户与平台的黏性。因此，云上会展平台应提供以下服务。

1. 在线展示

线上展会不等于在线展示，但在线展示是线上展会非常重要的功能，应确保展品展商目录清晰、划分标准明确、线上参展或观展服务流程清晰且简单明确。对于参展商而言，线上展会的展位搭建应基于参展商的核心诉求，并不需要追求炫酷花哨，方便实用即可。参展商需要系统足够好用和易用，方便上传企业和展品介绍，方便展示视频、图文等信息，方便对内容进行调整、修改、维护和更新。

消博会网上会展

2. 内容管理

行业资讯、新闻动态、相关政策、专业观点、白皮书等，是云上会展平台的黏合剂，也是线上展会长期运营的关键抓手。参展商和观众能否方便地找到最新的动态和信息，取决于后台的内容管理系统是否便捷。比如，内容管理系统是否支持自主编辑、调整、分类和标签化管理。

3. 精准搜索

线上展会的搜索精准度是一个比较容易衡量的指标。一个合格的线上展会，首先要保证采购商在进入搜索页面时能实现全文搜索和模糊搜索，且搜索结果准确。在搜索之外，还应提供推荐功能。会展同行应学习电商的运营逻辑，即根据不同人的不同偏好，持续推荐相似的参展商、展品。

4. 智能推荐

采购商通过搜索来获取参展商及展品信息,是一种主动行为,但对于平台来说,是被动反馈的过程。在采集采购商的浏览数据后,可进一步发现采购商的行为偏好,明确采购商对哪类产品感兴趣,基于此便可采用智能推荐功能,变被动服务为主动推荐,为采购商提供更加多样的选择。

5. 联系我们

采购商对某个展品感兴趣时,"联系我们"的功能会引起采购商进一步沟通的兴趣。但能否第一时间得到反馈、平台能否针对相关问题做出专业回答等,影响着采购商的体验和深度沟通的耐心。

6. 电子名片

采购商注册后即可拥有自己专属的电子名片,该名片可以随"意向订单"分享给参展商,在个人中心可以查看与参展商互换的名片,这个过程很像在线下互换名片的场景。有了电子名片,参展商可以留存感兴趣的潜在受众,可以进行数据孵化和再营销;对于采购商而言,可以在需要采购时及时联系到参展商。

7. 网络直播

直播包含主办方和参展商分别发起的在线活动。在线直播可以实现云开幕(虚拟展厅、数字展馆)、云展示(虚拟演播厅、个性化商家直播间等创新产品直播展示)、云对接(产品推荐、在线咨询、视频洽谈)、云签约(边看边买、线上签约),提升云上会展体验。对于主办方而言,可以开展论坛峰会的线上直播活动,而更多的直播活动实际上是参展商发起的。参展商通过直播互动可以进一步吸引流量,在直播过程中各种弹幕、打赏互动可以活跃气氛,增强观众黏性。直播系统能否支持大流量、能否支持海外嘉宾参与、能否流畅不卡顿、能否留存数据成为制约因素。

网上会展之
网络直播

8. 供采对接

没有供采对接,云上会展便没有灵魂。在线上供采大厅中,参展商可以发布供应信息,采购商可以发布采购信息,如果正好能够匹配,供采双方可以直接沟通。主办方和系统通过平台和历史数据,对买家和卖家进行数据分类,形成精准用户画像,通过精准匹配进行个性化推荐。同时,参展商还能在线上工作平台(参展商中心)查询观众注册报名信息、展会活动轨迹、展位观看时长、直播观看记录等数据,从而对客户价值进行精准判断,促成双方洽谈合作。

9. 预约洽谈

预约洽谈功能为参展商和采购商提供深度沟通交流的机会,采购商可以随时发起洽谈预约。洽谈系统能否及时提醒洽谈预约消息，参展商多久能够确定洽谈时间，双方通过在线视频洽谈时在线会议是否流畅、参展商形象是否专业及内容准备是否充分等，都会影响洽谈效果。洽谈室应便于使用，可支持多人同时语音或视频连线，同时可以设置洽谈室的进入权限，以满足参展商、观众对不同贸易洽谈和交流的需求。观众可以通过网站、H5端、小程序端进入洽谈室，点击相应按钮即可。

10. 在线询盘

衡量线上展会效果的一个重要标准是意向订单的签单量。对于B2B线上展会来说，采购商直接下单的概率比较小，一般先在线向供应商询盘，还可以发送电子名片以便后续联系。在提交意向订单时，采购商可以选择是否需要主办方推荐更多适合的参展商，以便扩大选择范围和提高对接效率。在个人中心，参展商可以看到意向订单的情况，可以进一步发起预约洽谈。在线询盘的功能可帮助供采双方实现无地域、无时间限制的高效对接。

2.1.4　云上会展的运作流程

对于会展企业来说，将线下的展会转移到线上不仅仅是更换办展模式这么简单。转型数字化会展意味着会展企业需要"跨行业"，转向互联网行业。这对于会展企业来说，无疑是一个巨大的挑战。但云上会展是顺应社会发展，符合大众需求的新型办展模式，会展企业向数字化转型是一个必要的过程，会展企业在转型之前应了解云上会展的运作流程。

1. 做好组织准备

线上展会在形式、策划、引流、洽谈和数据管理等方面与传统线下展会有很大差异。线上展会如何将参展商和观众数据搬到线上，如何将外部流量转化为主办方私域流量，如何做好专业观众的筛选、过滤、分类、标签化管理，如何组织高质量的在线直播、互动、洽谈和推介活动，如何保证参展商和观众的及时沟通对接，团队能否快速响应参展商和采购商的需求等，这些都依赖于具备数字化能力的线上运营团队。因此，会展企业需要积极调配组织资源，调整组织结构，打造一个具有跨界思维的线上运营团队。

线下展会转向线上展会是一个长期的过程，需要会展企业不断尝试和创新，才能逐渐探索出一条适合云上会展发展的道路，做好组织准备可以让后续的工作更加顺畅一些。

2. 构建内部运营体系

线上展会的运营不是一蹴而就的，需要持续性地进行内容、流量和用户运营。会展企业应构建线上展会的内部运营体系，具体包括：从展前筹备、展中服务到展后数据及再营销流程的完善，线上展会档期策划，系统运维体系建立，系统化的团队培训。

会展企业应在前期对上述几个方面进行统筹策划，不断优化这几个方面的策划细节，反复推演线上展会可能出现的各类问题，有针对性地提出解决措施，以免在展会期间发生事故。

3. 制订运营计划

线上展会的运营计划同样也是围绕参展商和观众展开的，覆盖展前、展中和展后全流程。

(1) 展前筹备计划，主要考虑线上展会整体规划、线上技术服务商管理、电子展位管理、营销引流计划、参展商招募计划、参展商和观众线上浏览指引、线上运营培训等方面。

(2) 展中运营计划，主要考虑观众引流、直播活动管理、商务洽谈管理、在线日程管理、即时通讯、行为数据监测、日常客服以及系统运维和安全监测等方面。

(3) 展后运营计划，主要考虑基于数据洞察形成展会报告、营销数据分析和二次营销计划等方面。

案例链接2-2

"会展之都"探索云上"一展通全球"

阿里巴巴与上海市贸促会联合打造的云上会展有限公司为上海市会展业打下数字化"桩基"。阿里巴巴将发挥技术力量，让会展这种经典商业贸易往来形式与数字经济紧密结合，推动会展行业走向全新阶段。该云上会展平台的首秀是车企高管集体带货。福特汽车(中国)有限公司总裁兼首席执行官在"云"上"安利"福特新款车型，希望跑通"云上会展" + "云卖车"的新消费模式。

在"中国品牌日"上海云上展馆中，东浩兰生开创了全新的会展模式。首先利用360°全景技术、VR(虚拟现实)技术建立线上虚拟展馆；其次，接入各类新媒体、电商、App等互动平台，提供线上宣传、直播体验、在线购物等"云上"多维度体验；最后，推出"云消费""云招商""云直播"等一系列在线体验项目。

沉浸式3D展览体验、数字化全域智能营销、交易安全保证、行业大数据咨询等功能都是会展业可以被"云化"的部分。据悉，云上会展公司将通过行业领先的三维建模、混合现实、增强现实等技术，为境内外参展企业创造身临其境的展示与交易体验，并专门打造"看展机器人"，真正实现"一展通全球"。

资料来源：徐晶卉."会展之都"探索云上"一展通全球"[N].文汇报，2020-05-08(2).作者整理而成

学习任务2.2 云上会展建设过程

2.2.1 云上会展的建设要点

在建设云上会展平台之前，可通过回答以下问题来整理建设思路。

(1) 能否明确平台网站的用户群？该用户群上网的特征是什么？这些用户习惯在网上做些什么？

(2) 平台网站的盈利模式是怎样的？

(3) 行业内或者相近的行业内有没有做得比较好的类似平台网站？它们是怎样实现盈利的？这些平台网站有什么优点和缺点？制定平台网站建设方案时可具体参考哪些网站？这些网站的哪些做法值得借鉴？

线上会展网站的建设思路

(4) 平台网站建设方案中的网站项目需求清晰吗？具体有哪些栏目？具体提供哪些功能？表现形式是怎样的？为什么要这样设置？还有更好的方式吗？

(5) 平台网站的后台将怎样设置？前台会员界面的版式和操作是否具备人性化、简单化、大众化的特点？

(6) 是否研究过竞争对手的推广方式？在制定平台网站建设方案的时候有没有考虑过日后将采取哪些推广方式？

(7) 平台网站建设项目由谁来设计？由谁来承建？这些团队有多少经验？现在大型网站都采用哪些高新技术以保证平台网站的安全性和前瞻性？怎样避免平台网站不断改版耗费大量人力和物力的现象出现？

(8) 对于平台网站的后期维护，网络营销团队如何安排？

2.2.2　云上会展的建设步骤

云上会展的建设不仅依靠业务变革和技术解决方案，更深层次需要的是企业组织和商业模式变革相结合。云上会展的建设主要包括以下六个步骤。

1. 完成组织准备度检查，获得人、财、物支持

企业组织变革包括组织、人员、财务以及运营和收入模式的规划。首先，企业需要完成组织准备度检查和收费模式规划；其次，要规划参展商入驻定价模式，可以综合考虑参展商的需求和支付能力，提供不同的套餐结构。

网上会展之线上展会的步骤

2. 建立数字门户，实现品牌展示，承载招商招展功能

云上会展的数字门户有2D、2.5D及3D这三种展示形态可供选择。其中，2.5D的展示方式可以兼顾体验和成效，其优势在于可以模拟逛展的场景，展示效果更为形象，维护成本较低。在展台的构建中，可将图文展示、视频展示、线上洽谈预约、展商直播、在线商城和智能客服等功能融为一体，从多维度展示参展商及展品信息，并提供即时的互动洽谈工具，保障参展商权益。

线上展厅展示操作

3. 搭建引流+互动平台，扩大受众，体现展会IP价值

通过内容激活自有参展商和观众历史数据，借助社交网络、富媒体及新兴媒体进行宣传推广，并通过接入百度、阿里、腾讯等外部资源实现"云引流"，将即时通讯及智能虚拟客服相结合，实现24小时的高效互动。

4. 搭建配对+直播平台，实现云上洽谈，提高磋商效率

商务配对的核心是通过大量的数据驱动，基于字段数据、标签、需求和行为数据，建立评价指标，实现商机自动匹配、买卖双方预约洽谈、履约评价及线索转化跟进。通过接入直播平台，可以在线上确认约谈时间，平台将自动通过直播系统实现一对一或一对多网上洽谈。

5. 构建内部运营模式，同步买卖双方节奏

云上会展可采用365天不间断运营方式，也可明确开闭幕式时间，以此同步参展商和采购商的互动、交流、洽谈行为。运营团队应参加大量专业培训，完善展前筹备、展中服务及展后数据采集及再营销计划，保证系统稳定、安全、流畅。

6. 优化平台，实现可持续运营和服务对接

云上会展构建的是可持续运营和对接平台，因此，要从系统、产品、服务及运营等角度不断优化调整，以保证参展商全方位"云展示"、观众随时随地"云逛展"。

案例链接2-3

《线上展会服务规范》发布

2021年1月，我国会展业首个全国性团体标准《线上展会服务规范》(T/CCPITCSC 066—2021)发布，弥补了国内外线上展会领域的标准空白。

2020年，中国会展业经历了前所未有的冲击与变革，随着新冠肺炎疫情的爆发，"从实体走向虚拟，从线下走向线上"成为主要的发展趋势。华为开发者大会2020、第127届广交会等活动拉开了2020年中国线上展会发展的序幕。海内外近2.6万家企业上线展出约180万件商品，5000多场直播同时进行，海内外客商足不出户即可通过互联网进行对接商洽。参展企业同时在线展示上百款产品，其中不少企业拿到了疫情以来首个大单。线上展会逐步得到市场的认可。

《线上展会服务规范》不仅是业务标准的升级，同时也反映了业界对线上展会发展的一致要求。标准详细规范了线上展会服务机构在组织线上展会过程中的全流程工作内容，对策划与展陈服务、营销服务、邀约服务、在线撮合服务、在线商洽服务、大数据服务等模块进行了工作分解，规范了线上展会服务机构在工作过程中应具备的能力以及应提供的服务，规范了服务机构的行为。

该标准也明确指出，要确保线上展会相关数据得到妥善积累和保护。2020年以来，以大数据、人工智能为基础的新技术、新应用、新业态在疫情防控与促进经济恢复与发展方面发挥了重要作用，但也对业界在相关领域的安全保障能力与意识提出了更高的要求。保护公民的隐私是维护公民在网络空间合法权益的核心，线上展会的安全运行，是安全可控和开放创新并重的重要实践。

同时，随着互联网巨头进入会展行业，更多新企业进入线上展会领域也成为必然。因此，该标准也为新进入该行业的相关机构开展线上展会服务工作提供了重要的指导与借鉴。更多从业人员也将进入这一行业，该标准有助于相关从业人员提升能力、规范工作。此外，该标准将对下一阶段我国推动线上展会模式发展提供规范，也将为我国会展业在国际标准化舞台上讲好"中国故事"、分享"中国智慧"提供必要的技术支撑。

资料来源：线上展会新模式、团标助力新发展[EB/OL]. (2021-01-18)[2022-11-15]. http://www.ccpitcsc.org. 作者整理而成

学习任务2.3　我国重要的云上会展

2.3.1　我国云上会展的呈现模式

目前，我国的云上会展呈现模式主要有以下4种。

1. 分类信息电子商务型

典型代表：中国进出口商品交易会（广交会），如图2-2所示。

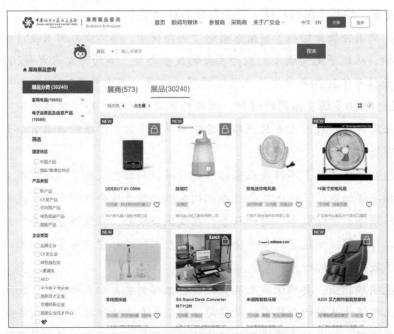

图2-2　云上广交会展品展示界面

2. 3D立体空间展示聚合型

典型代表：云上2020年中国自主品牌博览会，如图2-3所示。

图2-3　云上2020中国自主品牌博览会3D展厅界面

3. 2D平面与3D立体复合型

典型代表：中国国际服务贸易交易会(服贸会)，如图2-4、图2-5所示。

图2-4　云上服贸会平面展厅界面

图2-5　云上服贸会3D展厅界面

4. 独立创新3D展厅型

典型代表：企业云上3D互联网数字展览空间(3D官网)，如图2-6所示。

图2-6 企业云上3D互联网数字展览空间界面

不同模式的云上会展型态具备不同的优点和不足，会展企业和主承办方应依据项目情况、资源优势、运营模式适当选择。

2.3.2 广交会云展览

中国进出口商品交易会(以下简称"广交会")是中国目前历史最长、规模最大、商品最全、采购商最多的综合性国际贸易盛会，被誉为"中国第一展"，中国外贸的"晴雨表"和"风向标"。疫情影响下，广交会云端办会成为新常态。

2020年，第127届广交会首次"上云"，开启线上办展新模式，接下来的128届、129届广交会均在线上举办，第130届广交会则采取线上线下融合办展模式，第131届广交会全部在线上进行。腾讯已连续3年、第5次为广交会提供线上平台开发、云资源支持和技术护航，保障大会顺利举办。腾讯为5届云上广交会的官方技术服务商。云上广交会平台实现功能如图2-7所示。

云广交会参展商线上展示操作

云广交会企业信息管理

131届云上广交会以"联通国内国际双循环"为主题，4月15—24日在网上举办。展览内容包括线上展示平台、供采对接服务、跨境电商专区三部分，在官网设立展商展品、全球供采对接、新品发布、展商连线、虚拟展馆、新闻与活动、大会服务等栏目，按照16大类商品设置50个展区，吸引境内外参展企业2.55万多家，并继续设立"乡村振兴"专区，供所有脱贫地区参展企业集中展示。云上广交会采购商在线撮合操作流程如图2-8所示。

云广交会虚拟展馆

为了加强贸易配套的资讯服务，131届广交会首次组织"首发首展首秀"活动，按照先进技术、智能制造、美好生活、低碳环保、贸易服务五大主题，遴选优质企业举办100多场线上新品"首发首展首秀"活动，展示中国制造最新创新成果。本届参展企业上传展品超290万件，其中新品超90万件、绿色低碳展品超48万件，均创历史新高。

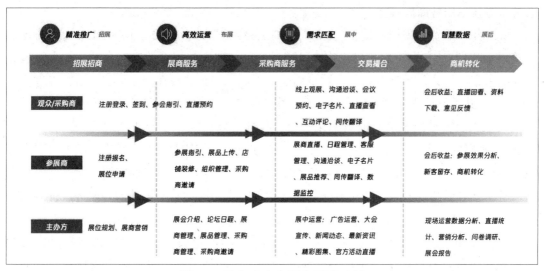

图2-7　云上广交会平台实现功能

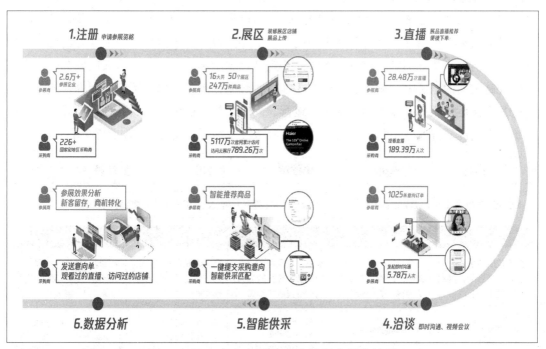

图2-8　云上广交会采购商在线撮合操作流程

2.3.3　服贸会云展览

中国国际服务贸易交易会(以下简称"服贸会")是全球服务贸易领域规模最大的综合

型展会和中国服务贸易领域的龙头展会,也是中国对外开放的重大展会平台,为国际服务贸易领域传播理念、衔接供需、共享商机、共促发展发挥了积极作用。2019—2022年连续3届云上服贸会让全世界看到了中国数字化创新和应用落地的速度。京东云为3届云上服贸会的官方技术服务商。

2022年,服贸会采用"综合+专题""线上+线下"办会模式,举办了15.2万平方米的展览展示和128场专题论坛、65场推介洽谈等活动。线下参展企业2400余家,线上参展企业7800余家,累计入场25万余人,数量均超过上届。综合展设在国家会议中心;专题展共9个专题,其中环境服务专题设在国家会议中心二期,其余8个专题仍设在首钢园区。

云上服贸会搭建了全新的数字化平台,包括基础设施、中台智慧大脑、运营支撑、SaaS(界面层、应用层)。在官网优化提升、官方App和小程序升级改版等基础上,重点打造智慧门禁签到运营、智慧停车与物流调度运营、小美团运营、智能客服运营、线上展促活服务、视频云会议服务、数字藏品商城、智能推送、数据看板等功能和服务,提升服贸会数字化水平。

云上服贸会"展览展示"支持将平面页面和3D虚拟展台相结合,为用户提供看得见的智能体验,打破空间限制,融合线下物理世界和线上数字世界。"论坛会议"通过5G、视频直播、视频会议、在线翻译等技术手段,连通线上线下会议论坛,打破地域和语言限制。"洽谈磋商"利用即时消息通讯、视频洽谈、在线翻译、智能客服等多种工具,搭建云端虚拟洽谈间,打破线下限制。"贸易撮合"基于对用户线上行为轨迹的智能分析,识别用户实际需求,进行千人千面的定制化展示和展客展商间的双向撮合,通过基于区块链技术的电子合同服务实现商贸落地。"数字化服务"以大数据平台为基础,提供全域数字化运营服务,以数据驱动平台运营。同时,打造展位销售、证件管理等业务支持系统,大幅提升办展效率和服务质量。云上服贸会数字平台功能结构如图2-9所示。

官网	App	小程序	H5	公众号
双主场:国家会议中心+首钢展览中心		N主题:8大主题展+综合展+数字化专区+国别展+省市区+……		

展	会	洽	贸	服
全方位展示展商、展品,丰富效果,提高信息效率	在线论坛、会议直播、转播、回放,丰富展会内容,扩大影响力	展商、观众可实时进行高效、充分的沟通,有效促进商机沟通	意向达成后,供需双方在线完成交易闭环,落实展会收益	全周期运营支持,解决如何用、为何用的问题,确保实时、提效
• 2D展台 • 3D展台 • 智能撮合	• 视频直播/回看 • 云会议室 • 会议管理	• 在线洽谈 • 主动约见 • 商机跟踪 • 名片交换 • 在线询盘	• 在线交易 • 电子签约	• 智能客服　• 内容管理 • 大数据分析　• 用户管理 • 营销服务　• 展位销售 • 在线售票　• 运营平台

基础架构支撑体系	安全防护体系
弹性计算、云网络、云存储、CDN……	网络安全、内容安全、应用安全、数据安全、系统安全……

图2-9　云上服贸会数字平台功能结构

2.3.4 丝博会云展览

丝绸之路国际博览会暨中国东西部合作与投资贸易洽谈会(以下简称"丝博会")前身为创办于1997年的中国东西部合作与投资贸易洽谈会(以下简称"西洽会")。2016年3月，经党中央、国务院批准，全国清理和规范庆典研讨会论坛活动领导小组审批同意正式更名为丝博会。丝博会每年5月中旬在陕西省西安市举办，由国家发展改革委、商务部、中国侨联、全国工商联、中国贸促会、国家市场监管总局、陕西省人民政府共同主办。2021年，丝博会创新展会服务模式，赋能产业数字化转型，首次同步举办线上丝博会，并设立电商直播平台，形成"线上赋能线下，线下驱动线上，线上线下融合，数据驱动业务"的数字展会新业态。

线上丝博会平台聚焦"展、论、服、洽、管、营"六大核心要素，提供虚拟展馆、产品直播、在线论坛、在线询价互动、视频洽谈室、电子名片、商机智能匹配等一系列数字化服务。线上线下的嘉宾、企业代表、观众可通过线上丝博会官网、小程序(见图2-10)和展会现场数字门户，体验和了解线上丝博会。

图2-10　线上丝博会和丝博会云展小程序界面

在展览展示方面，大会应用3D和VR技术(见图2-11、图2-12)，在云端构建了中国馆、陕西馆、国际馆、智能制造馆、文化产业馆、乡村振兴馆7大虚拟展馆，累计在线观众人数41万余人，超400万人次云端观展。线上丝博会平台为展商提供了数字商贸功能，包括线上预约洽谈、意向订单、需求询问、智能匹配推荐、电子名片及视频洽谈，展会期间累计在线询盘31 271次，展品收藏13 285次，采购信息发送12 911条，展会期间累计交换电子名片43 359次。首创线上公共洽谈室，企业可自行开通线上视频洽谈室进行产品发布，并提供18种语言的自动翻译，为来自全球各地的企业搭建了一个可以流畅自如洽谈磋商的线上"会客厅"。首次开设电商直播平台，共设有10个专属直播间帮助参展企业进行展示推介，直播观看人数超62万人次，吸引来自21个国家和地区及全国各省观众云端观展、观看论坛和参与展商直播。

图2-11 线上丝博会VR逛展

图2-12 线上丝博会云展台

学习任务2.4 新技术在云上会展中的应用

随着5G、大数据、云计算成为"热词",信息技术的发展不断推动国内会展产业数字化转型升级和创新发展,为企业的发展带来新挑战、新机遇。目前,会展业应用的新技术包括云计算技术、大数据技术、人工智能技术、扩展现实技术及数字孪生技术等。

2.4.1 云计算技术

云计算是基于互联网的相关服务的增加、使用和交付模式,通常涉及通过互联网来提供动态易扩展且经常是虚拟化的资源。云计算可以看作一种虚拟化的服务,云可以看作一种模式,用户只要能接入云,就能获取云所提供的服务和功能。

云计算包括3个层次的服务:①基础设施服务。消费者可以通过网络从完善的计算机基础设施获得服务,将硬件虚拟成服务,用户获取的是服务,而不是硬件设备。②平台服务,即软件研发平台提供的服务。③软件服务,即SaaS(Software-as-a-Service),它通过网络提供服务。

目前,国内一些数字会展平台依托于SaaS模式开发数字会展产品体系。比如31会议开发了一站式全流程数字会务云平台与营销自动化云平台两大SaaS产品体系,如图2-13所示。SaaS模式的优势是用户连通互联网,就可以拥有软件工具;而使用传统的软件工具,除了购买软件的成本,用户还需要支付构建和维护独立的IT硬件设备的费用。SaaS系统的出现为企业提供了另外一种解决方案。借助SaaS平台,企业只需通过网络注册账号并在设备上进行一些简单的设置,即可以启用SaaS平台上的软件服务,并能通过互联网使用共享的基础设备,从而降低高额成本,SaaS也因此成为企业信赖的数据化工具之一。

图2-13 31会议一站式数字会展SaaS平台产品体系

2.4.2 大数据技术

大数据就是大量、高速、多变的数据资源,是指无法在一定时间内用传统数据库软件工具对其内容进行采集、存储、管理和分析的数据集合。在大数据技术领域,主要的研究包括海量数据的获取、数据的存储和管理、数据内容的挖掘和应用等方面。其中,数据内容的挖掘和应用是大数据工程的核心,它的主要用途在于预测,即基于消费者洞察的分析和推断。

2017年6月10日，中国会展业大数据中心在贵阳挂牌成立。中国会展业大数据中心致力于整合相关会展大数据资源，嫁接会展业大数据平台，努力促进中国会展业大数据发展，提升中国会展业国际化、专业化、信息化、智慧化水平。

大数据技术在会展业的应用包括展会的现场数据收集和管理、展会后的需求分析及个性化的精准营销。通过对展会现场收集的参展商和观众数据信息进行挖掘、计算、分析，获取对象的喜好、行为偏好，据此开展有针对性的营销。在此过程中，大数据技术将基于参展商和消费者的洞察分析和推断进行预测。比如，某主题展会主办商不仅可以收集多年来历次展会的信息数据，还可以收集近年来本行业其他展会的信息数据，甚至可以收集网络层面和通信、搜索引擎等运营商层面关于本展会的信息数据。在收集多维数据的基础上，才有可能实现精准预测。

在会展现场管理方面，通过观众"跟踪"技术(RFID技术或蓝牙NFC技术)，优化门禁系统，特别是跟踪观众在会展场馆的活动轨迹和规律，分析观众对产品及企业的关注度，并据此调整展会的运营管理。

在会展客户管理方面，一方面，参展商和买家(终端)可以在现场利用相关技术实现对彼此位置的准确感知，尝试更高效率的贸易合作；在展后，参展商也可以查询哪些客户到过展台、对哪些产品感兴趣，以实现精准营销和产品结构及功能的调整。另一方面，主办方通过大数据了解客户喜好和感兴趣的产品信息，可以更好地对展览项目进行调整，为客户服务。

2022年，中国国际服务贸易交易会(以下简称"服贸会")期间，会展云大数据分析产品采用线上+线下的方式，基于统一数据平台和全域信息化系统，结合大数据和人工智能技术，实现线下线上数据融合、统计与分析，为主办方、组展机构、参展商提供展会数据分析、效果评估、企业画像、展位热力图、流量统计、智能推荐、商机撮合等服务，有效提升了展会主办方的服务水平和展会质量。

案例链接2-4

102届糖酒会实现云上大数据高效供需对接

全国糖酒商品交易会(以下简称"糖酒会")始于1955年，有着中国食品行业"晴雨表"之称。每届糖酒会的展览面积均在10万平方米以上，服务专业采购商15万多人，规模大、辐射广。

第102届糖酒会于2020年7月28—30日在云上开展。本届展会由阿里巴巴集团云上会展云展大脑提供平台支持，建立了集多维展示、线上洽谈交易、直播活动、大数据分析于一体的全国糖酒会线上云展平台。本届展会共计2500多家参展商云上参展，开展55场互动活动。糖酒会云展通过大数据和智能算法，将采购商与参展商进行精准匹配，搭配日程提醒、双方在线选品、在线视频会议、直播带货等功能，提升了参展客商的对接效率和对接质量。线上特设VIP采购商专区，参展商通过参与线上专场供需对接会，可与VIP采购商负责人进行面对面深度沟通、洽谈。

全国糖酒会云展平台充分运用人工智能、云计算等技术，集线上展示、供采对接、直播营销、洽谈交易于一体，实现数字化虚拟展馆、实时互动交易、智能商贸洽谈、全链路参会体验、展会生态服务等功能，并能够与线下展位及活动实现互动互融，为参展商及专业观众提供创新的参展体验。

资料来源：中粮与阿里巴巴携手打造全国糖酒会云展平台[EB/OL]. (2020-06-05)[2022-11-13]. https://baijiahao.baidu.com. 作者整理而成

2.4.3 人工智能技术

人工智能是指由人类制造出来的机器所表现出来的智能，即通过普通计算机程序来呈现人类智能的技术。人工智能目前应用的领域包括机器翻译、智能控制、机器人学、语言和图像理解、遗传编程机器人工厂、执行化合生命体无法执行的或复杂或规模庞大的任务等。

人工智能的应用激发了不同行业的创新，如今对会展业也产生了较大的影响，它不但改变了会展业传统业务的运作模式，而且推动了会展业的转型与升级。

1. 人工智能应用于展会在线登记

在传统的展会中，参展人员和观展人员通过填写纸质表格向主办方提供个人信息，并提前办理参展证或参观证后才能进入展馆，工作效率低下。如今，越来越多的展会采用人工智能技术对参展人员和观展人员进行在线登记，参展人员和观展人员只需提供名片给工作人员扫描，人工智能的图像识别技术精准又快速，几秒之后，名片上的信息就会全部导入计算机系统，并形成在线登记工作表。

2. 人工智能应用于展会签到、注册

展会签到、注册是对进入展会的人员进行身份登记和分类的重要过程。人脸识别技术是通过计算机提取人脸的生物特征，比如五官之间的距离等，并根据这些特征进行身份验证的一种技术。人脸识别系统对展会签到、注册有着重要作用，它不但可以提高签到效率，降低传统人工成本，而且可以对参展人员和观展人员进行身份审核，保证展会的安全。例如，2019厦门国际投资贸易洽谈会采用"名片+人脸+手机+微信"的四重验证完成现场登记，确保了观众信息采集的准确性。通过身份证识别系统，将人员信息与身份验证联系起来，只需几秒就可以完成身份验证和出入证件的打印。在门禁系统中，改变了原来传统人工扫描入场的登记模式，采用人脸识别的自助门禁系统，使得现场观众、参展商可以自助进入场馆，整个过程几秒即可完成，极大地提升了参展商和观众进入展馆的效率，较少出现排长队的现象。

3. 人工智能应用于展会智能导览

基于Wi-Fi或RFID技术提供实时定位的智能导览系统也在展会中得到应用，这种系统不但能获取参展观众的位置，为参展观众规划观展路线，引导观众到指定展区参观，而且可以通过手机等智能终端自动向参展观众展示当前区域对应的文字、图片、视频等信息，为参展观众答疑解惑。参展观众移动位置，智能展览系统提供的信息也会随之变动。

4. 人工智能应用于参展商与观众的互动活动

人工智能的应用，不但提高了展会的质量和水平，而且拉近了观众和参展商之间的距离。由于人工智能可以为观众提供方便快捷、互动性强的服务，可以提升观众的参展体验，从而提高参展商的参展效益。目前，在展会中应用较多的人工智能有互动型电子艺术。通过互动体验，观众可以在展馆中近距离地欣赏交互式电子艺术展品。该应用可以为参展商提供观众个性评估，推测观众的行为和动机，参展商可据此改进沟通技巧，从而促进合作。随着人工智能的发展，相信有更多的系统将被开发出来，应用于参展商和观众的互动活动中。

5. 人工智能应用于展会会议主持和讲解

AI合成的新闻主播不时出现在媒体报道中。同样，展会中也出现了人工智能主持人的身影。例如，在2017海南首届人工智能大会上，会议全程由人机互动主持，流畅、智慧的主持过程使与会嘉宾充分领略到人工智能的先进和魅力。又如，在2019年世界人工智能大会上，通过动作捕捉技术与纱幕立体投影，虚拟歌手洛天依突破"次元壁"来到现场，与主持人同台主持。智能机器人通过内置投影仪和文字识别系统，完成文件投影与语音阅读，而且还能通过唱歌、跳舞等表演活跃展会现场的气氛。

6. 人工智能应用于展会会议翻译服务

在国际性展览和会议中，往往有来自世界各地的参展商和观众，对现场的翻译服务有一定的需求。如今，随着机器翻译水平的不断提高，展会中不时出现人工智能翻译的身影。例如，在第十五届中国国际会展文化节上，主办方采用科大讯飞智能会议辅助翻译系统，提供大屏幕同步字面翻译的同时，还通过翻译平台用手机接收字面翻译和语音翻译，为不同语言使用者之间的跨语言沟通交流提供翻译服务。与会者不再需要携带同传翻译接收机，只要用自己日常使用的手机，就可以获取会议的同传翻译服务。人工智能提供的展会现场翻译服务，对会展业的全球化发展具有积极的作用。

7. 人工智能应用于展后大数据分析

展会信息是会展业的重要资产。在展后应用人工智能建立会展+产业发展分析系统，可以对产业发展现状、龙头企业等信息进行分析，完成相关产业链与消费数据的统计与分析，从而为区域经济发展提供数据支持，最大限度地发挥展会对行业发展的拉动作用。

📖 **案例链接2-5**

2022年北京冬奥会,"AI冬奥"成为亮点

2022年2月4日,第24届冬季奥林匹克运动会在北京正式开幕。从2008年的"同一个梦想"到2022年的"一起向未来",北京再次迎来奥运火种,成为双奥之城。"科技让冬奥更精彩",作为科技之星的人工智能首当其冲。其中,计算机视觉、深度学习、自然语言处理、AI数字人、自动驾驶等一系列人工智能技术大显身手,为本届冬奥会的奥运健儿们保驾护航。

1. AI自动跟拍机器人

AI自动跟拍机器人在高山滑雪、自由式滑雪空中技巧等比赛中发挥重要作用。在高速运动中,AI自动跟拍机器人可实现AI无干扰三维动作捕捉和超宽带精准定位测速,运用人工智能计算机视觉算法对滑雪运动员的动作、姿态、速度等信息进行识别、跟踪、精准采集和科学测量,为高技术难度的滑雪比赛提供可靠的评分依据,也极大地降低了跟拍摄影师的工作量与风险系数。

2. "AI教练""AI裁判"

运用机器学习技术搭建的AI评分系统担任"AI教练"和"AI裁判",不仅可以提高冰上运动训练水平,还能在比赛中辅助人类裁判科学评分。智能冰上运动训练分析系统结合机器学习算法智能分析,对比运动员肢体摆动幅度、滑行速度等特点,可以提供精准化、可量化的快速反馈、技术诊断,从而提高科学化训练水平与比赛评分的准确度。

3. 高精地图标注

无人接驳摆渡、自主泊车、无人配送等智能车联网业务整体应用于奥运场景,为参与冬奥会的不同人群提供绿色、高效、安全的出行体验。在北京冬奥会和冬残奥会组委会所在地首钢园区内,利用数据标注技术进行冬奥专项高精地图标注,对道路地面标线进行综合标注,用于训练自动驾驶判断行人或车辆前进方向,使自动驾驶接驳车队根据车道规则、交通规则行驶。

4. AI手语主播"数字人"亮相冬奥

AI手语主播是3D高精超写实的数字人AI模型。AI手语主播采用语音识别、自然语音处理等人工智能技术,构建了一套复杂而精确的手语翻译引擎,可实现由文字及音视频内容到手语的翻译。AI"数字人"不仅可以报道冬奥新闻,还能准确及时地进行赛事手语直播,呈现精确流畅的手语效果,让听障人士也能够便捷地获取比赛资讯,酣畅淋漓地感受冰雪运动的激情与荣耀。

5. AI问答系统传递冬奥温度

专为冬奥设计的AI问答系统构建了大规模知识图谱,设计多种类型的知识展示服务,研发了语音和文字两种输入方式的"智能问答平台",提供实时便捷的冬奥问答服务,为普及冬奥知识、宣传冬奥文化提供了全方位、立体化手段。AI问答系统在准确地识别用户

的询问意图之后，实时便捷地以文本、图片等多种形式回复关于冬奥的各种答案。

资料来源：AI在冬奥，盘点冰雪世界里的五朵"科技之花"[EB/OL]. (2022-02-04)[2022-11-11] .www.cww.net.cn. 作者整理而成

2.4.4 扩展现实技术

扩展现实(extended reality，XR)是虚拟现实(virtual reality，VR)、增强现实(augmented reality，AR)和混合现实(mixed reality，MR)技术的统称。虚拟现实技术是指利用头戴设备模拟真实世界的3D互动环境；增强现实技术是通过电子设备(如手机、平板、眼镜等)将各种信息和影像叠加到现实世界中；混合现实技术介于VR和AR之间，在虚拟世界、现实世界和用户之间，利用数字技术实现实时交互的复杂环境。

目前，XR技术在会展活动中的应用包括：云峰会，即企业峰会、线上论坛等大型线上虚拟会议；云年会，即年会、庆典等大型线上直播活动；云发布会，即企业新品发布等品牌线上营销活动；云培训，即企业内部培训线上远程教学；云展览，即虚拟展馆、展厅、元宇宙展台、3D展台、2.5展台和3D展品呈现等。

1. VR技术

VR技术即虚拟现实技术，它是指服务提供者借助计算机及最新传感器技术，在多维信息空间生成一种模拟环境的技术。

虚拟现实技术最早由美国的乔·拉尼尔在20世纪80年代初提出。它集合了仿真技术、计算机图形学、人机接口技术、多媒体技术、传感技术、网络技术等多种技术，借助特定的VR设备，营造出多源信息融合、交互式的三维动态视景的模拟环境，通过视觉、听觉等感官，让人有身临其境的感觉，强调进入感、沉浸感。

VR线上展会主要包括VR线上展馆和VR展商展台。"VR线上展馆"是指让访客全方位、身临其境地感受展会期间的盛况，通过模拟访客在展会中不同的游览路线，使其在逛展的同时也能借助语音解说和滚动字幕清楚地了解各个展馆的详细信息。"VR展商展台"在全方位视觉(VR图片和VR视频)展现的同时，通过多个功能按钮展示展商资料。访客单击"宣传画册"可以看到展商现场派发画册的电子版；单击"关注官微"可以直接关注该参展商官方微信公众号；单击"联系名片"可以显示参展商联系人名片，若是手机浏览，单击名片后还可以直接拨打名片上的电话号码；单击"商铺官网"后显示该参展商的官网或淘宝、京东等商城系统，访客可通过点击跳转到该参展商的商城系统直接采购相应商品。每个VR展商展台页面都是独立链接，参展商可以在微信朋友圈、官微推文、官网中独立地展示自己的VR展台。

与此同时，VR技术联合大数据技术不断助力传统展会向更绿色、更高效、更智能化的方向发展，成为企业营销的新手段。通过大数据和 VR 技术的革新，上海类景科技公司开发出能够应用于 VR 线上展会的系统，提出了更好、更精、更强的制作理念，充分发挥

VR动态视频交互技术,为参展商提供解说服务,先后服务了中国国际贸易博览会、上海国际乐器展、世界大健康博览会等,为受众提供视觉享受。

上海举办的中国国际进口博览会充分运用VR动态视频交互技术,将访客浏览的静态图片转换成动态视频形式,最大限度地提升了观众的视觉感受,可以实现360°现场动态场景观看,满足参展商的展示需求、观众的观展需求,确保观众通过浏览的方式切身感受会场盛况,提升了参展商的积极性。此外,企业骨干可以通过VR视频进行讲解,为观众营造全新的VR观展体验,增加参展商和观众之间的交流、交易,从而提高产品成交率。

案例链接2-6

国内首个线上3D仿真大会,阿里云为进博会搭建的智能展馆上线

2018年11月5日,首届中国国际进口博览会(以下简称"进博会")正式召开,预计整个大会期间有40万人参会,广大市民可通过线上智能展馆系统周游大会。

阿里云与杭州比牧科技合作,运用3D仿真技术将140万平方米的国家会展中心完整地搬到线上,市民可以通过进博会官网的"全景博览"查看,如图2-14所示。这也是国内首次通过3D仿真技术在线上构建1:1对称的智能展馆。

智能展馆利用计算机图形学的技术提供三维互动体验,以传统展馆为基础,利用虚拟技术将展馆及陈列品移植到互联网上进行展示、宣传,突破传统意义上的时间与空间的局限。

图2-14 首届进博会室外交通3D效果图

以导航功能为例,观众先在场馆地图中单击自己所处的位置,再单击自己想去的地方,系统就可以开始导航,帮助观众在偌大的场馆里找对方向,如图2-15所示。

图2-15　进博会场馆内地图导航

该数字化智能展馆系统提供实景导航、3D漫游(见图2-16)、场馆介绍、餐饮介绍等功能。除了可以公开访问的线上版本，还将在线下的新闻中心、展厅、咨询点设置一体机，方便国内外参展方、观众更好地了解进博会情况。

图2-16　进博会线上3D漫游

资料来源：国内首个线上3D仿真大会亮相进博会[EB/OL]. (2022-09-19)[2022-11-15]. https://developer.aliyun.com. 作者整理而成

海口举办的第二届中国国际消费品博览会打破传统办展模式，组委会从线上入手，积极打造"永不落幕的消博会"云展示平台——数字化"云展会"，采用"图片直播"和"VR全景"展示方式，营造沉浸式交互体验，让观众可以不受时间、空间限制，进行沉浸式探馆。

案例链接2-7

中国国际消费品博览会打造数字化VR"云展会"

2022年,第二届中国国际消费品博览会(以下简称"消博会")在海南海口举行。本届消博会展览总面积较上一届增加近20%,入馆观众超28万人,共有来自61个国家和地区的1955家企业、2843个消费精品品牌汇聚消博会。

"云展厅"首创3D数字化虚拟展馆、智能商贸洽谈、全链路参会体验、展会生态服务、行业大数据资讯等技术,突出技术场景化、运营数字化和商业生态多元化这三大功能,为境内外参展企业与专业观众创造了身临其境的全新展示与体验。消博会云展平台展馆界面如图2-17所示,消博会云展平台展区界面如图2-18所示,消博会云展平台展馆入口界面如图2-19所示,消博会云展平台展厅VR界面如图2-20所示。

图2-17　消博会云展平台展馆界面

图2-18　消博会云展平台展区界面

图2-19 消博会云展平台展馆入口界面

图2-20 消博会云展平台展厅VR界面

资料来源：中国国际消费品博览会[EB/OL]. (2022-09-24)[2022-11-15]. https://www.hainanexpo.org.cn. 作者整理而成

2. AR技术

AR技术即增强现实技术，它是一种将真实世界信息和虚拟世界信息"无缝"集成的全新的人机交互技术，它把原本在现实世界的一定时间空间范围内很难体验到的实体信息(视觉信息、声音、味道、触觉等)，通过计算机等科学技术，模拟仿真后再叠加，将虚拟的信息应用到真实世界，被人类感官所感知，从而达到超越现实的感官体验。AR技术具有3个突出的特点：真实世界和虚拟世界的信息集成；具有实时交互性；在三维空间中增添定位虚拟物体。

AR技术给人工智能、CAD、图形仿真、虚拟通信、遥感、娱乐、模拟训练等许多领域带来了革命性的变化。它主要解决展会场地和产品物理空间受限问题、展会形式局限性问题、展会高成本问题、展会用户体验问题，适用于线上线下展会、虚拟商品展示、AR空间展示、AR空间互动、在线云展会、直播展会等场景。

目前，AR技术和VR技术实现主要应用于数字展厅、虚拟会展、超现实展览等新型展会中，它能够创新展会陈展形式与内容，打造沉浸式远程展会，化解线下参展局限性，提高参会参展程度。AR技术的实时交互性特点，也让AR技术成为传递信息、提升互动效果的重要工具。

案例链接2-8

中国国际智能产业博览会搭建云上VR+AR展览平台

中国国际智能产业博览会(以下简称"智博会")采取线上+线下的形式举办。主办方将在智博会官网搭建多功能线上展示平台，借助虚拟建模技术，提供标准化展台，为参展商提供多维度展示方式。

2020年智博会，551家参展商用2~3天自助完成3D VR虚拟展台布展，约有2400万人次线上浏览。此外，智博会通过AR数字孪生技术实现线下专题馆展品说明书数字化，打造了云上展会行业标杆。智博会线上展览VR展馆界面如图2-21所示，智博会线上展览VR展商展台界面如图2-22所示，智博会线上展览VR展商展台漫游界面如图2-23所示。

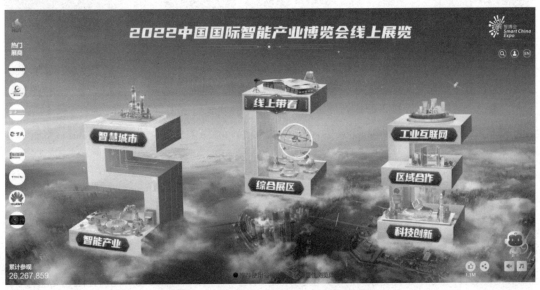

图2-21 智博会线上展览VR展馆界面

图2-22　智博会线上展览VR展商展台界面

图2-23　智博会线上展览VR展商展台漫游界面

资料来源：中国国际智能产业博览会[EB/OL]. (2022-09-24)[2022-11-15]. https://www.smartchina-expo.cn. 作者整理而成

2.4.5　数字孪生技术

数字孪生技术最早出现在20世纪60年代，当时"数字孪生"这一概念还没有出现，美国NASR在航天飞行器的运行和维护中就采用了这一技术，直到2003年，美国密歇根大学的布鲁斯教授才正式提出"数字孪生"这一概念。

数字孪生技术是充分利用物理模型、传感器更新、运行历史等数据，集成多学科、多物理量、多尺度、多概率的仿真过程，在虚拟空间中完成映射，从而反映相对应的实体装备的全生命周期过程。数字孪生实际上包括三个方面：一是真实世界的真实物品；二是虚拟世界的虚拟物品；三是真实世界和虚拟世界的数据信息交换。

数字孪生技术主要包括全域标识技术、智能传感器技术、多传感器融合技术、建模技术和仿真技术等，当前主要应用于制造行业。在化工、冶金、汽车等制造行业，往往从产品的设计、生产到售后服务等各个环节都会用到数字孪生技术。而当前热门的"元宇宙"实际上是数字孪生技术的进一步发展，是融合AI、XR等技术的数字孪生技术，实现真实世界和虚拟世界的交叉融合。

2020年10月，由网易伏羲打造的网易瑶台元宇宙虚拟活动台上线。网易瑶台打破传统视频会议模式，一站式实现"虚拟场景""虚拟角色""虚拟交互"三大核心要素，复刻线下真实活动场景，随心打造专属虚拟形象，提供多种趣味性交互形式，为用户打造一个身临其境的、虚拟的、面对面的、有仪式感的在线活动体验。目前，网易瑶台已拥有数十个活动场景和近百款古代、现代服饰，可支持主办方开设分会场及主题展览等需求，现已广泛应用于大型国际学术会议、产品发布会、公司年会、展览展会、艺术展、拍卖会等众多场景，让参会者体验到堪比现实会议的沉浸感。

2021年12月，百度发布国内首个元宇宙产品希壤，百度Create AI开发者大会在"希壤App"举办。这是国内首次在元宇宙中举办的大会，可同时容纳10万人同屏互动。在首期开放的功能中有三个方向：第一是提供虚拟空间的定制，合作伙伴可根据自己的想象力，打造专属于自己的个人空间和品牌世界；第二是全真的人机互动，希壤为每个用户定制专属于自己的Avatar的3D形象，可以更直观地与伙伴、客户进行实时语音互动和交流；第三是实现多人同时在线，让元宇宙空间成为一个可拓展的平台，让展览、会议、商户洽谈等活动可以快速、便捷地展开。

在元宇宙概念愈演愈热的同时，数字藏品(none-fungible token，NFT)也正在加速"破圈"。NFT是相对于同质化代币而存在的概念，指的是利用区块链技术，让藏品拥有一张专属的数字证书，且被永久存储在区块链上，无法被复制和随意篡改。作为元宇宙中数字资产凭证的一种表现形式，NFT本身便具备广阔的市场价值，并与元宇宙展会深入融合。

案例链接2-9

乳制品行业首个元宇宙发布会在百度希壤召开

2022年3月16日，金典在百度希壤召开新品发布会，如图2-24所示。作为乳制品行业首个元宇宙发布会，除发布碳中和新品牛奶、成立"低碳有机生活联盟"外，还与百度超级链联合推出限量数字藏品等。在元宇宙科技感的氛围下，紧密结合碳中和，多举措打造品牌影响力。

用户可以通过创建数字人进入百度希壤，在元宇宙中见证新品金典碳中和有机牛奶重磅上市。

除此之外,数字藏品作为一种新颖的形式,也成为当下企业吸引用户的"心头好"。对品牌来说,精心推出的数字藏品不但可以因其艺术性为消费者制造独一无二的惊喜,也因其唯一性而更具收藏价值。数字藏品是基于"百度超级链"技术发行的数字商品,所有藏品均支持链上查验,且链上商品具有唯一、不可篡改特性。因数字藏品的特殊性,藏品一旦领取,不支持退换。百度超级链联合金典推出"金典碳中和2060有机生活限量数字藏品",呼吁全民一起加入低碳有机生活联盟,共同助力2060碳中和,开启低碳有机生活,如图2-25所示。虽然"元宇宙"目前还处于构建阶段,但追求创新的企业不会停止对它的好奇和探索。

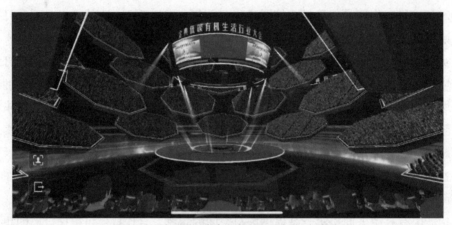

图2-24　金典低碳有机生活元宇宙发布会

图2-25　金典碳中和2060有机生活限量数字藏品

资料来源:百度营销中心. 百度元宇宙金典碳中和发布会:让品牌数字营销更有想象力[EB/OL]. (2022-03-22)[2022-11-15]. https://vr.baidu.com/product/xirang. 作者整理而成

项目小结

云上会展作为"永不落幕的会展",目前已成为传统会展的最好补充,在突破时间和空间限制的优势下,架起了专业观众、买家与参展商之间信息交流的平台。本项目围绕云上会展的应用形式、服务内容、运作流程，详细介绍了云上会展的建设过程及我国重要的云上会展项目，使读者能够更好地理解云上会展和传统会展之间的关系。同时，结合数字技术在会展业中的应用，本章介绍了云上会展新技术的应用效果，使读者对云上会展有更加深入的理解和认识。

实训练习

实训题一：云上会展的应用形式有哪些？你认为云上会展能取代传统会展吗？为什么？如果不能，两者之间的关系如何？

实训题二：登录以下云上会展网站，试着分析云展览的服务功能及其应用的数字技术。

云上广交会

云上服贸会

线上丝博会

云上国际数字产品博览会

云上进博会

云上2020年中国自主品牌博览会

实训题三：通过研究国内外成功的云上会展案例，分析数字会展科技应用及创新场景体验功能，并简要制作某会展项目云上会展平台数字化说明书。

应用实例 | 中国自主品牌博览会

2020中国自主品牌博览会是由国家发展改革委联合中宣部、工业和信息化部、农业农村部、商务部、市场监管总局、国家知识产权局和上海市人民政府举办的博览会。该博览会首次采用全程在线形式，举办云上中国自主品牌博览会和云上中国品牌发展国际论坛，如图2-26所示。

图2-26　云上2020中国自主品牌博览会进入首页

1. 展会背景

加强品牌建设，不断提升中国产品和服务的质量与影响力，是坚定实施扩大内需战略、推动高质量发展的重要方面。为此，应实施创新驱动发展战略，深入推动大众创业、万众创新，坚持质量第一、效益优先，在全社会进一步增强品牌意识，引导企业弘扬专业精神、工匠精神，打造更多名优品牌，以更强的竞争力拓展市场空间，更好满足群众消费升级和国家发展的需要。2020中国自主品牌博览会主题是"中国品牌，世界共享；全面小康，品质生活；全球战'疫'，品牌力量"。云上展馆运用三维虚拟现实等技术，以上海展览中心为背景，设置虚拟展馆，设置1个云上中央展馆和37个云上地方展馆，如图2-27所示。活动内容包括云上2020年中国自主品牌博览会(见图2-28)和云上2020年中国品牌发展国际论坛。共有1000多家品牌企业参展，汇聚各品牌"云上展"，邀请消费者"线上逛"。

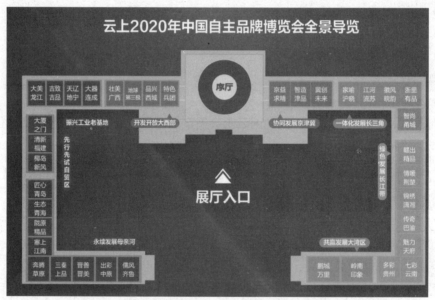

图2-27　云上2020中国自主品牌博览会展厅全景导览

图2-28　云上2020中国自主品牌博览会序厅

云上2020中国自主品牌博览会是基于3D互联网(Web3D)展示技术的3D数字空间互联网虚拟会展。展会利用计算机绘图技术，在Web浏览器上展现3D对象，通过在浏览器中内嵌3D虚拟场景，在保证3D立体效果的同时，有效地降低系统对网络和硬件的要求，让互联网用户能够快速地体验3D带来的真实感受，并可让用户直接操控，用户可根据需要对画面进行旋转、移动、放大缩小等，如图2-29所示。

图2-29　云上2020中国自主品牌博览会3D场景

2. 3D数字空间互联网虚拟会展的组成元素

(1) 3D网页。它是一个3D表现形式的数字化活动场所，场所内显示网络用户在网络上的3D形象、各种3D物品及嵌入的网页。

(2) 3D网站。它由一个或者多个3D网页组成。

有别于传统的2D互联网中图形或动画的表现方法，Web3D技术提供B2B/B2C、商品展示与贩卖、在线教学与娱乐、数字城市、3D景点、虚拟楼盘、多人社群建立等功能，用户打开网页就能身临其境，实现360°的自由观看效果，快速体验3D带来的真实感受。采用这一新技术，企业可以在互联网上搭建高度拟真的线上"3D互联网展示空间"，如图2-30、图2-31所示。

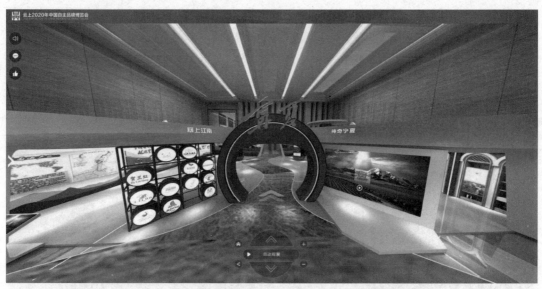

图2-30　云上2020中国自主品牌博览会展商展厅(一)

图2-31　云上2020中国自主品牌博览会展商展厅(二)

3. 3D数字空间互联网虚拟会展空间效果

(1) 3D立体Web展示环境。用户通过主流Web浏览器即可在PC端或移动端(直接输入网址登录,无须客户端下载安装,简便快捷)全方位观看。用户可在虚拟空间中用第一视角浏览整个企业相关信息,也可通过键盘和鼠标控制虚拟人物在虚拟场景中行走。

(2) 对企业展示的形象和产品介绍提供文字、图片、视频,运用3D动画、AR实景、VR虚拟现实等实现"数字孪生"在线展示。

(3) 支持人工智能语音交互、在线咨询、音乐、VR直播、商务洽谈、订单等营销属性功能。

(4) 基于大数据的处理和分析能力,为企业与用户提供数据智能化的支持和服务。

(5) 以区块链技术应用为底层,实现不可伪造、全程留痕、可以追溯、公开透明、集体维护的线上虚拟会展形态下的数字信用社会体系。

当前,3D效果技术的成熟性已得到有关部门的认可,并在广泛的领域中运用。随着VR虚拟现实技术的深度普及与应用,以虚拟现实为核心,Web3D技术产业应用将越来越广泛,将给人们的生活方式、企业市场经营模式带来巨大变化。

3D互联网展示空间将改变当今的企业组织管理模式,提升现代化管理服务层次,对企业产品演示、企业品牌的国际化宣传、企业形象的立体化和可视化传播都将是一个新的创举,将改变企业管理、产品展示、市场销售发展的模式,如图2-32所示。

图2-32　云上2020中国自主品牌博览会直播间

3D互联网展示空间将成为永不落幕的企业展示系统,也将成为市场经济发展新的亮点和经济增长点。它不仅是综合立体化的网络线上交易的空间阵地,更是企业与消费者进行数字化价值传递的纽带。3D互联网展示空间具有广泛的适用性,农业、畜牧业、制造业、医疗业、教育、旅游业、传统文化等产业供应链上的企业,均可通过3D互联网展示空间在线数字化互动,进行价值传递沟通,实现供需交易。

资料来源:云上2020年中国自主品牌博览会[EB/OL]. (2020-05-12)[2022-11-15]. http://2020cloud.cibexpo.org.cn/. 作者整理而成

应用实例 | 世界智能大会

2022年,第六届世界智能大会云开幕式暨创新发展高峰会在国家会展中心(天津)举行。大会以"智能新时代:数字赋能、智赢未来"为主题,采用"会展赛+智能体验"四位一体"云上"办会模式,打破时间、空间、地域限制,让更多人见证世界智能大会的精彩瞬间。

作为本届大会的战略合作伙伴与技术合作服务伙伴,腾讯运用虚拟现实相结合的新技术手段,着力提升大会互动性、参与感。由腾讯音乐虚拟世界(TMELAND)搭建的"元宇宙"虚拟会展，帮助与会人员获得全新的"数实"双空间融合体验感，如图2-33所示。

图2-33 2022世界智能大会元宇宙空间

1. 搭建云会展全流程运营平台

2022世界智能大会通过云计算、大数据、人工智能等技术实现数据驱动业务，三大用户触点多维触达受众，大数据智能营销服务打通数据孤岛，实现精准的信息匹配和高效的供需对接。线上线下融合，全流程覆盖展前、展中、展后服务，打通观众/采购商、参展商、主办方三方信息渠道，实现招展精准推广、布展高效运营、展中商机匹配、展后智慧数据分析全链路智慧化服务，如图2-34所示。

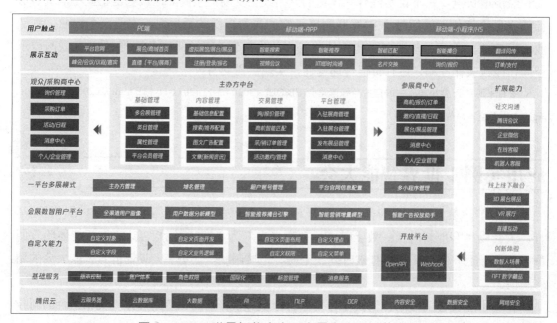

图2-34 2022世界智能大会云会展全流程运营平台

2. 实现云会展平台核心能力

2022世界智能大会云会展平台通过智能搜索、智能推荐、智能匹配、智能撮合让观众、采购商迅速找到想要的展商或展品，帮助展商全方位获取商机，如图2-35所示。

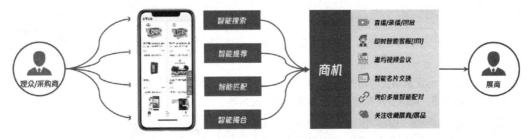

图2-35　2022世界智能大会云会展核心能力解决方案

(1) 智能搜索。通过多维搜索、搜索联想、搜索建议服务，主办方可对展商和展品进行自定义配置；用户通过关键搜索可得到想要的展商或展品信息，输入关键词即可智能显示搜索联想词，通过搜索建议词可快速获得匹配信息。

(2) 智能匹配。引导用户主动选择兴趣，并基于用户兴趣为其匹配展商和展品，智能化提升用户观展体验。

(3) 智能推荐。基于用户的访问、点击、搜索等行为，利用大数据分析用户偏好，在海量产品库中为用户个性化推荐符合其偏好的展品。主办方为用户主动推荐展商、展品、品牌商、赞助商等，帮助交易达成。

(4) 智能撮合。基于云展平台智能撮合引擎，构建用户与展商双方互动平台，实现供需双方商机匹配，帮助买家和展商预约交流，促成双方合作。

(5) 即时沟通。支持多语言切换、即时翻译、名片交换服务，用户可直接向展商发起沟通，展商可在客户端接待用户。

(6) 视频会议。腾讯会议助力搭建平台专属视频会议系统，满足用户交流需求。

(7) 视频直播。搭建直播平台，助力展会多元化展示商品，带来更高的曝光量，营造更丰富的在线展会参与感。

(8) 智能客服。依托腾讯海量数据和领先的自然语言综合处理能力打造不同领域智能客服机器人，多场景应用覆盖，帮助主办方提高用户转化率、提升服务质量和降低人力成本。

3. 大数据智能营销服务

通过收集分析官网访问、用户注册、官方活动观看、店铺浏览、展商直播观看、供采对接效果等数据信息，支撑营销决策，优化用户体验。打通数据孤岛，整合展会360°用户画像，助力展会精准洞察用户需求。全渠道自动化营销基于用户行为、用户属性，参考实际业务场景，帮助展商创建多个营销场景，利用腾讯大数据精准认识及洞察用户行为及偏好。

4. 平台自定义能力

通过CmS配置展会的相关信息，包括域名、主题色、展馆、页眉、页脚、推荐店铺、banner、推荐商品，同时支持商城页面自定义及埋点配置等，满足平台二次开发、扩展需求，如图2-36所示。

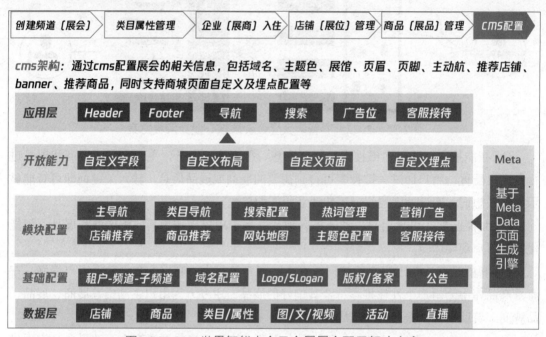

图2-36 2022世界智能大会云会展展会配置解决方案

资料来源：腾讯企点. 第六届世界智能大会"上云"，腾讯企点助力大会体验创新[EB/OL]. (2022-07-20) [2022-11-15]. https://qidian.qq.co. 作者整理而成

学习项目 3
会展项目策划信息管理

学习目标

知识目标：掌握会展策划信息市场调研的内容与方法；了解会展项目立项策划的信息管理内容。

能力目标：能够应用会展项目策划信息管理系统。

思政育人目标：强化职业道德和科学素养，弘扬求真务实的精神。

课程思政

在会展项目策划信息采集和分析的过程中，要遵循市场调研行业准则和道德要求，在追求真理的原则下，针对问题的特点进行科学合理的调研策划，不能敷衍和应付差事。在调研分析过程中，需要自主进行数据分析和展示，研究方法的合理选择、研究结论的精准分析都要做到有据可依。鉴于市场研究的实时性和动态性，要及时掌握研究问题的动态发展，发扬刻苦钻研的精神，紧跟数据分析发展前沿，结合当前主流的大数据挖掘技术和软件来更新自己的知识库。在面对问题、分析问题和解决问题的过程中，要秉持实事求是、精益求精的追求以及突破自我、勇于创新的精神。

导入案例

"中国(杭州)千岛湖游艇休闲节"观众问卷调查表设计方案

1. 设计思路

(1) 会场入口处的调查表的宽度应该在10厘米左右，略宽于名片(一般名片长度为9厘米)，长度应为宽度的2~3倍。实践表明，采用这样的版式设计，便于观众快速浏览全部内容，易于阅读。

(2) 调查表的下部应留有观众填写基本信息的位置，填写内容包括观众的工作单位、姓名、职位、所属部门等基本信息和观众的电话、传真、邮寄地址、电子邮件等必要信息，并且要用裁切线与上半部分分开。该区域的大小应与普通名片的大小一样，以便于后续保管。

(3) 调查表上部分为要求观众回答的问题，为达到更好的效果，问题数量不要多于6个，总答案不要超过80个，并标明是否可多选，过多的问题会降低观众的配合程度。

(4) 问题一般以选择题为主，最多加一道主观性问题，以避免调查对象书写过多的文字，引起他们的反感。

设计观众信息登记表(一)

设计观众信息登记表(二)

(5) 问题中尽量避免一些调查对象可能不明白的缩写、俗语或生僻的用语，比如"WTO"，既是世界贸易组织的英文缩写，也是世界旅游组织的英文缩写，不加以说明，可能会引起调查对象的误解。

(6) 调查表的头部为大会的会标，以及大会的中英文名称。

(7) 如果要在调查后期采用自动识别系统录入调查信息，则每个问题前用于调查对象画勾的方框应和此处的汉字一样大，并采用粗框的格式。

(8) 如果是针对国际展会进行的问卷调查，可在调查表的背面印制相对应的英文问卷。

2. 样表

2013中国(杭州)千岛湖游艇休闲节参观登记表设计方案如表3-1所示。

表3-1　中国(杭州)千岛湖游艇休闲节参观登记表设计方案

2013中国（杭州）千岛湖游艇休闲节
China (Hangzhou) Qiandao Lake yacht Festival
参观登记表

请赐名片或用正楷清晰地填写下列信息（将☐涂黑）
please attach your name cant or fill in following in black pans

1. 所属行业：
☐ 旅行社　　☐ 旅游饭店　　☐ 游艇俱乐部
☐ 旅游局　　☐ 游艇设备公司　☐ 普通游客
☐ 其他

2. 您是通过什么途径知道这次游艇休闲节的?(多选)
☐ 户外广告　☐ 网络宣传　　☐ 短信宣传
☐ 报纸杂志　☐ 电视电台　　☐ 其他 _____

3. 您参加本次游艇休闲节的主要目的是什么?(多选)
☐ 体验游艇休闲设施　☐ 享受各类活动　☐ 参观旅游
☐ 增长见闻　　　　　☐ 追星　　　　　☐ 其他 _____

4. 您对本次游艇休闲节的评价是：
☐ 很好　　☐ 比较好　　☐ 一般　　☐ 很差

5. 您认为最吸引您的活动是:(多选)
☐ 红酒游艇夜航　☐ 开幕式揭幕仪式　☐ 水上保龄球大作战
☐ 水上巡游表演　☐ 游艇宝贝选拔大赛　☐ 游艇旅游纪念品征集大赛

6. 您是否还会参加下届千岛湖游艇休闲节：
☐ 会　　☐ 不会

------------如赐名片无须填写下方信息------------

姓名 _____　　职务 _____　　电话 _____

公司名称 _____

地址 _____

E-mail _____　邮编 _____　传真 _____

资料来源：夏亚英. 2013中国(杭州)千岛湖游艇休闲节[Z]. 杭州：浙江旅游职业学院，2012：55.

学习任务3.1　会展策划信息市场调研

会展策划信息市场调研是指以科学的方法，系统地、有计划地、有组织地收集、调查、记录、整理、分析有关会展产品、服务及市场等信息，客观地测定及评价各种事实，用以协助解决会展经营决策有关问题，并作为各项经营决策的依据。

3.1.1　会展策划信息市场调研的内容

会展策划信息市场调研的内容主要包括以下4个方面。

1. 行业宏观信息

宏观环境是指会展企业的外部环境。会展项目是在一定的时空内运营的，所以行业宏观信息会对会展项目产生不同程度的影响。会展项目要成功定位主题、需求、产品、宣传等，就要全面了解所处的行业宏观环境，了解项目在行业中所处的地位和可能产生的影响力，从而更好地把握项目的市场运营状况和关键利益点。会展项目的行业宏观信息主要包括相关产业信息、行业政策及管理部门信息、区域经济环境信息、社会文化环境信息、市场需求信息及项目竞争信息等。

会展策划信息市场调研的内容

知识链接3-1

会展业未来五大发展趋势

1. 全球化可能达到峰值，留意跨地区与行业项目的平衡组合

全球经济增长正在放缓，更多区域贸易模式再次涌现，对于全球互联的会展行业来说，平衡跨地区和跨行业的项目组合是保持成功发展的基础。

2. 认真看待"可持续性发展"

围绕"可持续性发展"的讨论将继续升温，会展业对维护生态可持续性做出了切实的贡献。

3. 保持客户的信赖

在"以客户为中心"这个理念的影响下，活动组织者越来越重视在活动中创造独特的观众体验。虽然呈现方式形形色色，但在核心层面，会展业应力图成为客户可信赖的合作伙伴。因此，用来吸引参展商和参观者的数据，必须值得信赖、经得起检验。

4. 业务模式继续演化

如今，商贸展会已经成为多种形式的混合体，传统展区与可供参展商展示的会议舞台和体验活动正不断融为一体。在商业模式不断演化的过程中，商贸展会与会议之间的界线正在消失，由新的、有着多元化背景的行业领袖和富有经验的操作者组合起来的项目团队正在重新定义展会体验。由此，也引发了对商业模式和定价方式的持续评审。

5. 保持独特性与多样化

会展业是一个具有开放、分享、协作特征的行业，具有独特的行业属性。随着新挑战的出现，会展业的发展将更具多元化，从而促进更多富有成效的交流与合作。

资料来源：赛诺迅会展[EB/OL]. (2021-06-15)[2021-12-15]. http://www.sinofastlane.com.

2. 营销渠道信息

渠道是指商品从生产者向消费者转移过程中涉及的所有组织和个人(引自张冬霞《市场营销学》)，如会展项目的组展机构、招商招展代理机构、招商招展人员、媒体等。对于展览公司或非企业性质的组展机构而言，其管理内容包括三大方面，即市场营销、项目营运和展位销售。组展机构掌握营销渠道信息不仅有助于顺利完成招展、招商和宣传工作，而且有助于争取到各级政府的扶持和配合，提高展会的影响力，最终提高参展商和观众的满意度。一般来说，营销渠道信息包括销售渠道的数量、分布和营销实绩；中间商的资信、经营能力与销售实绩；销售渠道策略的实施、评估、控制与调整、规模与效果等。

知识链接3-2

展会招商旺季，渠道之争再起

一年之计在于春。虽然每年的一月份、二月份是展览淡季，但各大展会主办单位都在此时忙于为每年的展览项目招商。

为了开拓招展渠道，主办方想尽招数。"××展览会招展工作会议召开，最终敲定展览总体方案，省政府办公厅向全省发出通知，要求各市、各部门积极组团参加××展览会，同时公布参加××展览会的优惠政策。"类似这样的消息不断地出现在各类传媒发布的广告中。同时，大量展会代理商也在寻找机会："我们将向我们系统内的会员单位、系统外的潜在客户群，积极推荐贵公司的展会，并代理展会招展等各项业务，通力协助，共同开拓市场，竭力将贵展会做大做强！"同一场展会，参展商往往会收到来自不同招展公司的邀请，且每一家招展公司都宣称自己是官方且专业的，让参展商无所适从。

为了增强展会的号召力，展会主办方往往委托多家公司同时开展招商工作，这在客观上就形成了渠道竞争。通过这种竞争，可以促使招展单位中落后一方采取积极的措施迎头赶上，形成良性竞争的局面，并成为改善渠道运作效率的催化剂，这是多数展会主办方的初衷。但是，由于中国的展会招商公司大多数是半路出家，大多出自广告公司、装饰装修公司等一些传统行业，导致展会招商从渠道建立之初，就存在一些传统渠道竞争的恶习，比如为争夺客户而恶性降价、以次充好、违规招商等，最终造成展会市场混乱、客户怨声载道的局面。

招商是展会主办方的主要工作，可以当作直销渠道；而委托招商公司招商，可以当作经销渠道。两条渠道难免产生利益之争，这就会造成展会招商渠道的混乱，主要体现在以下三个方面。

第一,主辅渠道之乱。两个渠道势必会在一定空间范围内追求地位平等、市场控制力对等,双方都在不断地为提高自己在市场中的发言权而竞争,从而使招商公司无法确定自己的地位。

第二,渠道目标之乱。从表面上看,直销渠道和经销渠道都是为了展会的成功运作而共同努力,但这两个渠道是不同的利益主体,追逐的利益点各有不同。招商公司以营利为目的,而主办方的招商部门则侧重于开发参展商市场。双方并没有统一的目标,因此无法形成凝聚力,加之直销渠道在为开发市场执行特殊政策时,同各渠道成员之间并未进行良好的沟通,从而进一步引发市场的混乱。

第三,渠道内部之乱。展会主办方委托的招商公司在区域市场运作中往往存在渠道规划不合理、终端过于密集且交叉等问题,从而导致渠道为争夺客户使用价格策略打压对手,产生内部冲突。这对于展会的举办极具杀伤力,因为招商公司往往直接与最终客户联系,对客户的重复争夺极有可能引起客户反感,结果导致客户离开。

事实上,渠道之乱由来已久。早期的渠道冲突没有现在这样激烈,因为市场的覆盖面比渠道要大得多,任何一条渠道都在盈利。渠道在展会招商过程中是必需的,规范的市场环境需要渠道的竞争,从而不断地洗牌。不管对渠道如何规划和管理,渠道之间的竞争和冲突始终客观存在。这是竞争激烈的市场环境中的正常摩擦。但是目前所表现出的渠道冲突,却反映了渠道运作的不规范,对会展产业危害极大。

很显然,对于招商过程中出现的种种渠道冲突,展会主办方难辞其咎。因为渠道冲突是渠道竞争力的来源,主办方需要在招商过程中引入竞争机制,这无可非议,但同时主办方又应避免各渠道之间出现冲突。这显然是矛盾的两个方面,展会主办方往往在后者的处理上显得能力不足。

招展渠道的混乱,从短期来看,也许仅仅会导致些许利润的损失;若长期如此,则必然损害展会本身的可信度,最终伤及整个展会品牌。因此,会展产业需要从树立和稳定会展项目品牌的高度出发,提出更富有建设性的解决之道,而这份责任并不是一家或者几家会展企业能够承担的,渠道的规范有赖于行业强制规范和国家在产业发展上的宏观指导。

资料来源:展会招商旺季,渠道之争再起.百度文库[EB/OL]. (2010-09-02)[2021-12-15].

3. 项目竞争信息

会展主办方在策划举办展会时,一定要对该行业的现有展会情况有所了解,从而制定有效的竞争策略,否则很难在日益激烈的市场竞争态势下,超过竞争对手。因此,要特别关注本地区同行业中是否有正在经营的同类题材的会展项目,一般需要了解以下信息。

(1) 相关行业近3年的发展情况,尤其是该行业在展会举办地近3年的发展情况,需要收集行业销售收入、主要产品技术进步趋势、主要产品的产销量、企业数量、企业分布状况等信息。

(2) 相关行业产品近3年的市场需求情况,尤其是行业产品在展会举办地近3年的市场需求情况,需要收集市场需求总量、需求结构、主要买家或销售代理机构的数量等信息。

(3) 相同题材展会近3年的情况，尤其是展会举办地的情况，需要收集同题材展会的数量与分布，知名展会的主、承办机构，举办时间，展览规模及观众流量，参展商的组成结构与观众的反映等信息。

(4) 展会举办地的展览场馆的情况，需要收集场馆面积、可利用效率、被租用情况等信息。

(5) 在同一举办地举办相同题材的展会的组织者即竞争对手的情况，包括其投入产出效果、运作方式、经营特点等方面的信息。

知识链接3-3

中国会展市场的三大竞争主体

中国会展市场的三大竞争主体包括政府、民间社团、企业。

1. 政府办展由来已久

例如，"广交会"从计划经济时期一直办到市场经济时期，至今已举办100多届，现仍由商务部下属的展览中心操办(该中心系自收自支的事业机构，还负责管理广州两座最大的展览馆)。近20年来，政府办展的数量有增无减。中央和省、市级地方政府及其有关部门直接出面组织展会的例子比比皆是，以至于有地方提出"政府主导型展会"的发展战略，得到了很多地方政府的大力支持。

2. 民间社团办展方兴未艾

我国的行业协会、学会都属半官方性质，许多社团都是由行政机构转型而来的。近10年来，全国性行业协会、学会承办的展会规模越来越大，有的已经跻身于亚洲甚至世界最大规模展会之列。

3. 企业办展量大面广

中国企业办展发端于20世纪90年代初，发展于21世纪初。中国加入WTO后，由于会展市场对外资开放，使得本土展览公司不得不在竞争中被迫进行调整。2006年后，中国展会数量高速增长的态势趋缓，展览公司总数减少。在本土展览公司数量相对萎缩的同时，一些跨国展览公司在中国的业务发展迅速。

资料来源：张凡. 中国会展市场的三大竞争主体[EB/OL]. (2009-08-04)[2021-12-15]. http://blog.sina.com.cn/s/blog_61666d100100dwrk.html. 作者删改而成

4. 客户需求信息

客户需求是会展项目的根基，会展项目的成功经营必须建立在充分了解客户需求的基础之上。参展商、服务商、观众、与会人员等都是会展企业的客户。了解客户的需求动机、需求内容、需求特点、需求量等信息，对组展机构的决策制定、客户满意度评估具有重要的意义。

> 知识链接3-4

展会观众的分类

展会观众可分为普通观众和专业观众两类。

1. 普通观众

普通观众通指公众型展会(也称消费类\综合类展会)或非专业领域展会的观众,比如参观服装展、酒品展、汽车展等展会的普通观众,他们大多是展品的需求者和收藏者。

2. 专业观众

专业观众是指展会所涉及行业的全部从业及相关从业人群,如该行业内的生产制造企业、技术研发企业、政府主管部门、贸易销售企业、大专院校相关学科研究人员等,主要包括以下几类。

(1) 贸易商,即展会所涉及的贸易企业及市场营销人员,包括国内贸易商、国际贸易商、批发零售企业、直销代理机构、邮寄目录营销公司、网络直营企业或个人。

(2) 采购商,即对展会展出的商品有采购意向的信息搜集者、参与决策者和直接决策者,以及希望在展会中定向寻找合作伙伴、代理权、供应或采购关系的人员。

(3) VIP客户,即主办机构指定邀请的企业或企业范围的参观者。这些企业和参观者是否参加展会,对展会的发展及参展商的决策能够形成直接影响。主办机构对VIP客户有一定的限制要求,如参观者的职业、职位、部门、区域、年龄、性别、家庭收入、兴趣爱好、车房拥有状况等。

资料来源:施谊.展览管理实务[M].北京:化工工业出版社,2008:781-182.作者整理而成

3.1.2 会展策划信息市场调研的方法

会展项目的市场调研涉及与企业市场营销活动直接和间接有关的一切信息和因素。使用会展项目调研信息的机构主要包括:当地政府,用于了解行业态势;会展主办方,用于确定展会各项策略,如展会主题、办展时间、招商对象、制定预算、招商等;参展商,为参展决策的制定奠定基础;会展服务商,便于开拓产品业务,提高市场份额。

1. 会展项目市场调研信息的来源

一般情况下,专业的会展项目市场调研机构主要由会展咨询公司、会展策划公司、展会广告代理商以及现场服务公司所代表的会展行业的专门机构、市场调研行业、企业营销调研部等组成。通过市场调研,有助于企业分析竞争对手和供应商的行为,预测商业关系的变化,把握市场机会。

例如,创立于1901年,拥有3 000多家客户的全球最大的会展广告代理公司——日本电通广告公司,其内部常年设有现场服务事业部,参与各种展会的策划与现场服务。在大型博览会的申办、承接甚至后续工作中,电通始终是国家政府或地方政府最权威的合作伙

伴。电通内部的现场服务事业部、情报科学研究所、媒体技术中心、布鲁塞尔技术中心等常年为各种展会提供调研服务。

企业所需的各种会展市场信息，可以通过下列渠道来获得。

(1) 国家和企业的上级主管部门；

(2) 各种广告媒体；

(3) 商业系统；

(4) 消费者或用户；

(5) 银行和保险公司；

(6) 各种资讯机构；

(7) 驻外使馆商务机构、外贸部门、各种进出口公司、交易会、展销会等；

(8) 企业服务网点、试销门市部；

(9) 市场调查；

(10) 报纸、杂志。

2. 会展项目市场调研的方法

会展项目市场调研的方法主要有以下4种。

(1) 观察法。观察法是指调查人员通过自己的感官或借助仪器直接或间接地观察和记录人、事件的行为活动，这是获取第一手资料的一种调研方法。它主要分为非参与观察法和参与观察法。其中，非参与观察法是指将调查对象视为局外人，调查人员从旁进行观察，而不参与活动；而参与观察法与前者不同的是，调查者要和调查对象直接相处并与其一起活动，从而可更深入地了解调查对象。

(2) 询问法。询问法是调查人员通过询问的方式，利用问卷来收集第一手资料的调研方法。它主要分为问卷访问法、小组焦点访谈法及深度访谈法。其中，问卷访问法常采用的方式有网上会展搭载的调研、门户网站的会展频道搭载的调研及邮寄问卷；小组焦点访谈法可使参与者针对主题进行充分和详尽的讨论，通过这种方法，参展商可以对定价、销售手段、产品性能等主题进行深入的研究；深度访谈法主要适用于两类人群：一是参会的重要官员、学者和企业高层管理者，二是参观者。询问法是快速、高效获取会展项目信息的方法之一。

(3) 实验法。实验法是调查人员通过实验对比分析，来确定市场中各因素因果关系的一种实地调研方法。这种方法常应用于开展包装实验、价格实验、广告实验、新产品销售实验等环节。例如，在展会现场设置实验区域，请消费者现场试验产品功效，一方面可起到宣传促销的作用，另一方面也可为参与观察的调查人员提供观察记录的条件。这种方法科学性强，但消耗时间长、费用高，实施过程相对来说较难控制。

(4) 二手资料分析。会展项目的第二手资料主要来自组办方、参展商、行业管理部门或行业协会及会展项目管理系统。在收集资料过程中，调查人员必须对二手资料进行相应的处理，必须检查资料来源与品质情况，了解原始资料的收集途径，考察资料的时效性，考察资料与提出问题的关联性等。总之，在分析二手资料前，要对企业的政策、策略、研究背景和任务有充分的了解，同时，还应保持客观中立的立场。在分析二手资料的过程中，要比较综合各种资料，从中找到有用的信息。在大多数情况下，调查人员收集的资料可能与其需要十分接近，但并不完全符合要求，因此要根据研究目的进行精选。在使用二手资料时，必须对已有的二手材料进行创意性推导，以引导出研究结果，而这种创意性推导的过程要符合科学、精确的原则。

知识链接3-5

市场调研的实现手段包括定量、定性和其他方式，具体如图3-1所示。

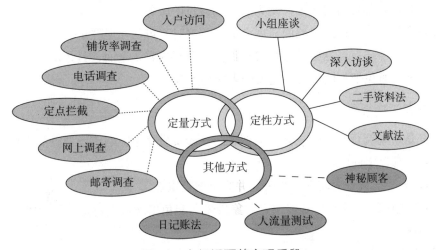

图3-1　市场调研的实现手段

资料来源：张冬霞.市场营销学[M].北京：北京大学出版社，2008：76-84.作者整理而成

3.1.3　会展策划信息调查方案的设计

会展策划信息调查方案的设计是会展项目调研中比较重要的一个步骤。调查方案是实现调查目的、指导调查实施的详细蓝图。在设计调查方案时，要综合考虑各种影响因素，主要有以下9个方面。

1. 调查目的

调查目的是调查方案的出发点和中心。它决定着调查对象的选择、调查范围的确定、调查内容的设计、调查结果的分析。因此，在调查的开始阶段，首先应该明确的就是调查目的。

2. 调查人员要求

调查人员是市场调查的现场实施者，决定着现场信息采集的效果。因此，根据市场调查目的，调查人员应在调查方案中列出本次调查的具体目标及要求。例如，如果需要对参展商参展的新产品进行调查,调查人员应该列出此次调查的具体内容,如展品范围、产品特色、主打功能、主要参数等。

3. 调查对象

调查对象一般为参展商或(专业)观众。在对一些普通观众进行调查的过程中,要注意到有时某一产品的购买者和使用者并不一致,如对婴儿食品的调查,调查对象应为孩子的母亲。此外,对一些产品开展调查,应注意选择产品的主要消费群体为调查对象。例如,对于化妆品,调查对象应主要选择女性;对于酒类产品,调查对象应主要选择男性。

4. 调查内容

调查内容是收集资料的依据,是为实现调查目的服务的,可根据市场调查目的确定具体的调查内容。例如,调查参展商对展会的满意度时,可从注册登记、展台搭建、展中服务、增值服务、下届参展意愿等方面进行调查。调查内容要全面、具体,条理清晰,避免内容过于烦琐,避免把与调查目的无关的内容列入其中。

5. 调查表

调查表是市场调查的基本工具,调查表的设计质量直接影响市场调查的质量。设计调查表时,要注意以下问题。

(1) 调查表要与调查主题密切相关,并突出调查重点。

(2) 调查表中的问题要容易被调查对象接受,避免出现调查对象不愿回答或令调查对象难堪的问题。

(3) 调查表中的问题次序要清楚,顺理成章,符合逻辑顺序,一般可遵循容易回答的问题放在前面、较难回答的问题放在中间、敏感性问题放在最后,以及封闭式问题在前、开放式问题在后的原则。

(4) 调查表的内容要简明扼要,尽量使用简单、直接、无偏见的词汇,保证调查对象能在较短的时间内完成调查表。

(5) 注意控制调查表格式的繁简、调查表的问题数量,并确保中英文对照材料的准确等。

6. 职责分工

开展调查前,各岗位工作人员必须有明确的职责分工,可按照展区进行分工,也可按照调查对象的年龄和身份进行分工。例如,在每个展区内设置两名问卷调查人员,一人针对参展商做调查,另一人针对观展商做调查。

7. 样本抽取

调查样本要在调查对象中抽取,由于调查对象分布范围较广,应制定一个抽样方案,以保证抽取的样本能反映总体情况。在实际市场调查中,对于一个中等以上规模的城市,按调查项目的要求不同,可选择200~1 000个样本,样本的抽取可采用统计学中的抽样方法。当然，样本数量越多，调查结果的准确度就越高，但调查费用也越高。

8. 资料收集和整理方法

在市场调查中，按照收集方法的不同，可将资料分为两类：一是实地调查资料，即第一手资料；二是文案调查资料，即第二手资料，主要指已经公开发表、为某种目的而收集起来的资料。

其中，第一手资料可通过面访、电话访谈或直接邮寄的方式，通过询问法、观察法、实验法等方法来获取。根据调查性质和目的的不同，询问法适用于描述性研究，观察法适用于探测性研究，实验法适用于因果关系研究。

第二手资料是通过查阅、收集历史和现有的各种资料，并经过甄别、统计分析获得的。这些信息包括企业内部资料和外部资料。内部资料对于分析存在的问题和机会，制定和评价相应的决策和行动方案是必不可少的。尤其是在有外部调查机构参与企业市场调查的情况下，为熟悉调查问题的背景情况而收集企业内部资料是不可缺少的重要环节。外部资料是指其他机构提供的资料。这些机构可能是政府机构，也可能是其他非政府机构。要获得外部资料，调查人员应熟悉这些机构，熟悉资料的种类。同时，良好的人际关系是及时获得有价值的外部资料的必要条件。资料来源主要分为以下两类。

(1) 内部资料的来源，具体包括以下几种。

① 业务资料，包括与会展经营活动相关的各种资料。这些资料可以分地区、分用户地反映会展业的需求变化情况。

② 统计资料，包括各种统计报表、各类统计资料的分析报告等。这些统计资料是分析会展经营活动的数量特征及规律的重要依据，也是会展业相关机构和人员进行预测和决策的基础。

③ 财务资料，包括各种财务报表、会计核算和分析资料、成本资料、销售利润、税金资料等。财务资料可以反映企业筹资、投资等运用资金的情况，可以确定企业的发展背景，考核企业的经济效益。

④ 其他资料，包括会展业积累的各种调查报告、经验总结、会议记录等。这些资料对企业市场调查有一定的参考价值。

(2) 外部资料的来源，具体包括以下几种。

① 国家统计机关公布的统计资料，包括人口普查资料、工业普查资料、季度统计资料等。这些资料综合性强、辐射面广。

② 行业协会和专业信息机构提供的市场信息。这些机构的信息系统资料齐全，信息灵敏度高，它们通常提供代购、咨询、检索和定向等有偿服务。

③ 图书馆存档的商情资料、技术发展资料。

④ 银行的经济调查报告、商业评论期刊。

⑤ 各类专业组织的调查报告、统计数据、分析报告。

⑥ 研究机构的各种调查报告、研究论文集。

⑦ 各种博览会、展销会、交易会等促销会议以及专业性、学术性交流会议发放的资料和文件。

整理资料时，一般可采用统计学方法，借助SPSS分析软件和excel工作表格对调查数据进行统计处理。当然，也可以制作专门的、有针对性的调查表录入软件或网站，来获取大量的统计数据。

9. 调查项目定价与预算

最后，应在问卷调查方案中说明问卷调查的费用预算。问卷调查的费用预算主要包括：问卷设计费用，问卷印刷费用，送给调查对象的小礼品的费用，问卷调查过程中工作人员的工作、餐饮、食宿等方面的费用，以及问卷录入、资料整理、调查报告撰写的费用等。

知识链接3-6

会展项目调研分析及报告撰写

观众登记表和参展商调查表主要用于采集观众和参展商信息，了解专业观众和参展商的需求和满意度情况，从而实现展前贸易配对，为观众和参展商统计、展览统计、展览报告等提供原始资料信息。

一、观众登记表内容设计

基本信息：姓名、性别、单位、职务、所属地、联系方式、通信地址。

调查内容：观众所属行业，参观展会的目的(寻找项目、寻求合作、寻找投资、采购产品、收集资料、参观学习、其他)，了解展会的途径(主办方邮寄印刷品、主办方电话邀请、报纸、网络媒体、手机短信、电子邮件、展会官方网站、曾经参观过此展会、同事/朋友推荐、供应商/展商邀请、杂志、搜索引擎、主办方派发宣传册、其他)，对展会感兴趣的内容，对展会效果、展会工作的满意度评价，参展次数，下届参加意愿等。

二、参展商调查表内容设计

基本信息：所属地、所属行业、姓名、性别、单位、职务、联系方式、通信地址等。

调查内容：参加展会的目的(开拓市场、宣传形象、寻求合作、行业交流、其他)，了解展会的途径(主办方邮寄印刷品、主办方电话邀请、报纸、网络媒体、手机短信、电子邮件、展会官方网站、曾经参观过此展会、同事/朋友推荐、供应商/展商邀请、杂志、搜索引擎、主办方派发宣传册、其他)，参展产品类别，下届展会参展意愿，对展会效果、展会工作的满意度评价，对展会的其他意见。

在现场调查表的版式设计上，还需要注意调查表样式及大小、调查表问题的数量、框架的设计、观众必要信息的填写位置、推荐的问题、中英文对照材料(国际性)等方面。

三、调查开展形式

较为常用的调查方式是现场登记，但随着互联网的发展，利用展会网站进行网上预登记成为更多展会收集观众和参展商数据的重要方式。随着自媒体的广泛应用，更多的主办方选择成本更为低廉的网上问卷平台设计、发布并分享问卷，通过微信公众号、QQ、微博等方式收集信息，并且可以导出问卷表单及结果分析统计图。

以下就是通过问卷网平台创建问卷后导出的2015中国国际动漫产业展观众登记表。

2015中国国际动漫产业展观众登记表

请赐名片并认真填写以下内容，谢谢。

1. 您所从事的行业(单选题 *必答)
   ○ 影视投资产业
   ○ 出版、发行机构
   ○ 网络与电信产品开发及运营商产业
   ○ 婴童、文具、玩具等相关产业
   ○ 动漫院校、研发机构
   ○ 创意产业
   ○ 海外文化交流
   ○ 动漫产业
   ○ 其他(请注明)：_____

2. 您参加本次展会的目的(多选题 *必答)
   □ 寻找项目
   □ 寻求合作
   □ 寻找投资
   □ 采购产品
   □ 收集资料
   □ 参观学习
   □ 其他(请注明)：_____

3. 您所关注的展会内容(多选题 *必答)
   □ 原创动漫试验基地
   □ 动画制作机构
   □ 动漫教研专业院校
   □ 创意设计 & 创意产品类
   □ 卡通衍生产品类
   □ cosplay
   □ 青少年漫画大赛
   □ 电子竞技、网络游戏、网络动漫
   □ 动漫社团

制作在线观众登记表

☐ 动漫相关媒体集团
☐ 动漫出版机构
☐ 动漫人才交易
☐ 其他(请注明): _____

4. 您了解本次展会的途径(多选题 *必答)
☐ 主办方邮寄印刷品
☐ 主办方电话邀请
☐ 报纸
☐ 网络媒体
☐ 手机短信
☐ 电子邮件
☐ 展会官方网站
☐ 曾经参观过此展会
☐ 同事/朋友推荐
☐ 供应商/展商邀请
☐ 杂志
☐ 搜索引擎，如百度、谷歌等
☐ 主办方派发宣传册
☐ 其他(请注明): _____

5. 您参加过几次中国国际动漫节(单选题 *必答)
○ 3次
○ 4次
○ 5次
○ 3次以下
○ 5次以上
○ 没有参加过

··

6. 手机号码(填空题 *必答)
_____

7. 姓名(填空题 *必答)
_____

8. 邮箱(填空题 *必答)
_____

9. 地址(填空题 *必答)
省份
城市

区/县

街道

四、调查报告大纲

调查背景：行业的发展情况，历届展会的举办情况，本届展会概况。

调查目的：为下届展会做准备，招展招商。

调查对象：

调查时间及方式：

调查内容统计分析：观众分析，参展商分析。

调查结论：

附录：观众调查问卷，参展商调查问卷，被调查参展商信息。

资料来源：张捷雷. 会展管理实训教程[M]. 南京：东南大学出版社，2009：15-27.

学习任务3.2　会展项目策划信息管理内容

3.2.1　会展立项策划信息管理

会展立项策划是策划举办大型展会的第一步，是指在广泛的市场调查的基础上，充分掌握各种市场信息和相关产业信息，为即将举办的展会建立基本框架。通过会展立项策划信息管理，不仅可以客观地反映市场态势，全面认识市场，还可以为办展机构进行科学决策提供依据。

会展立项策划信息主要包括以下内容。

1. 展会名称

展会名称一般包括三个部分：基本部分、限定部分和行业标识。基本部分用来表明展会的性质和特征，限定部分用来说明展会举办的时间、地点等，行业标识用来表明展览题材和展品范围。例如，"2011杭州世界休闲博览会"，其基本部分是"博览会"，限定部分是"2011"和"杭州"，行业标识是"世界休闲"。

2. 展会地点

展会地点包括举办展会的城市及所属城市的展馆。在选择举办城市时，要综合考虑该城市的宏观环境与展会题材的对应性。选择展馆时，要注意展览的题材和展会的定位，并综合考虑租赁展馆的成本、展期的安排及展馆的设施和服务等因素。

3. 办展机构

办展机构可以是企业、行业协会、政府部门或新闻媒体单位等。根据办展机构在展会中的不同作用，可将其分为主办单位、承办单位、协办单位和支持单位等。例如，在"2009中国(杭州)国际文化创意产业博览会"的组织机构中，联合国开发计划署、联合国DEVNET国际信息发展网、中国工业设计协会、文化部文化市场发展中心为指导单位；杭州市人民政府、中国香港贸易发展局、中国美术学院为主办单位；中国香港设计中心、中国香港创新科技署、中国台湾同胞投资企业协会(杭州)、中国澳门展贸协会、浙江省中小企业局、杭州市对外经济贸易委员会为协办单位；杭州市文化创意产业办公室、杭州市西湖国际博览会组委会办公室为承办单位；上海市对外文化交流协会、深圳市工业设计行业协会、浙江商会、浙江大学、浙江理工大学、杭州师范大学为支持单位；杭州西湖国际博览有限公司为执行机构。

4. 办展时间

办展时间包括三个方面：展会的具体开展时间，展会的筹展和撤展时间，展会对观众开放的时间。办展周期要视展会的不同情况来定。

5. 展品范围

展品范围往往根据展会的题材、定位、办展机构等多种因素来确定。展品范围可以涉及一个或多个产业，或一个产业中的一个或多个产品类型。例如，"2012北京国际汽车展览会"的展品范围只涉及汽车产业，而"广交会"的展品范围则涉及上百个行业的超过10万种产品。

6. 办展频率

办展频率是指展会是一年举办几次还是几年举办一次，或是不定期举办。办展频率受到展览题材所在产业或行业的产品生命周期所制约。从目前会展业的实际情况来看，大多数展会一年举办一次，一年举办两次、两年举办一次或四年举办一次的情况都较为少见。针对新兴题材的展会，合理确定办展频率，对于展会的可持续发展是至关重要的。

7. 展会规模

展会规模受展会展览面积、参展单位和观众数量影响。在展会举办前期，应对这三个方面做出预测和规划。

8. 展会定位

展会定位是指在明确展会目标参展商、观众、办展目的及展会主题的基础上，清晰地告诉参展商和观众，本次展会"是什么"和"有什么"。展会定位决定了展会的差异化竞争优势。

9. 展会预算

展会预算包括展会的经营收入和运营成本两个方面。经营收入包括展位费、广告销售收入、展会门票收入、会刊销售收入等。其中，展位费是展会经营收入的主要部分。运营成本一般包括展馆场租及服务费、宣传推广费、办公费、差旅费、公关接待费等。

10. 展会计划

展会计划包括展会工作人员的分工计划、招揽企业和观众的招展招商计划、提高展会知名度的宣传推广计划、展会筹办过程中的进度计划、展会实施过程中的现场管理计划及展会期间举办的各类配套活动的相关计划。

2010年中国杭州文化创意产业博览会立项方案

3.2.2 会展项目可行性分析信息管理

会展项目可行性分析是项目管理的关键步骤，因此，这一环节的信息管理尤为重要。可行性分析具体包括市场环境分析、会展项目生命力分析、场馆执行方案分析、会展项目财务分析和会展项目风险预测。

1. 市场环境分析

市场环境分析是会展项目可行性分析的第一步，包括宏观市场环境分析、微观市场环境分析及市场环境评估。市场环境分析不仅要收集各种现有的市场信息，还要为其未来的变化和发展趋势做出预测，使会展可行性分析更加科学合理。可针对展会举办城市的外部环境，并结合办展机构的内部环境、客户等信息进行分析，具体可采用SWOT分析法论证本次展会的竞争优势与劣势。

2. 会展项目生命力分析

会展项目生命力分析是指在分析会展项目发展空间和会展项目竞争力的基础上，判断会展项目的可持续发展性。只有具备持久生命力的会展项目才具备投资举办的价值，才能形成强大的社会号召力和品牌影响力。

3. 场馆执行方案分析

场馆执行方案是指从计划举办的会展项目所使用的场馆本身出发，分析该会展项目的各种执行方案是否合理、完备和可行，是否能保证该会展项目目标的实现。

4. 会展项目财务分析

会展项目财务分析的主要目的是分析计划举办的会展项目是否经济可行，并为即将举办的会展项目制定资金使用规划。对项目进行合理的价格定位、成本收入预测、现金流量分析等财务分析并据此筹措资金是会展项目能够顺利开展的重要保障。

5. 会展项目风险预测

举办会展项目的风险主要有政策风险、技术风险、财务风险、市场风险、经营管理风险和合作风险。办展机构应评估各种可能的风险，采取应对措施，尽量降低甚至规避这些风险。如果因一些难以预料和无法控制的因素使会展项目计划落空，将可能对办展机构造成较大的经济和名誉损失。因此，在会展项目筹办期间，必须严格和全面分析会展项目的可行性信息，做到知己知彼，及时预防不利因素，避免不必要的损失。

2012年首届杭州白领减压创意文化节可行性分析

3.2.3 会展项目策划信息管理流程

策划会展项目时，首先需要做的是调研和收集市场信息，建立会展项目资料数据库，及时更新数据库信息。立项后，应不断更新和完善数据库中的会展信息、场馆信息、客户信息、配套活动信息、展位销售信息、财务预算信息等。同时，这个数据库还具备对项目策划流程进行记录、管理的作用，即对招展、活动策划、资料归档等工作进行管理。在项目策划阶段记录和整理有关数据，在项目结束后记录和整理相关信息，有助于更新项目进展和工作总结，同时有助于展后评估和总结。会展项目策划信息管理流程如图3-2所示。

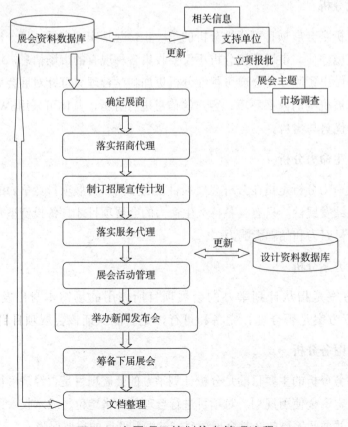

图3-2 会展项目策划信息管理流程

资料来源：金蓓.会展信息管理[M].大连：东北财经大学出版社，2009：41.

例如，某会展项目信息管理系统在策划阶段的主要功能是收集、管理和查询展会信息和客户(参展商、观众、服务商)信息。其中，"展会信息"一栏主要记录展会网址、展会分类、项目组长、所属项目组、展会主题、展会开始时间、展会结束时间、展会举办地、展会面积等信息。"展会管理"一栏用于记录展会活动、项目文档、项目信息。"展会活动"一栏主要记录展会中的一些琐碎事务，如开幕式、招待会、闭幕式等事项，或者为了调节展会气氛而组织的活动事项，如论坛等，包括活动说明、费用、参与人数等。在"项目文档管理"一栏，项目组成员可以维护自己的文案内容，并可选择"报告模板"导入模式。在"项目查询"一栏，可对当前展会相关信息进行查询，包括展会单位、服务范围、展会展品、单位成员、单位联系方式、收款计划、单位收支、展位信息、展位销售、展会活动、参会单位活动、活动收支、业务员考核、展商星级评定和展会统计等信息。

3.2.4 商务展览、会议文案策划流程管理

会展文案是指因会展活动的需要而产生的并在会展管理和举办过程中使用的文字材料。会展文案的写作贯穿会展活动的全过程。在一个会展项目中，在前期策划阶段需要拟定策划方案，如会展立项策划书等；在市场推广期间，也需要拟定市场推广方案。

在本节中，我们以杭州磐天信息科技有限公司研发的相关软件为例进行说明。杭州磐天科技信息有限公司研发的商务展览、会议文案制作流程软件主要是针对展览和会议策划阶段的信息进行流程化管理操作，可以编写"会议"和"会展"两类文案。会展项目文案制作流程如图3-3所示。

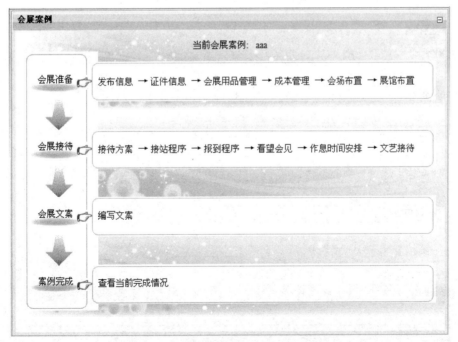

图3-3 会展项目文案制作流程示意图

通过添加、录入和管理会展项目信息，最终形成会展项目文案。会展项目文案如图3-4所示，会展项目准备信息管理界面如图3-5所示，会展项目接待方案信息管理界面如图3-6所示，会展项目接站工作程序信息管理界面如图3-7所示，会展项目报到工作程序信息管理界面如图3-8所示，会展项目相关活动信息管理界面如图3-9所示。

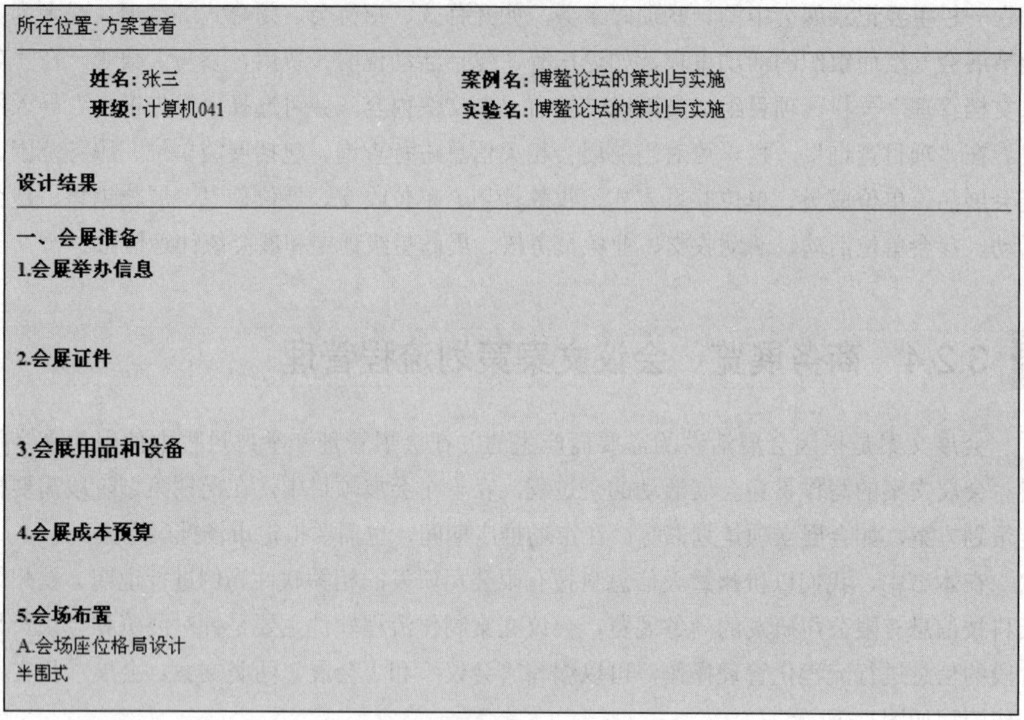

```
所在位置:方案查看

         姓名:张三                案例名:博鳌论坛的策划与实施
         班级:计算机041             实验名:博鳌论坛的策划与实施

设计结果
一、会展准备
1.会展举办信息


2.会展证件


3.会展用品和设备


4.会展成本预算


5.会场布置
A.会场座位格局设计
半围式
```

图3-4　会展项目文案示意图

```
6.展览布置
 A.展览设计与展馆布置
展区规划


色彩基调


文字风格


展品陈列方式


声像和动感控制


参观路线


安全措施


 B.展览气氛渲染
```

图3-5　会展项目准备信息管理界面

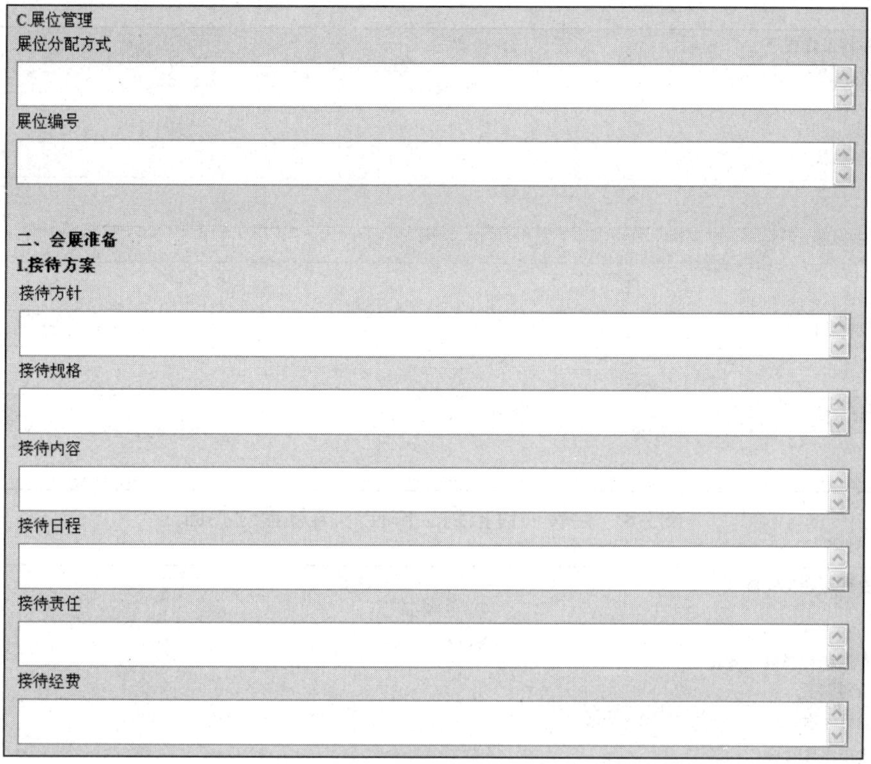

图3-6 会展项目接待方案信息管理界面

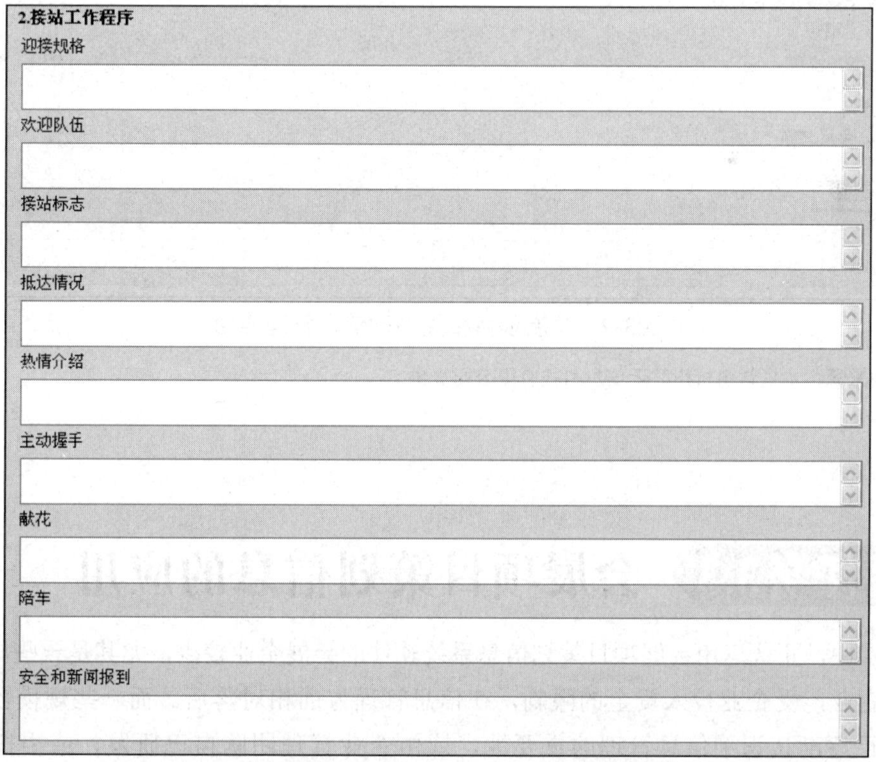

图3-7 会展项目接站工作程序信息管理界面

图3-8 会展项目报到工作程序信息管理界面

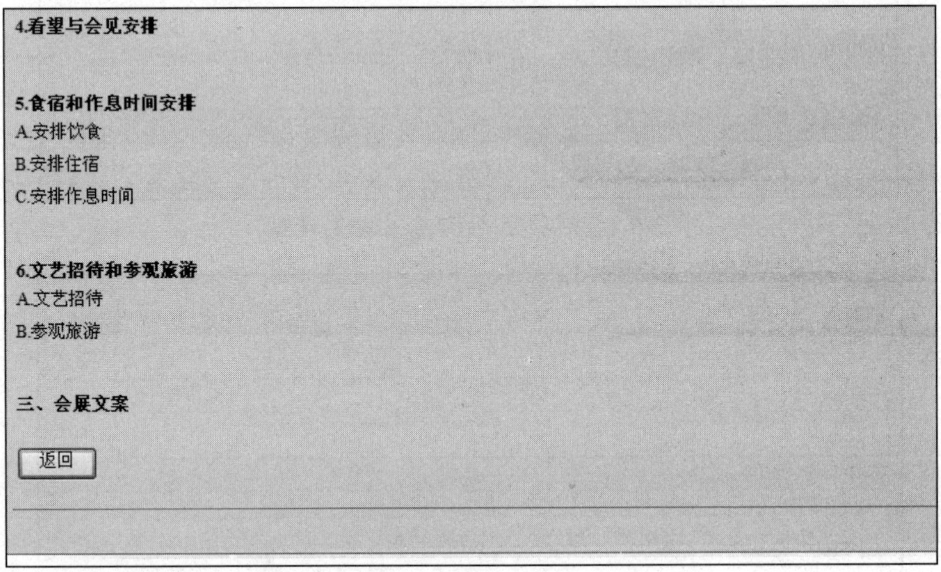

图3-9 会展项目相关活动信息管理界面

资料来源：本资料由杭州磐天信息科技有限公司提供

学习任务3.3 会展项目策划信息的应用

现实中，正式运用会展项目策划信息系统软件的会展企业较少，尤其是一些规模较小的会展企业，受企业投入资金的限制，在信息管理方面相对落后。而一些规模较大的会展集团已逐渐认识到信息管理的重要性，或由企业管理团队自己研发，或委托相关机构研发，或直接购买相关软件应用于日常管理中。这些企业在会展项目信息管理方面处于领先地位。

例如，某会展项目信息管理平台以企业分设的各部门为界限，如策划部、外联部、招商部、服务部、人事部、财务部及总经办。其中，项目策划阶段的信息管理由策划部来统筹，共分为4方面，即会展立项、招展策划、组织策划及营销策划。以该会展项目信息管理系统的主要管理数据对象为例，会展项目策划信息管理界面如图3-10所示，会展项目信息管理界面如图3-11所示，会展项目举办机构信息管理界面如图3-12所示，会展立项策划书信息管理界面如图3-13所示，会展项目可行性报告信息管理界面如图3-14所示，会展项目招展/招商方案信息管理界面如图3-15所示。

图3-10 会展项目策划信息管理界面

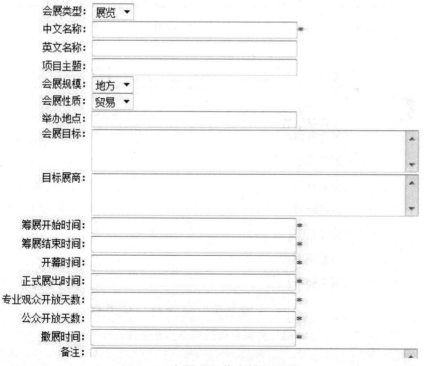

图3-11 会展项目信息管理界面

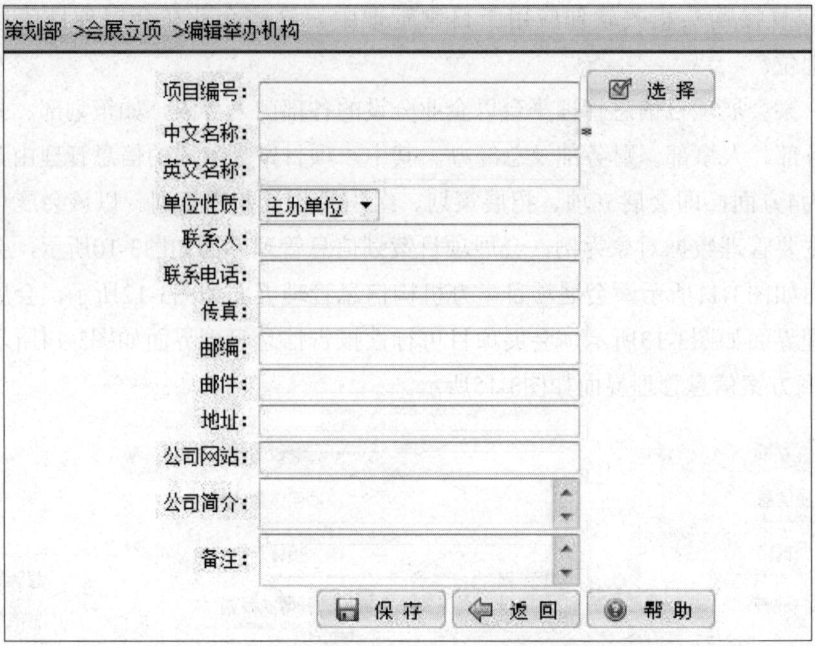

图3-12　会展项目举办机构信息管理界面

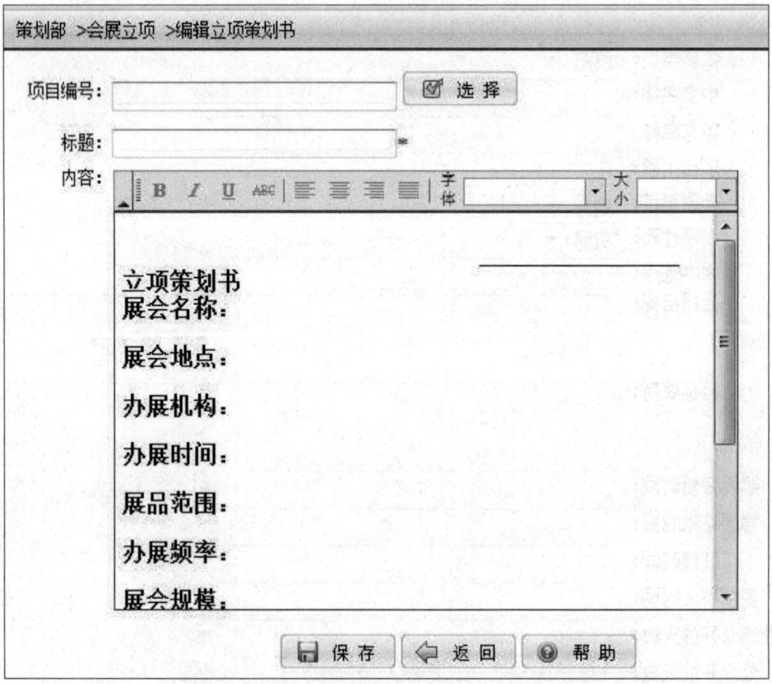

图3-13　会展立项策划书信息管理界面

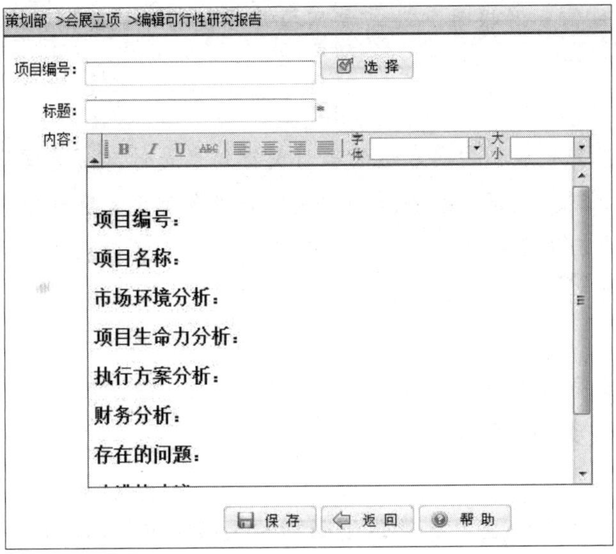

图3-14 会展项目可行性报告信息管理界面

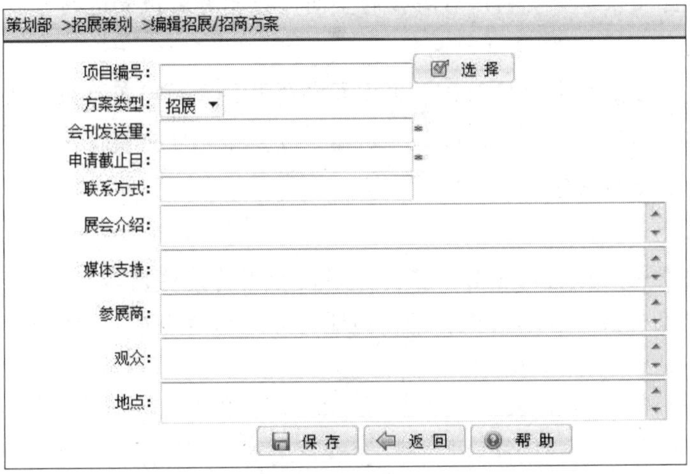

图3-15 会展项目招展/招商方案信息管理界面

资料来源：本资料由西安千策电子信息科技有限公司提供

知识链接3-7

快速制作会展项目信息海报

在举办会展活动的过程中，海报是一个非常有趣的切入点。如果你想制作一张会展活动信息海报，需要找到适合自己的工具。通常专业设计师会选择PS、AI等较为专业的设计软件和工具。会展运营人员如果想要快速制作简单的会展项目信息海报，可以利用在线设计平台，如"创客贴""图怪兽""搞定设计"等网站，只需要登录并寻找适合场景的模板，编辑修改元素、下载导出成品即可。这些网站的优势在于能够快速且批量生产，节约时间成本、人力成本和创意成本，能够帮助会展组织者更快地完成项目营销工作。那么,在制作会展项目信息海报时,还需要掌握哪些技巧才能更好地体现会展项目策划信息呢?

1. 关键内容

在设计海报时,首先应明白要表达的项目关键信息是什么。有些海报承载了过多的信息,如项目名称、日期、主题、配套活动、地址等信息都事无巨细地表达出来,很难突出重点。会展项目信息海报要吸引用户,就要让用户看到你最想让他看到的内容,因此,只需要简单明了地表现关键内容,做好排版和布局即可。

2. 海报标题

用一句话总结出海报标题,可以是会展活动的名称、主题宣传语、举办时间等。标题一定要简洁明了,能够吸引目标受众。

3. 海报细节

在不混淆主题的前提下,可在海报中添加必要的细节信息。例如,当会展活动定在下半年的时间段,那么你需要在海报上载明必要的联系方式和活动时间,这是最重要的信息。总体来说,会展组织者要利用好海报的空间,控制好海报表达的信息量。

4. 行为召唤

行为召唤是指在海报中运用图标或文字或行为动作来指引用户采取进一步的行动。号召类海报一般都会用到这种策略,比如"扫描下方二维码即可获得""搜索微信号×××即可免费领取""还剩最后×××名额"等。

5. 画面层次

明确海报要表达的信息内容后,根据分层的原则将这些内容表现出来。这样不仅可以让画面看起来更和谐,还能巧妙地传达会展组织者想要表达的意思。

会展项目策划信息海报制作技巧

项目小结

会展项目策划信息管理是会展项目筹办期间的重要工作,对掌握会展信息、分析竞争对手、初步规划会展的相关事宜具有重要的意义。本项目围绕会展项目策划信息市场调研的内容、调研的方法及调查方案的设计,阐述如何对产业信息、市场信息、有关法律法规、相关会展的信息进行分析,并以此建立会展资料数据库,对会展项目的信息资料进行收集、更新、管理,为会展项目运营中的招商招展、活动策划、文案管理等工作奠定基础,以提高办展效率。

实训练习

实训题一:确定一个会展项目题材,运用一定的调研方法和途径,对该项目做市场调研,并写出调研报告。

实训题二：为某会展项目设计参展商调查方案并进行现场调研，以小组讨论的形式对会展项目进行可行性分析。

实训题三：结合会展项目策划信息管理流程，明确会展项目策划阶段的信息管理对象。

实训题四：参考上海国际尚品家居及室内装饰展览会、中国国际旅游商品博览会、上海智能家居展览会，根据你所在的团队策划的会展项目，为该会展项目设计一份现场观众登记表和参展商满意度调查表，并将设计好的两份问卷在问卷网上发布，收集数据，制作相应图表，最后将制作好的图表用于调研报告中。

应用实例丨中国进出口商品交易会

1. 中国展览业的晴雨表——中国进出口商品交易会

中国进出口商品交易会(以下简称"广交会")是中国会展业历史上举办时间最长的展会，自1956年至今，横跨计划经济与市场经济两个时代。我们可通过"广交会"来了解中国经济的走势、中国政府的经济政策，以及中国会展业的发展。一直以来，"广交会"是中国产品，尤其是轻纺产品出口贸易的重要平台，虽然现在把名称改为"进出口交易会"，但出口贸易仍主大局，国内客商还是热衷于借助"广交会"开展外贸活动。受全球经济危机的影响，近年来"广交会"罕见地采取降低展位售价、到美国推广(自己花钱邀请和接待买家)等措施，这说明中国的外贸形势十分严峻。"广交会"一直由政府主办，后来才转制为央企经营管理，是不折不扣的国办国营的展会，其展位销售一直采用向各省(区、市)发文件、下计划的模式。因此，"广交会"是政府主导型展会的典型，专业人士可以从中分析政府特别是国务院、商务部管理会展业的政策思路，从而提高自己办展或参展的效益。

以2011年的"广交会"为例，该届"广交会"分为三期。第一期展会日期为2011年4月15日—19日，主要展出大型机械及设备、小型机械、自行车、摩托车、汽车配件、化工产品、五金、工具、车辆(户外)、工程机械(户外)、家用电器、电子消费品、电子电气产品、计算机及通信产品、照明产品、建筑及装饰材料、卫浴设备、进口产品。第二期展会日期为2011年4月23日—27日，主要展出餐厨用具、日用陶瓷、工艺陶瓷、家居装饰品、玻璃工艺品、家具、编织及藤铁工艺品、园林产品、铁石制品(户外)、家居用品、个人护理用具、浴室用品、钟表眼镜、玩具、礼品及赠品、土特产品、节日用品。第三期展会日期为2011年5月1日—5月5日，主要展出男女装、童装、内衣、运动服及休闲服、裘革皮羽绒及制品、服装饰物与配件、家用纺织品、纺织原料面料、地毯及挂毯、食品、医药及保健品、医疗器械、耗材、敷料、体育及旅游休闲用品、办公文具、鞋、箱包。

会展信息分析工具
(图表制作)

2. "广交会"采购商市场调研分析

(1) 参展商参加"广交会"的目的。

数据解读：参展商参加"广交会"主要有三个目的：维护老客户和结识新客户(93.1%)；发现客户需求(58.1%)；提高企业知名度(53.8%)。参展商参加"广交会"的目的统计分析结果如图3-16所示。

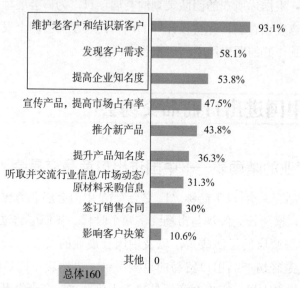

图3-16　参展商参加"广交会"的目的统计分析结果

(2) 影响采购商决策的外部因素。

数据解读：采购商认为，人民币汇率上升(64.9%)、供应商因成本增加而提高价格(55.8%)、世界经济环境恶化(51.3%)对公司采购决策的影响较大。"广交会"上影响采购商决策的外部因素统计分析结果如图3-17所示。

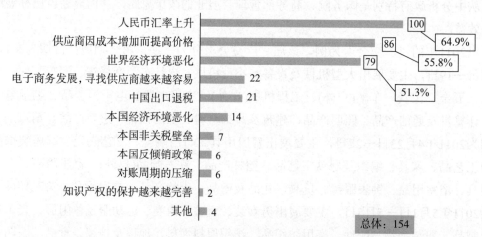

图3-17　"广交会"上影响采购商决策的外部因素统计分析结果

(3) 采购商的类型。

数据解读：采购商以代理商(45%)和寻找制造商的自主品牌持有者(33%)为主。参加

"广交会"的采购商类型统计分析结果如图3-18所示。

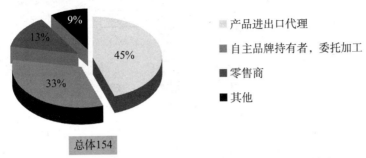

图3-18 参加"广交会"的采购商类型统计分析结果

(4) 采购商设分支机构的情况。

数据解读：大多数采购商(91%)在中国没有设分支机构。参加"广交会"的采购商在中国设分支机构情况统计分析结果如图3-19所示。

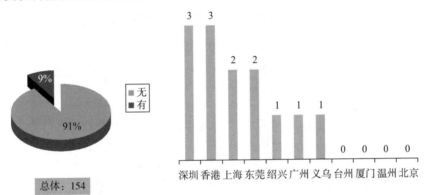

图3-19 参加"广交会"的采购商在中国设分支机构情况统计分析结果

(5) 采购商的采购周期。

数据解读：采购商的平均采购周期为42.9天。参加"广交会"的采购商采购周期统计分析结果如图3-20所示。

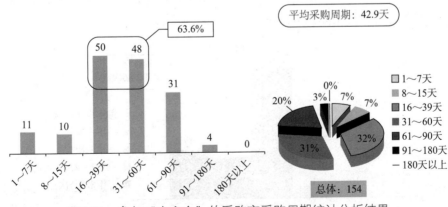

图3-20 参加"广交会"的采购商采购周期统计分析结果

(6) 采购商在华采购占年度总采购量的情况。

数据解读：多数采购商(59.1%)在华采购量占年度总采购量的比例集中在20%～60%。

参加"广交会"的采购商在华采购情况统计分析结果如图3-21所示。

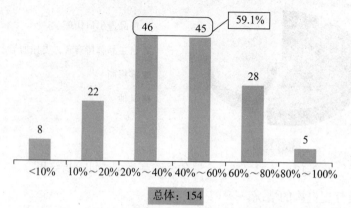

图3-21 参加"广交会"的采购商在华采购情况统计分析结果

(7) 采购商在华采购比例。

数据解读：参加"广交会"的采购商在华采购比例如图3-22所示。

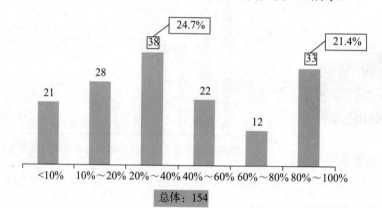

图3-22 参加"广交会"的采购商在华采购比例

(8) 采购商上一年来华采购的次数。

数据解读：近半数(48.7%)的采购商上一年来华采购两次。参加"广交会"的采购商来华采购次数统计分析结果如图3-23所示。

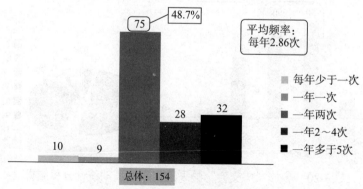

图3-23 采购商上一年来华采购次数统计分析结果

(9) 采购商每年到"广交会"采购的次数。

数据解读：大部分采购商(67.5%)每年到"广交会"采购两次，如图3-24所示。

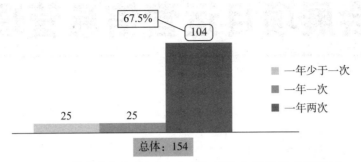

图3-24　采购商每年到"广交会"采购次数统计分析结果

(10) 采购商在电子商务方面的投入额。

数据解读：大多数采购商以后在电子商务方面的投入将保持不变，有近1/3的采购商会略微增加电子商务方面的投入。参加"广交会"的采购商在电子商务方面的投入额统计分析结果如图3-25所示。

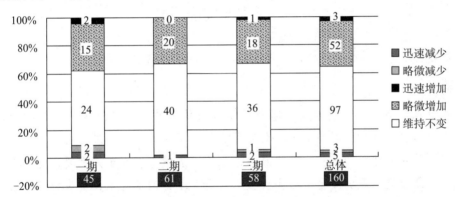

图3-25　参加"广交会"的采购商在电子商务方面的投入额统计分析结果

资料来源1：中国进出口商品交易会[EB/OL]. (2011-08-10)[2021-12-16]. http://www.cantonfair.org.cn.

资料来源2：刘松萍. 会展市场调查[EB/OL]. (2011-08-10)[2021-12-16]. http://wenku.baidu.com/view.html.

学习项目 4
会展项目运营信息管理

学习目标

知识目标：了解会展项目运营信息管理的流程；掌握参展商信息库建设、招展代理管理、招展过程记录管理、展位管理、参展费用管理、观众邀请和观众信息管理的主要内容。

能力目标：掌握会展信息管理软件在会展项目运营过程中的应用与作用；具备在会展项目运营过程中实现信息化管理的能力。

思政育人目标：具有敬业精神与责任感，富有创新和服务意识。

课程思政

在信息经济时代，会展业信息化管理涉及的领域日趋广泛和深入，已经成为当前会展项目运营的重要组成部分和开展工作的必然手段。会展企业作为服务型企业，客户关系的建立和维护，客户服务的水平、质量与效率至关重要，尤其在当前同质化产品泛滥、服务质量成为企业核心市场竞争力的情况下，会展组织者更应充分利用会展管理软件，应用数字科技技术与网络平台，认真敬业，不断提高正确认识问题、分析问题和解决问题的能力，保障每一个会展项目的顺利举办，实现会展项目运营管理和服务流程的信息化和标准化。

导入案例

会展事务管理系统的实践与应用

近几年来，国内会展业发展快速，会展事务管理日趋复杂，以手工方式为主的传统会展操作模式的局限性日趋突显，如宣传手段单一，管理效率低，主办单位与参展商之间缺乏有效的互动沟通途径，管理者不能实时掌握各类动态信息等。会展组织机构迫切需要一种辅助管理工具，以增加会展宣传的深度和广度，提高内部办公管理的效率，降低管理成本，加强与参展商的信息互动交流，为参展商提供方便、快捷的信息服务，提升会展项目整体的管理效率和市场竞争力，扩大会展项目的盈利范围，实现盈利目标。

1. 概述

会展事务管理系统为各会展中心、展会主办单位提供了一个信息管理、互动协作的平台。该系统主要通过会展信息管理系统和会务网来提供各项管理和信息服务。

会展信息管理系统主要用于会展各项信息的管理,可提供信息发布、客商报名、客商报到、项目撮合管理、参展商信息管理、讨论与研讨会、邮件订阅和网上办公等功能。

会务网主要用来发布信息,是会展信息系统的前台网站,可提供中文简体、中文繁体、英文三种版本,通过发布与会展有关的基本资料,如参展、参会、投资项目、投资政策、布展、项目撮合(商业配对)、国际投资论坛及其他系列研讨会等方面的内容,为客商及时、准确地了解展会筹办的最新信息提供方便,让世界各地的用户都能随时关注展会的有关情况。

2. 基本功能

(1) 系统管理。提供用户、部门、权限、系统配置等方面的管理功能。

(2) 基础数据。提供国别、新闻栏目、地区、行业等基础信息的维护功能。

(3) 会员管理。提供会员申请、审批、会员资格认定等一系列功能,并针对不同级别的会员,提供不同级别的信息查看功能。

(4) 客商报名。对与会客商的信息进行管理,提供网上在线报名、审核、团组客商管理、客商报名等功能。

(5) 客商报到。提供团组客商、投资商、与会客商等的报到、查询以及打印来宾证等功能。

(6) 参展商信息管理。提供参展商信息录入、查询、发布等功能。主办单位利用系统中的参展商数据信息,可以快速地向目标参展商发送请柬、通知等,同时互联网用户可以通过会务网及时了解参展商、展位、展馆布展的情况。

(7) 信息发布。提供新闻报道、展会咨询、展会预告、展会公告、展会快报、参展商快报等各种类型的信息发布功能。主办单位还可以根据需要灵活定制所需的信息发布类型,设置并调整各种类型的信息在会务网的显示顺序等,同时提供新闻搜索功能。

(8) 项目撮合管理。提供从招商信息到投资意向撮合的流程化管理功能,实现项目供应方与投资采购商的自动匹配、对接,并自动生成会晤日程表,提高洽谈效率。

(9) 讨论与研讨会管理。提供发布系列研讨会、投资论坛等各类会议信息功能。主办单位可以定制各种会议类型,根据不同的会议类型,可提供相应的会议发布、管理功能,从而使用户及时了解会议的最新情况,并可以根据系统提供的在线报名功能,进行网上报名并参加会议,主办单位也可以提前获悉部分会议人员的参与情况。

(10) 文件计划管理。提供文件的发布、查询、打印功能,促进主办单位与各成员单位之间的有效沟通。主办单位可通过系统发布普通、重要、正式的文件以及计划。所有文件、计划均可设定阅读、修改的权限,用户登录后只能在权限范围内阅读、修改文件或计划。

(11) 广告管理。提供对前台网站的广告管理功能,根据用户对广告时间的设定,自动启用新广告，替换过期的广告。

（12）邮件订阅与发布。用户可以根据自己的需要订阅新闻或境内外的招商信息。系统同时提供多个模板的电子刊物发布功能，有助于实现投资商、参展商、项目方之间的良好沟通。

（13）投资频道。为各成员单位提供管理基本信息、图片资料、会议预告、项目资料等功能。会展项目结束后，成员单位可继续登录系统修改和发布商务信息。

（14）搜索查询。用户可根据信息的类别、内容、时间等属性，直接或模糊查询相关信息。

（15）报表分析。提供针对新闻数据、客商数据、撮合数据等内容的多种报表分析功能。

资料来源：杨顺勇，李晓玲. 会展信息技术应用[M]. 北京：中国人民大学出版社，2007：64-65. 作者删减而成

学习任务4.1　会展项目运营信息管理的流程

会展项目运营信息管理贯穿会展项目运营的展前、展中和展后三个阶段。具体内容包括：运营会展立项、策划、新闻发布会、高峰会议、研讨会议等事务；综合管理评估会展项目的收支和盈利情况；管理展位销售及发掘参展商客户；系统管理专业观众的信息；实时与会展项目服务商进行协调沟通；及时收集相关会展信息和参展商信息；等等。

4.1.1　展前阶段

在展前阶段，会展项目运营信息管理内容主要包括以下几方面。

1. 网页开发制作和信息发布

利用会展企业网站或特定项目的会展网站，通过多种网络技术手段发布会展项目信息，对会展项目进行在线宣传，是拓宽信息传播渠道，发布会展企业和项目招展、招商信息的重要方式。会展网站的优势就是可以为广大参展企业和浏览者提供功能强大的信息查询系统，方便参展商或观众迅速找到自己需要的信息，做出参展、参会或参观的决策，从而使会展企业能充分利用网络营销的优势，开拓会展产品营销市场，进一步塑造会展项目和企业品牌的网络形象。

例如，作为全球宠物行业最具影响力的平台之一，亚洲宠物展览会(pet fair asia，PFA)自1997年成立以来，伴随中国宠物业的飞速发展，经过多年的历练，已然成为宠物行业不容错过的年度聚会平台，是业内公认的亚洲宠物旗舰展，也是唯一通过全球展览业协会专业认证的行业展会。无论是中国品牌开拓海内外经销渠道，还是国际品牌寻求进入中国市

场。亚洲宠物展览会已经打造成为集品牌宣传、关系网络建立、渠道开发、新品发布、畜主互动等功能于一体的首选平台。

展商、观众、媒体、服务商等都可以通过亚洲宠物展览会官方网站找到关于展会的所有相关信息，包括展会发展历史、展会动态、展商新闻、最新展品、同期会议与活动、行业资讯等。亚洲宠物展览会网站首页如图4-1所示，在线参展申请界面如图4-2所示。

图4-1　亚洲宠物展览会网站首页

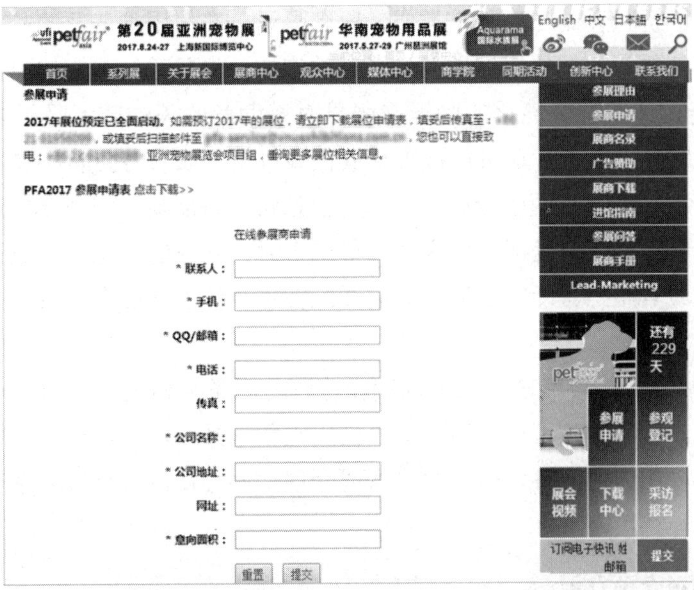

图4-2　亚洲宠物展览会在线参展申请界面

资料来源：亚洲宠物展[EB/OL]. (2017-01-06)[2021-12-15]. http://www.petfairasia.com/，2017-1-6. 作者整理而成

2. 胸卡设计和印刷

注册登记流程为主办方和参展商提供了跟踪观众和与会代表信息的手段，并提供更多的信息以确保管理流程更高效、更完整。这个流程的信息化是以胸卡制作为中心进行的。

目前，广泛应用于会展业的胸卡有多种类型，常见的有以下4种。

(1) 条码胸卡。条码胸卡通常将观众的姓名和公司名打印在彩色硬卡纸上，另附唯一的条码，可在整个展会期间进行扫描和跟踪。这个条码能使主办方通过主系统对观众的号码进行交叉配对。

某些会展信息服务公司能在一定范围内选择不同的颜色并通过制作多种不同的胸卡来区分不同类别的会展参加者。例如，可通过不同的胸卡来区分参展商、观众、工作人员和贵宾，还可以按照会展组织方选择的文字格式及胸卡尺寸来打印观众的姓名和其他信息，在这些信息的下面会打印一个独立的、唯一的认证条码和与其相配对的数字。通过入口条码扫描器，可登记所有进入展会现场的观众，这些信息被下载到信息服务公司的系统中，系统将会提供观众的姓名等信息，参展商也可以通过使用条码扫描器来获取观众的详细资料，并且有资格在展会上对他们进行线索跟踪。

(2) 二维条码。二维条码能够存储大量的观众信息，如所在公司、职务、地址、电话号码、传真和电子邮件地址等。数据录入员可通过便捷的方式用高速打印机制作二维条码胸卡，展会信息管理者可通过激光扫描器读取二维条码，这使得参展商可以容易且清晰地阅读观众的胸卡，观众也可以快速地进入展会现场。

(3) 磁条胸卡。磁条胸卡直接把观众的详细资料存储在胸卡背面的磁条里，与普通信用卡把相关用户的资料存储在磁条里类似。研究显示，在信用卡普及的社会里，人们将会持续偏好类似的塑料卡片，使用这类胸卡能有效增加预先登记的观众的出席比例。主办方可针对特定展会设计富有个性化的胸卡来彰显对赞助商的关注或者吸引公众对展会的兴趣。经过特殊强化处理的卡片还可以被观众放在钱包里，成为与会的提醒物。

通常情况下，在卡片正面的会展信息下，会粘贴一张清晰打印观众姓名和单位以及其他必要信息的标签。当入口处的工作人员扫描胸卡时，观众的信息便会被记录下来。参展商可以使用商业线索跟踪器即时获取观众的详细信息，便于开展有针对性的营销工作，从而获得收益和增值效应。

(4) 智能芯片胸卡。智能芯片胸卡的制作流程与磁条卡相同，它的优点在于可以存储数量巨大的信息。这个芯片可以使用一套"信用点数"系统，观众可以使用卡上预先存储的点数在现场享受相应的服务，便于参展商或会展主办方在没有直接联系观众的状态下对观众及其位置进行持续跟踪。

3. 参展商和观众预登记

预登记是主办方组织和管理会展项目的重要环节。通过预登记，主办方可以预知到访观众和其他一些与会展项目相关的信息。在线观众预登记界面示例如图4-3所示。

除了传统的信件、传真、电话等方式外，信息技术的应用为主办方提供了更多简便高效且能降低会展项目运营成本的登记方法，如发送电子邮件、专门网站注册、向手机发送注册信息等，都可以在预登记流程中极大地降低邮寄成本和手续费。

利用信息管理系统进行预登记时，与会者(参展商、观众等)通常只需登录指定的会展网站，详细填写在线登记表格后单击"发送"，就可以收到主办方发送的电子确认函。某些更先进的会展信息管理系统还可同时以短信的形式向与会者的手机发送一个条码，当与会者到达展会现场时，他们只需在门口扫描收到的短信条码就可以进入展会现场。信息化能够让观众对参观展览的时间和顺序做出更好的安排和规划，观众事先通过网络进行查询和匹配，提前了解展会的大概情况，就能根据自己的兴趣和需要来安排参观流程，用最短的时间达到最优的效果，但前提是观众要在主办方的系统中留下自己的信息。

信息化的观众登记流程可简化现场管理工作。据统计，在为期三天的展会中，有60%的观众会在第一天和第二天的早上9点到11点到达会场，采用上述预登记方法，一般能保证在高峰时段让观众尽快地进入展会现场。

图4-3 在线观众预登记界面示例

4. 其他展前管理工作

其他展前管理工作，如邀请观众、邮寄标签和打印资料等，也能通过信息化的方式来提高工作效率。利用计算机软件强大的制图功能，可完成在会展项目策划和会展项目招展过程中的展位图制作与销售工作。相关人员可以利用系统提供的载入功能将已有的展位平面图导入某个特定的制图软件中，根据精确的刻度重新测量展位图，设定展区展位规则后可批量制作展位，也可直接选择系统提供的各类标准展位面积来制作展位图。制作好的展位图根据展位销售状态的不同，显示不同的颜色，便于客户得到直观的展位销售图。这张展位图可以将每一个展位的参展商、招展员、展位费、展位合同、销售日期等参展商关心的所有要素显示出来，可以打印，以便存档。

知识链接4-1

H5页面制作工具应用

H5是会展项目管理人员发布会展信息时常用的工具。H5页面又称移动场景或移动海报，是指第5代HTML(超文本标记语言)，也指用H5语言制作的一切数字产品。它是移动终端设备越来越普及、用户时间碎片化的产物，具有流量入口多、分发效率高、使用门槛低等明显优势。H5页面以触摸、滑动、摇一摇，辅之以文字、图片、动画、声音等多种形式展示，以其丰富的控件、灵活的动画特效、强大的交互应用和数据分析，高速且低价地实现信息传播，成为当下主办方开展营销的利器，为用户带来全新的体验。H5常见于会展项目活动推广、会议邀请、产品介绍等环节。目前，用户选择比较多的H5页面制作网站有易企秀、兔展、MAKA、最酷、初页、秀堂、秀米等。

图4-4　H5页面制作流程

需要注意的是，为保证良好的创作体验，推荐使用谷歌浏览器或360浏览器谷歌内核模式来制作。H5页面制作流程如图4-4所示。

1. H5页面制作要求(见表4-1)

表4-1　H5页面制作要求

要求	尺寸或格式	说明
背景图片尺寸	640px×1010px	px单位，中文叫像素
图片格式	.png .jpg .gif	图片尽量控制在500K以内
背景音乐格式	.mp3	背景音乐尽量控制在1M以内
页面数	无限制	为了提升用户体验，建议页面数尽量控制在15页以内

2. H5页面制作秘诀(见图4-5)

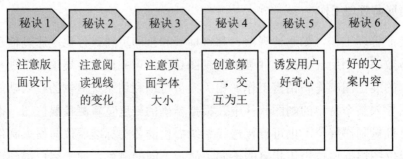

图4-5　H5页面制作秘诀

3. 不同项目类型H5邀请函信息选择

(1) 展览会H5邀请函信息，包括展览会基本信息(名称、时间、地点、组织机构)、展览会简介(背景)、展览会亮点、展区分布、展品范围(展览内容)、精彩活动、报名方式、展览会交通地图等。

(2) 会议H5邀请函信息，包括会议基本信息(名称、时间、地点、组织机构)、论坛介绍(背景)、论坛亮点、论坛议程、论坛嘉宾、报名须知、报名通道等。

(3) 活动H5邀请函信息，包括活动基本信息(名称、时间、地点、组织机构)、活动简介(背景)、活动亮点、活动内容、活动交通地图等。

H5页面信息设计要点

4.1.2 展中阶段

在展中阶段，会展项目运营信息管理涉及以下几方面内容。

1. 信息管理的任务与困难

在展中阶段，会展项目运营信息管理的主要内容包括：现场接待和组织管理；观众信息的采集、录入、处理；发放事先印刷好的参观卡，现场打印观众基本信息，生成便于参展商识别的个性化参观卡，现场打印带照片的参观卡、对应的IC卡、电子标签卡等；大会、研讨会出入口门禁管理；现场制作分析报告，如提供展会各会场和研讨会当天的观众到达人数曲线、到达人数变化曲线、观众区域分布、观众职位统计等分析报告。

在该阶段，展会现场信息化管理面临如下困难。

(1) 任务重。主要表现为数据发生量大，且数据采集存在高峰期(第一天、第二天上午)，处理事务的时间短，而且现场注册阶段极易造成现场管理混乱。

(2) 条件差。主要表现为展会服务过程中操作人员众多，水平参差不齐，培训时间短，操作环境恶劣，且不断有新要求、意外情况出现，客户配合程度不够，需要不断引导，工作量大且工作内容烦琐。

2. 观众入场时即采信息和会后采集信息的比较

(1) 观众入场时即采信息。采用这种方式，观众在首次入场时提交个人信息，工作人员通过技术手段处理信息并写入观众胸卡。一般情况下，通过自动识别系统处理后再由人工校对即可完成录入过程，但是如果观众信息表达不规范，比如手写信息等，则需要人工录入。在这种情况下，可能导致观众等待的时间过长，如果通道处理能力较差，极容易导致观众投诉和现场混乱。名片识别系统、制卡系统、录入系统并存，所有观众都必须经过一样的流程，在紧急情况下会导致部分观众的信息不能被写到卡上。但在信息使用过程中，这种方式易于利用，建议参展商租用相关设备，只需扫描观众胸卡，即能得到观众的详细信息，观众参观完毕，参展商只需把这些信息通过软盘复制即可。无论是参展商还是主办商，都能及时得到信息，也能及时生成完整的报告。此外，现场众多兼职人员会降低信息处理的准确度,可能降低信息的价值。

(2) 会后采集信息模式。采用这种方式,观众入场时工作人员只需要做好现场接待工作即可,信息的录入处理将在会后完成。观众入场时,只需录入公司、姓名、职务等相关信息即可现场打印名片,在人流高峰期可以简单采集信息发放参观卡,工作人员将在会后从服务商处得到观众的详细信息。这种信息采集模式导致不能及时收集观众信息,可能存在一定的风险。但由于可以在会后处理信息,时间比较充裕,收集信息的准确度较高。

通过以上介绍可以看出,观众入场时即采信息不但能很好地服务参展商,而且能及时得到报告,但是实施难度比较大,准确度较低。而会后采集信息可以提高入场接待的速度,准确性高,但参展商无法及时得到详细的信息,存在一定的风险。因此,在展会现场,应该根据具体的情况选择合适的信息采集方式,一般推荐使用会后采集信息的方式。

3. 现场调查

现场调查主要包括以下三方面内容。

(1) 观众入场调查。观众入场调查一般在观众登录区内完成,具体做法是在观众登记时提供一份调查问卷供其填写。通过调查可了解观众的参展目的、所属行业、参展兴趣、展会渠道等相关信息。

(2) 观众参观完成后的意见反馈。在展馆中,一般采用抽样调查的方式对观众进行调查,由专门的工作人员采用面对面的方式完成。通过调查可以了解观众对展会的意见和建议,这是了解观众观展感受最直接的方式。

(3) 参展商问卷调查。参展商问卷调查一般在展会后半时段进行,调查人员直接到参展商的展台上询问相关负责人即可。通过调查能了解参展商的参展反馈和意见,并且能让参展商有一种被重视和关注的感觉。

案例链接4-1

国内首家数字会务签约服务商推出

会点网,简称会点,是"智慧数字会务管理+品牌社会化营销服务"SAAS平台,是北京迅鸥在线科技有限公司(以下简称"北京迅鸥")旗下核心品牌。它立足于"互联网+会议会展"数字化服务,基于互联网最新技术,实现软硬一体化,智慧破冰传统会议会展窘境,实现会展数字化、平台化、智能化一站式管理。作为国内会展信息化行业的领跑企业,北京迅鸥自2013年成立以来,集中产品、技术优势研发大中型会议服务平台,实现了"互联网+会务"智慧管理——会务通、"微信+互动"能力——微现场、"分享经济"社会化推广平台——会推、线上线下闭环数字营销系统——微营销"四位一体"的产品建设目标。平台以专业、创新、安全、稳定著称,并打造出业内独具特色的会点网平台V型价值战略,首创并推出O2O2O线上线下闭环营销服务体系,如图4-6所示。

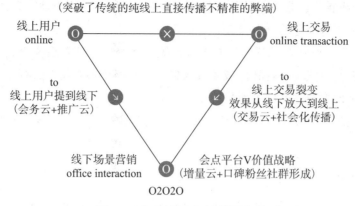

图4-6 会点网平台营销服务体系

会点网平台上线至今，已服务12 000余场会议，平台累计报名人员达千万人。会点网被广泛地应用于大中型展会、研讨会、答谢会、年会、高端论坛、联谊会、各类节庆活动中，与阿里巴巴、腾讯、百度、360、优酷、中国互联网协会、华夏基金、中信银行、中金公司、天弘基金、学而思、新东方、乐视、海信、海尔、博洛尼、麦当劳、宾利汽车、王府井集团、DS汽车等1 000余家知名企业建立起良好的商务合作关系，服务行业涉及互联网、汽车、金融、餐饮、文旅、地产、展馆等领域。

资料来源：会点网与去哪儿网完成签约，成为其国内首家数字会务签约服务商. 今日会展[EB/OL]. (2016-12-08)[2021-12-15]. http://mp.weixin.qq.com/s?__biz=MzA3NDcxMjE4MA==&mid=2651107188&idx=2&sn=11e03dc1cf551d3503c8e7b3078af727&chksm=848b9a6fb3fc1379b17e39b06cb77b699a42a4ca31f0d412aa89fefb5596830223b7346c1529&scene=0#rd. 作者整理而成

4.1.3 展后阶段

在展后阶段，会展项目运营信息管理主要涉及以下几方面内容。

1. 展后数据规范化处理

在展后阶段，主办方应对在展会现场收集的观众基本信息进行深入的规范化处理，一般采用专业统计分析工具SPSS、SAS，以便提出全面、翔实的数据分析报告。

2. 展会统计分析报告

展会统计分析报告是指为主办方提供的基于观众基本信息、需求信息等数据的多种分析和关联性分析报告，具体包括以下几种。

(1) 曲线类分析报告。系统可提供展会各会场和研讨会的观众到达人数曲线报告、在馆人数曲线报告、到达人数变化曲线报告等。这些曲线报告可以帮助主办方分析现场展览效果，辅助未来展览策略。例如，研讨会主办方可以比较和分析不同研讨会场的在馆人数曲线，了解展会的受欢迎程度和达到的效果等。

（2）比例类分析报告。根据规范化的数据，以饼状图或柱状图的形式提供基于观众职位、部门、来源区域等信息的分析报告。

（3）调查类报告。对观众填写的调查表进行统计和分析，针对组委会关心的每个调查问题提供备选答案的饼状图、柱状图或图表报告。针对每个调查问题进行相关性分析，如观众职位和对某个问题看法的相关性分析。

（4）专业角度的思考和建议。对收集到的信息进行价值评估，提出合理的建议，提供咨询服务。

3. 展后信息管理

展后信息管理是指按照使用者提出的不同查询要求，在会后提供完整的卖家信息资料库和买家信息资料库，并可设置相应的保密权限。

4. 展后回访

展会结束后，应提供专业的观众回访服务，回访方式包括邮寄、电子邮件、传真等，内容包括会后满意度调查、下届参观意向等。通过展后回访，可以验证观众各种联系方式的有效性，进一步提高信息质量。观众也可在展后访问本次展会的站点，查看新发布的展会资讯，查询曾经访问的参展商，查看参展商的最新信息，下载参展商的参展资料，并可通过留言簿或电子邮件联络参展商或主办单位。

5. 商业线索追踪服务

信息服务除了能促进观众和参展商之间的信息交流以外，还能提供商业线索追踪服务。例如，一位观众来到参展商的展位，经过沟通交流之后，参展商很想将他的信息保存下来，但是对方没有带名片，而参展商很可能因为这样一些原因错失很好的商业合作机会；还有一种情况是参展商遇到有意向与之进一步洽谈的观众，并且留下了联系方式，但在为期两三天甚至更长的展期中，这些信息被埋没或混杂在大量的同类信息中，难以甚至无法找寻，或者就此被遗忘，如此参展商便失去一条商业线索，可能会降低投资回报。

针对上述问题，简单的解决方法是不借助任何信息技术，用手工方法对参展商提供的信息卡片进行整理、分类。这种方法简单易行但效率很低，而且参展商派来的往往是市场部人员，而负责后期跟进的往往是销售人员，有许多因素会导致跟进过程出现问题。要想达到预期的跟进效果，必须借助信息技术。例如，某香港公司到上海参展，如果能立即让该公司的销售人员在网站上看到专业观众有意订购的信息，该公司就能根据产品的数量情况马上跟进，或者主办单位通过电话等与参展商联系，这样会给参展商留下服务及时到位的印象。据统计，有80%的参展商在展览结束后不能被及时跟进，人为的工作错误或工作效率低下都是导致这一问题的原因。采用信息管理系统后，虽不可能做到100%跟进，但跟进的比例将会有明显的提高，展览的效果自然会更好。参展商和观众也会因为展会带给他们的效益和便利，继续支持下届展会。

2016第16届CBME中国孕婴童展、童装展展后报告

学习任务4.2 会展项目运营信息管理的主要内容

4.2.1 参展商信息库建设

参展商信息库建设可以通过导入已有资料，如行业资料、网站信息、电话黄页、以往数据等来完成，也可以由工作人员在系统中逐条录入，或者由相应客户登录外网网站注册填写。信息库的建设应实现多次展会之间的信息复用，如参展商上次参加展会的信息可以有选择地自动导入本次展会，从而降低输入信息的工作量；本次展会也可以参考以往展会的信息，使工作人员开展工作有章可循。具体来说，参展商信息库应包含以下内容。

1. 参展商公司信息和联系人数据库

参展商数据库应包括和招展有关的各种信息，如公司的行业细分，主要业务和产品，发展情况，经营情况，组织机构，联系人联络信息及其在公司内部的职位、影响力、喜好、习惯等。通过这些信息，招展人员能详细地了解招展对象的情况，便于在招展过程中采取相应的措施，达成合作。

2. 客户原始记录信息

客户原始记录信息包括统一客户代码、名称(中文、英文、中文简称、英文简称)、地址(国家、省份、城市、中文地址、英文地址)、邮政编码、联系人、电话号码、其他联系方式、银行账号、使用货币种类、报价记录、优惠条件、付款条件、税则、付款信用记录、销售限额、交货地、发票寄往地、企业对口销售员、佣金码、客户类型等。

3. 统计分析资料

统计分析资料包括客户对企业的态度和评价、履行合同的情况与存在的问题、信用情况、与其他竞争者的交易情况、需求特征和发展潜力等。

4. 企业投入记录

企业投入记录包括联系的时间、地点、方式(如访问、打电话)，费用开支，给予优惠的方式(折扣、购物券等)，提供产品和服务的记录，合作与支持的行动表现(如共同开发研制与客户产品配套的零配件，联合广告等)，为争取和维护每个客户所做的其他努力和所需要的费用等。

5. 潜在参展商数据挖掘方式

这类数据包括在展会现场通过搜索关键字和分析观众信息得到的数据，通过网上登记信息和互联网搜索得到的数据，通过其他合作单位得到的数据，通过行业数据资料和产品分析得到的数据，通过以往参展商介绍得到的数据等。

6. 参展商分类管理

不同展会对参展商的分类要求不同，除按产品性质分类外，还可按参展商企业资金形式分类、按参展商企业组织形式分类、按参展商企业规模分类、按参展商企业社会性质分类等。对参展商进行分类，有助于展会工作人员分析总结对招展工作更有意义的数据。

7. 参展商展史管理

展史管理是参展商管理的重要部分，几乎所有的组展商都在收集参展商的展史数据。详尽的展史数据能揭示企业对展会的认同程度，并能体现参展企业的发展过程、信用情况、资金实力、参展需求和支付习惯等。通过信息化建设，这些数据将成为招展公司的宝贵资源，能最大限度地降低因为招展业务人员的变化而造成的损失。

8. 记录管理

记录管理包括参展商的优良记录管理、不良记录管理、大事记(其他未被记录的重要事件)等。

9. 参展商分级管理

组展商主要根据参展商参加展会的次数、付款金额、不良记录及优良记录的次数区分级别。对于不同级别的参展商，组展商给予的各项非服务折扣、各类证件的数量、查看内部文档和观众资料的权限等有所区别。通过级别管理，可以达到规范客户行为的目的。

3Wsoft客户关系管理软件参展商信息库建设界面如图4-7所示。

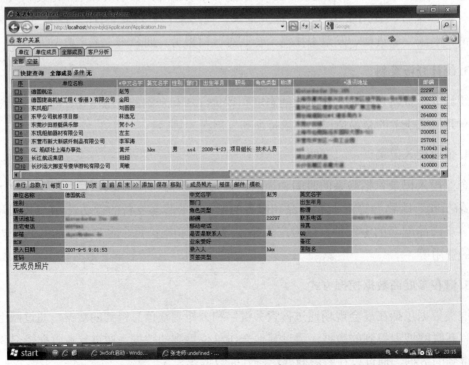

图4-7　3Wsoft客户关系管理软件参展商信息库建设界面

> **知识链接4-2**

会刊中一般参展商信息的内容及规范

参展商信息主要包括公司或单位的名称；公司或单位的地址、邮编、网址、电话及联系人姓名等；公司或单位的简况，包括发展沿革、产品与服务特点等。

- 对于公司或单位的名称，需核实其是否规范，一般要求使用法人名称，如使用简称，则应采用公众熟知或约定俗成的称呼。
- 对于公司或单位的联系方式，需核实其是否准确。
- 对于公司或单位的简况资料，应按规范和简洁的原则，对文字进行必要的修饰和梳理。
- 经过编辑且改动较多的简介文字稿，应反馈给参展商确认。
- 国际化程度较高的展会，其简介文字需配英文版。

资料来源：张凡. 展览会会刊中参展客商文字简介资料的编辑[EB/OL]. (2009-08-10)[2021-12-15]. http://blog.sina.com.cn/s/blog_61666d100100dz89.html.

4.2.2 招展代理管理

利用合作单位合作招展能扩大展会的影响力，但同时也会增加一些不可控的因素。招展代理管理的目的就是最大限度地扬长避短，如通过对合作历史信息的管理，可以起到对类似参展商进行展史管理的作用；而招展管理中的查重管理，则可以有效避免在招展过程中的资源浪费和对展会形象的损害。因此，做好招展代理管理的意义十分重大。招展代理管理主要包括以下6个方面。

1. 代理付费方式管理

(1) 透明代理，即主办方和代理方都知道参展合同金额，并且严格按照参展合同金额支付相关款项。

(2) 不透明代理，即主办方不知道参展合同金额，代理方知道，代理支付金额按照代理合同执行。

(3) 半透明代理，即以上两者的结合，代理支付金额中的一部分为佣金，另一部分为其他费用(如奖励、惩罚、广告、邮费、宣传、劳务)。

2. 招展人员管理

招展人员管理包括招展人员个人情况管理、登录管理、销售情况查询、当前工作查询等。

3. 招展过程管理

展会招展业务的核心就是展商管理。招展过程就是对客户进行跟踪的过程，也是让潜在的展商、代理商、展团能顺利参展从而成为真正的展商、代理商和展团的过程。

以3Wsoft软件为例，招展业务员在登录系统选择"操作展会"后，在"展会招展功能"菜单的"所属展商管理"界面中，将会看到系统分派给自己的客户资料，如图4-14所示。通过展商管理界面提供的功能按键，可以完成如展商联系、服务预订及展位购买、展商调查问卷和合同文档管理等服务展商的销售操作。通过这些信息，有关负责人能随时查看当前总体和每个人招展的进展情况，并能迅速发现其中可能存在的问题，及时给予调整。

展商管理分为全部展商管理和所属展商管理。

3Wsoft会展项目管理系统中的"全部展商管理"是对当前展会招展过程中所有潜在展商信息的管理，即对分派给所有招展员的展商信息的管理。"全部展商管理"包括对全部展商单位信息、展商联系人信息、联系日志、收支计划、票据记录、消费服务、参展展品、相关文件、参与活动、调查表、订购的展位等信息的管理。此项功能解决了在展会招展中对信息不做分派，只能由某一个人对当前展会所有信息进行操作的问题，也解决了在展商已分派的情况下，个别业务人员暂时不在，其他人员不能代替其开展招展工作的问题。"全部展商管理"功能一般授予项目经理或与项目经理权限类似的管理人员。

会展项目管理系统中的"所属展商管理"是指销售员对派给自己的展商信息进行管理。销售人员可以通过系统提供的邮件、短信、传真等通信方式联系展商，跟踪服务展商。如可为已签约的展商提供现场气球广告服务，其操作步骤：选择签约展商→单击"消费服务"功能页签→单击"获取服务"功能按键→选择"提供广告的服务内容"→展商服务获取成功。同时，相关费用记录到"展商账款"中。具体的操作流程如图4-9、图4-10、图4-11所示。

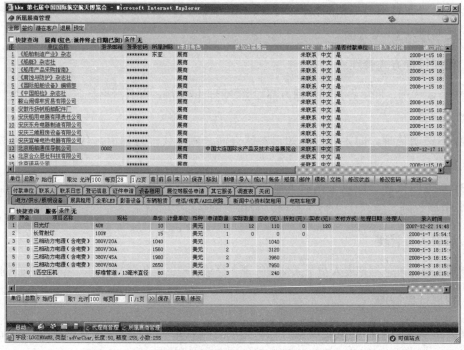

图4-8　3Wsoft客户关系管理软件所属展商管理界面

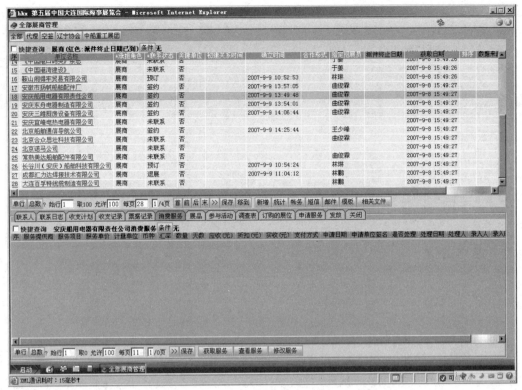

图4-9　3Wsoft客户关系管理软件展商添加服务界面

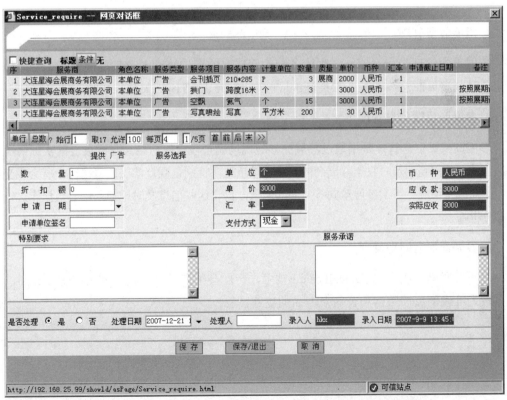

图4-10　3Wsoft客户关系管理软件展商选择服务内容界面

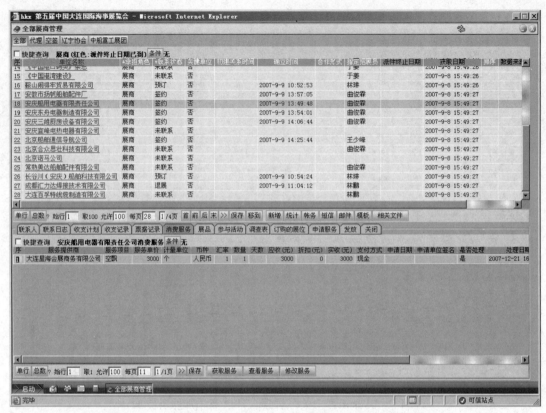

图4-11　3Wsoft客户关系管理软件展商获取服务内容界面

4. 招展收费管理

招展收费管理是指对招展过程中各种收费情况的查询统计。该功能能正确、全面地反映当前时刻参展商总体和某个参展商的应收费用、已收费用、欠款、应收明细等情况。

5. 参展商反馈信息管理

参展商反馈信息管理是指通过参展商参展现场调查模板库，结合每次展会的实际情况生成适当的调查问题，及时收集参展商的参展反馈意见，特别是观众参展质量情况、展会成交情况、意向成交情况、下次参展意向等方面的信息，再将这些信息及时地输入中心数据库进行管理和分析。

6. 参展商展后回访管理

基于互联网，利用先进的call center技术，在展会结束后的一定时间内回访参展商，可获得较为准确的反馈数据和公司及产品的更新信息。

4.2.3 招展联络管理

招展联络管理涉及搭建、运输、宣传、总协调等多个环节的联系单位和联系人,需要根据各联系单位和联系人的特殊情况,采用多种联系方式联络沟通,如信件、电话、电子邮件、传真、短信、会议记录、视频会议、外网访问等,并做好相应的联络过程记录和查询管理工作。多种联络方式在会展信息系统中都可以实现模块合并和集成,如召开会议可使用会议记录模块,召开电子会议可使用net meeting集成系统,寄信可综合使用文档管理模块、报表生成模块、信封打印模块,电话联络可使用电话号码管理模块与电话集成系统,发送电子邮件可使用文档管理模块,发送传真可使用传真集成系统,发送手机短信可使用手机短信集成系统或手机短信息发送器,外网访问可通过增设外网模块来实现。与各相关单位和客户联络的目标是生成全面、实用的联络一览表。

会展客户关系管理系统手机端应用

与此同时,在联络管理的过程中,还需要记录所有的联络过程,并且应对每一次联络记录进行备注、文档归类,收集是否取得突破性进展、是否有不良记录、是否有优良记录等信息,并根据联络结果对联系信息进行更新,同时实现联络过程的查询工作。

在使用这几种常见的联络方式时,应做好以下工作。

(1) 会议/电子会议。应保留会议记录,如有必要,应保留相关的声音和图片信息。

(2) 信件。在打印过程中,系统可以记录通过本系统打印了哪些信件、生成了哪些文档。

(3) 电话/传真。应结合来电显示系统和拨叫记号系统,对通话内容进行记录。

(4) 电子邮件。应通过电子邮件系统的整合功能记录发送和接收的电子邮件。

(5) 手机短信。应通过相关软件对已发送和接收的短信进行记录。

(6) 外网访问。应通过外网访问日志了解参展商查看网页的时间,以及停留多久等信息。

案例链接4-2

苦瓜公司招展业务流程

招展难,是会展业面临的主要问题。提高展会销售管理,CRM(customer relationship management,客户关系管理)是较为有力的手段。苦瓜CRM对展会销售流程体系管理包括:从预订、订单、收款、客服到开票的招展业务流程管理;从寻找目标客户、找到联系人、收到参展材料、参展意向待定、有参展意向到提交参展申请的展会销售漏斗管理。任何展会销售环节都能用CRM筛选数据、统计分析并生成统计列表,分析结果可通过苦瓜视图功能保存,方便管理者随时查看实时进展,提高对展会销售流程的管控。苦瓜公司展览管理系统如图4-12所示,苦瓜公司招展业务流程如图4-13所示。

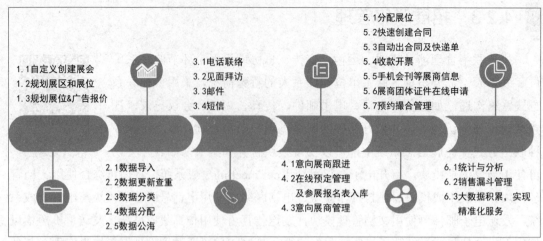

图4-12　苦瓜公司展览管理系统

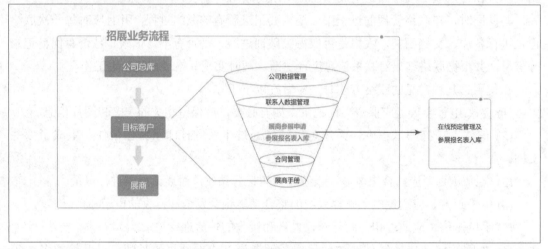

图4-13　苦瓜公司招展业务流程

4.2.4　展位实时管理

展位管理需应用GIS系统，通过电子地图能够提供道路导航、实时交通、路线规划等功能，结合GPS可以实现位置服务，记录场馆信息，实现方便、直观的展位管理，并生成展位一览表，便于做好场馆租赁、展位分配、展位查询与统计、展位价格自动计算，并能生成现场展位图。有效的展位分配及预订，可防止恶炒展位现象。

动态展位预定
规则设置

1. 参展费用实例

例如，"中东(迪拜)五大行业展览会"的展位一直供不应求。2009年，共有3 143家展商前来参展(2008年为2 883家展商)，分别来自全球71个国家和地区(2008年吸引了53个国家和地区的展商)，展览净面积达451 98平方米(2008年展览净面积达38 000平方米)，参展费用如下所述。

(1) 标准展位费,包含空地租金、展位搭建费、门楣、地毯、一桌两椅、三个射灯、会刊登录费等,报价为42 800元/平方米。

(2) 展位参展人员费,包含国际往返机票、签证费、境外城市间交通费、餐饮费、住宿费及境外保险费等,报价为19 800元/人。

(3) 报名费,报价为3000元/公司,包含展具租赁费。

另外,通过展位分配和管理模块,组展商可以根据展位的售出状况、回款状态、代理状态,查到所有申请特殊展会服务的展台,所有回款及时的展台,反馈表中某项结果为"优"的展台,并据此有效地解决展位预订、分配等管理上的难题。

以西安远华会展项目管理系统为例,在展位管理过程中,可以通过系统提供的展馆、展区、展位、展图4个页签功能栏实现其制作发布的功能。正确的操作流程:首先,增加新展馆;其次,通过展图来增加展区,在展图中添加的展位信息会自动添加到展位页签的数据列表中,方便且直观。

展位平面图上的展位需编排展位号。对大型展会的展位进行编号时,一般应根据展览场馆的设计,在展厅参观进口沿顺时针方向,从第一个标准展位开始按阿拉伯数字顺序编排展位号。由于大多数展厅可布置上百个标准展位,展位号至少应按三位数编排,如001、002、101、102等;如展厅较多,则在三位数的展位号前加上汉语拼音或英文字母以示区别,如A001、B001等。展位分配管理界面如图4-14所示。对于用于特别装修展位的大面积光地,一般指超过72平方米的光地,也可不按标准展位编号,而直接为该块光地编号。

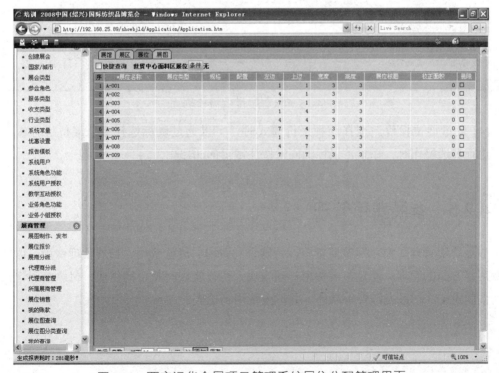

图4-14　西安远华会展项目管理系统展位分配管理界面

2. 报价模式实例

为展位编号完毕，方可进行展位报价，主要有以下4种报价模式。

(1) 展馆报价。它是指对展馆整体对外(代表商或展商)进行报价，此报价多用于代理商或展团。

(2) 展区报价。它是指针对某一展区进行报价。

(3) 展位报价。它是指针对展区中的所有展位进行统一报价，如果当前展会中所有展区的展位标价均相同，便可使用此报价模式。

标准展位的报价界面如图4-15所示。

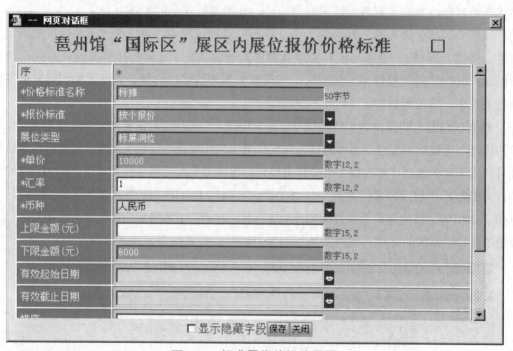

图4-15　标准展位的报价界面

(4) 批量展位报价。选择该种报价模式时，可以通过鼠标选择多个展位进行统一报价。进行多选操作时，在单击鼠标的同时按住键盘的ctrl键。

4.2.5　参展费用管理

参展费用管理主要包括参展费用、参展合同费用、展位费用、招展代理费用、服务项目费用等方面的管理。通过参展费用管理模块，可以实现付款合同生成、付款流水记录、自动催款通知、一条龙缴费等功能，并形成费用一览表。

1. 展会经营收入的范围

展会经营收入主要包括以下几个方面。

(1) 展位销售收入，即参展商交付的展位费。

(2) 广告销售收入，即组展机构利用自有的媒介和资源，向参展商销售广告所得的收入。展会可以销售广告的自有媒介主要包括展会会刊、会报、门票等印刷品。此外，展会现场的户内外广告、展会的配套活动和展会纪念品等资源，也可以为组展机构带来广告收入。

(3) 其他收入，即展会门票销售、会刊销售、向参展商推荐住宿酒店的佣金、管理费等方面的收入。其中，管理费收入一般是指展位分销机构向组展机构交付的费用。

2. 展会经营收入的预算方法

在展会经营收入中，展位销售收入是主要收入，一般占展会全部经营收入的90%以上。预算展会经营收入时，应重点预算展位销售收入。

(1) 在对展位销售收入进行预算时，应在市场调查的基础上，预计展位销售规模和单位销售价格，并以此测算展位销售收入总额。如果是长年定期举办的展会，可以根据经验和历史经营数据，来确定展位销售规模和单位销售价格。由于市场存在波动性，在预测展位销售规模和单位销售价格时要留有余地。对可能出现的不利情况，也应进行测算。

(2) 在对广告销售收入进行预算时，一般应以历史经营数据为依据。对于新创办的展会，可不预算广告销售收入。

(3) 对于其他收入的预算，也应以历史经营数据为依据。而新创办的展会，很少有门票、会刊的销售收入。向参展商推荐住宿酒店的佣金和管理费等方面的收入，则要依据实际情况来预算。

3. 展会成本支出的范围

展会成本支出包括经营性成本支出、管理性成本支出和不可预见费用三个部分。

(1) 经营性成本支出，即直接用于展会经营的费用，一般包括展馆场租及服务费、宣传推广费、信息服务费及展览现场服务费等。

(2) 管理性成本支出，即组展机构用于经营管理的费用，一般包括办公费、员工薪资、差旅费、公关接待费等。

(3) 不可预见费用，即展会经营过程中的风险性费用，约占展会成本支出预算总额的10%。

展会预算收支表界面如图4-16所示，展会总决算表界面如图4-17所示。

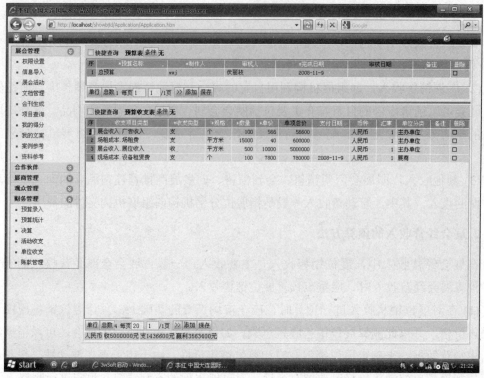

图4-16　展会预算收支表界面

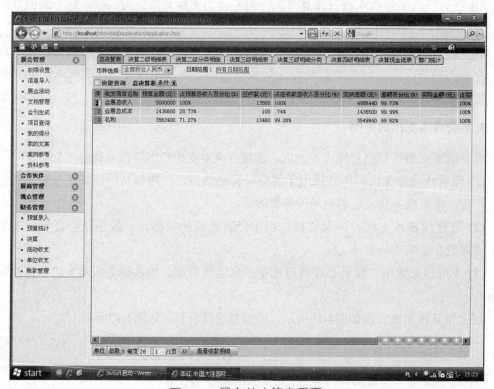

图4-17　展会总决算表界面

4.2.6 展览服务商管理

展览服务商管理主要包括工作证、广告、研讨会门票、媒体、PDA(个人数字助理器)租赁、施工、技术保障等统一服务管理，户外广告、门楣、拱门、路牌、门票广告等展览广告资源招商和管理，展会的各种信息、注意事项、联络方法、展会服务等参展商手册管理。通过展览服务商管理，可实现会展服务的费用、合同、清单、备注等的有效管理，实现丰富多样的服务和服务申请管理，便于服务商挖掘潜在的参展商，最终生成实用的服务一览表。

以西安远华会展项目管理系统为例，假设为展会提供服务的单位，有本单位也有其他具体的服务单位，如提供搭建、运输、旅游、广告、宣传、住宿、租赁、报税、保安等服务的单位。所有的服务项目均可添加到管理系统中，并在其后的展会招展业务中以展会服务的形式提供给参展商，参展商根据需求订购即可。展会服务商导入操作流程与参展商导入操作流程类似，且一家服务商不能在同一届展会中出现两条记录。

展会的主办或承办单位在展会中提供的消费服务分为如下两种。

(1) 直接消费服务，如使用某一家宣传媒体，提供报纸、会刊、广告等服务。

(2) 间接消费服务，即先消费，而后将服务提供给参展商的服务方式。例如，主办或承办单位从其他服务商那里采购设备，再在展会前或展会中租赁给需要此设备的参展商，参展商只要付费即可享受此项服务。间接消费服务在会展项目管理系统中是通过"本单位消费服务"模块来完成的，由此产生的相关费用信息除在编辑界面显示外，还可在"当前展会账务管理"中查看。

4.2.7 观众邀请管理

1. 传统方式

展会邀请专业观众的方式主要包括以下几种：通过媒体发布展会信息；电话邀请；邮寄邀请函；通过互联网发送邀请函；通过手机发送邀请短信；通过参展商邀请他们的客户。其中，电话、信函、手机短信息是主要的邀请途径。

观众邀约流程操作

观众邀请管理模块中的"专业观众信息"主要包括姓名、所在单位(公司)、所任职务、办公地址(含省市区)、联系方式(电话、传真、手机、电子邮箱等)、所属行业等内容。在运用管理信息系统的过程中，需要对所属专业观众和全部专业观众进行管理。对于所属专业观众，应对专业观众进行划分，分配给不同的招展员以实现分批管理，管理内容包括：记录观众的身份证、性别、是否是VIP会员等信息；邮函管理及制作；参观邀请函的发放；信函登记以及退信的处理；群发电子邮件和群发传真；观众预登记以及观众预登记反馈和处理(网上登记、传真登记)；观众胸卡制作；观众现场登记和现场门禁；观众展览调查表；观众信息录入和检查；等等。

知识链接4-3

收集专业观众信息资料的途径

在对会展信息进行管理的过程中，收集专业观众信息资料的途径有以下两种。

1. 借助各种公开或非公开的信息资源载体，收集所需要的专业观众资料

公开的信息资源载体主要有电话黄页、工商黄页、互联网名录、展会会刊名录等。非公开的信息资源载体又分为两类：一类是自用信息资源的拥有者，如邮政部门拥有的报刊发行名录，会议主办者拥有的与会者名录；另一类是专业从事信息服务的经营机构，如信息咨询公司。

2. 通过展会收集专业观众资料

通过展会收集专业观众资料主要是指在展览期间对观众进行登记，而后对登记的资料进行整理，形成规范的专业观众信息资料。展会现场收集的专业观众资料，主要包括观众的名片或观众填写的登记表。

在收集专业观众信息资料的过程中，以上两种途径可以结合使用。对于初次举办的展会，主要通过第一种途径收集专业观众的信息资料；而每年定点、定期举办的展会，主要通过第二种途径收集专业观众的信息资料。

资料来源：张凡. 如何收集展览会专业观众的信息[EB/OL]. (2010-07-03)[2021-12-05]. http://blog.sina.com.cn/s/blog_61666d100100j0lz.html. 作者删减而成

2. 新媒体工具

随着互联网技术的发展，新媒体工具已成为邀请观众、采集信息的重要工具。新媒体是相对于传统媒体而言的，它是指利用数字技术、网络技术，以及电脑、手机、数字电视机等终端，向用户提供信息和娱乐服务的传播形态。这里所说的新媒体具体包括以手机为载体的收集媒体、以互联网为平台的网络媒体和主要依赖于电视的数字电视。

常见的新媒体工具有以下几种。

(1) 微信公众平台。微信公众平台是一个人人都可以参与、人人都可以运营的平台，其注册界面如图4-18所示。企业通过申请微信公众服务号，可二次开发展示商家微官网、微会员、微推送、微支付、微活动、微报名、微分享、微名片等。

图4-18　微信公众号注册界面

微信公众平台包括订阅号、服务号、企业号等。其中，订阅号主要用于做传播，用户通过展示自己的特色、文化、理念而树立品牌形象，具有信息发布与传播的能力，适合个人及媒体注册。服务号主要用于做服务，具有用户管理与提供业务服务的能力，适合企业及组织注册。企业号主要用于做管理，类似企业内部管理系统，面向的是企业内部员工或企业运营流程的上下游用户，适合管理内部员工、团队的企业注册。微信运营者在运营公众号之前，首先要对用户进行精准定位。

（2）二维码。二维码的使用范围非常广泛。企业和个人可以依据自身需求，直接在线生成文本、网址、文件、图片、音视频、名片、表单等信息的二维码进行数字化媒体营销。图4-19为草料二维码在线生成器界面。

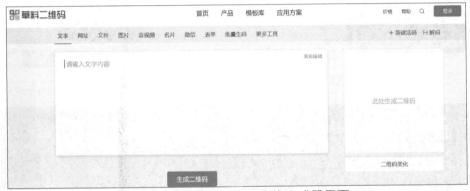

图4-19　草料二维码在线生成器界面

（3）H5长页。H5是一系列制作网页互动效果的技术集合，是移动端的web页面。H5往往会基于功能和展示需求进行编程实现，故用户在制作过程中可对H5进行各种交互功能设计，包括但不限于点击、表单、上传等。除获取基础的页面浏览量、用户数、分享数之外，H5还能针对各种用户操作行为进行数据埋点，记录用户交互行为，对用户进行全面分析。新媒体工具观众信息采集表单设置界面如图4-20所示，观众邀请分享设置界面如图4-21所示，观众信息后台数据导出界面如图4-22所示。

图4-20　新媒体工具观众信息采集表单设置界面

图4-21　新媒体工具观众邀请分享设置界面

图4-22　新媒体工具观众信息后台数据导出界面

(4) 小程序。小程序是一种无须下载安装即可使用的应用，使应用变得"触手可及"，用户扫一扫或者搜一下即可打开使用。小程序可以在微信内被便捷地获取和传播，具有出色的使用体验。同时，微信针对小程序提供专门的小程序数据分析工具，提供关键指标统计、实时访问监控、自定义分析等功能，帮助小程序产品迭代优化和运营，满足用户个性化需求。小程序的数据功能十分强大，但因涉及开发实现有着一定的技术门槛，获取成本相对较高。总体来看，微信小程序能实现线下扫码、对话分享、消息通知、小程序切换、历史列表、公众号关联和搜索查找7个功能。

(5) App。App是企业进行营销推广的重要工具。企业定制开发App时，需要精准定位用户需求，对App进行持续性开发，采用线上、线下推广渠道，以实现企业O2O式营销，并通过LBS(location based service，基于位置的服务)实现用户精准营销。

案例链接4-3

你好，会展小程序！

2017年1月9日，为迎接会展业的一大盛会——中国会展经济国际合作论坛(China expo forum for international cooperation，CEFCO)，Info Salons发布了一款会展小程序(见图4-23)。下面让我们一同来体验这款小程序的奥妙吧！

小程序是一种不需要下载安装即可使用的应用，用户触手可及，只要扫一扫或者搜一下就能打开应用。用户可通过以下方法进入小程序。

(1) 小程序可以是一个二维码，可以通过扫描二维码找到小程序。

(2) 选择"发现"→"小程序"(见图4-24)，通过搜索进入小程序，搜索界面如图4-30所示，登记界面如图4-25所示。

图4-23 CEFCO会展小程序二维码

图4-24 CEFCO搜索界面

图4-25 CEFCO展会登记界面

(3) 可以将小程序分享给微信好友，或者微信群聊组。CEFCO展会登录/注册界面如

图4-26所示，展会确认函界面如图4-27所示。

图4-26　CEFCO展会登录/注册界面　　　图4-27　CEFCO展会确认函界面

资料来源：微信小程序来了，会议企业你做好准备了吗？[EB/OL]. (2017-01-09)[2021-12-15]. http://mp.weixin.qq.com.

学习任务4.3　会展项目运营信息管理的实践应用

4.3.1　招展业务流程应用

招展是指组展机构招揽国内外客商参加展会的过程。组展机构对外招展实际上是营销工作的一部分，目的是向潜在客户推销展位，吸引目标参展商前来参展。

在进行招展时，组展机构首先应收集和整理客户信息。这里的"客户"主要指目标参展商。组展机构需要根据市场调研结果以及数据等相关信息，针对展会题材涉及的各类企业收集和整理资料，再对这些资料进行分析，形成潜在参展商名单。为了拓展渠道，提高招展效率，组展机构可委托专业招展企业或者相关机构代理招展。

招展工作的顺利进行离不开会展宣传推广工作的大力配合，招展的成功与否，从某种程度上来说，与宣传推广工作的成功与否直接相关。会展的宣传推广方式较多，可根据展会的实际情况，选择一到多种宣传渠道进行大力推广。例如，选择在专业期刊上刊登文章，在大众媒体上做广告宣传，在网络上发布会展信息等。参展商在获取足够的会展信息之后，便开始考虑是否参展。若决定参加，则需要将参展申请表等文本资料反馈给组展机构，而组展机构需要与参展商确认参展事宜，特别是确认展位，以免产生不必要的纠纷。在参展商确认参展后，组展机构应与参展商签订参展合同并告知有关付款事宜，包括付款时间、汇款账号、联系人等信息。组展机构收到参展商的参展款项后，应及时发放展位确认书及参展商证件申请表，参展商届时可凭展位确认书等相关材料报到。招展业务流程如图4-28所示。

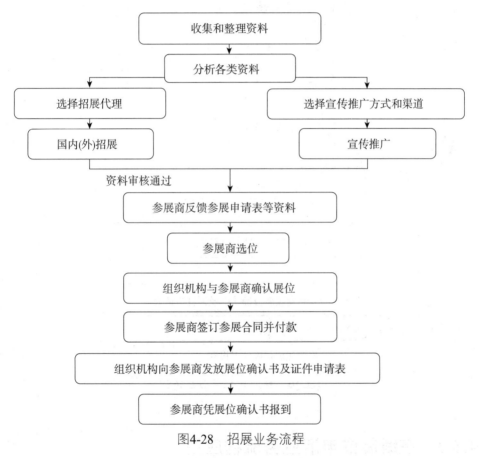

图4-28　招展业务流程

4.3.2　参展商参展业务流程应用

参展商可通过电话、传真、网络或到组展机构现场办理参展报名手续。办理报名手续时，需填写参展申请表并递交相关报名材料，如企业营业执照复印件、企业中英文简介、企业产品图片、产品中英文简介等。

组展机构收到参展商的参展报名材料后，需对材料的真实性进行审核，审核通过的企业才可以选择展位。组展机构一般会根据参展商的相关条件安排选位顺序。例如，中国义乌国际小商品博览会的展位安排顺序为：①上届展会已经缴纳参展订金的企业；②展会题材所在行业的龙头企业和品牌企业以及境外企业；③历届参展企业；④政府或商会、协会组织的企业；⑤新报名企业。选位结束后，组展机构需要和参展商确认展位，签订合同，然后通知参展商付款，同时告知付款相关细节，如付款截止时间、组展机构账号、联系人、联系方式等。组展机构收到参展商的参展款项后，向参展商发放展位确认书及证件申请表，参展商届时凭展位确认书等相关材料报到。参展商参展业务流程如图4-29所示。

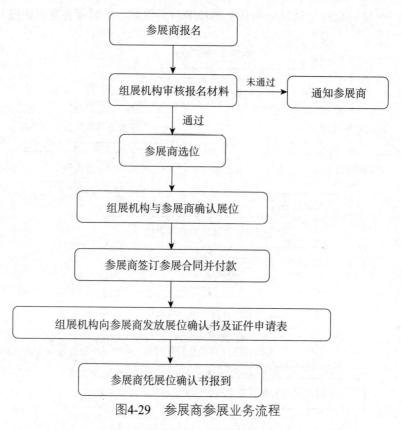

图4-29　参展商参展业务流程

4.3.3　在线展位申请业务流程应用

参展商打开在线申请系统，如果是首次参加该展会，则需注册成该展会的会员，然后登录系统；如果参加过该展会，则直接登录即可。参展商进入系统后，首先，应确认本企业的资料是否正确，如有更改，则应在系统中修改和补充企业资料以及产品信息；其次，填报参展申请表，确认填写的信息无误后，再提交申请。系统收到参展申请及其他相关资料后，提交组展机构进行审核。审核通过的参展商由系统按预先设定的规则分配展位，并由参展商确认；对于审核未通过的参展商，系统将予以告知。双方签订参展合同后，组展机构将通知参展商付款，同时告知付款的相关细节，如付款截止时间、组展机构账号、联系人、联系方式等。组展机构收到参展款项后,向参展商发放领证通知,包括展位确认书及参展商证件申请表等,参展商届时凭展位确认书等相关材料报到。在线展位申请业务流程如图4-30所示。

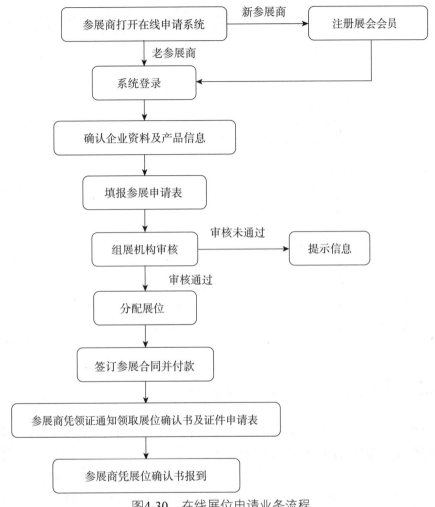

图4-30　在线展位申请业务流程

4.3.4　参展商报到业务流程应用

参展商报到注册时,需要提交展位确认书、付款凭证等相关材料。如果参展商需要增加服务,如修改楣板等,则需要另外付费。特装展位参展商还需凭"特装设计及施工方案图纸审核意见表"等相关材料,办理特装展位施工的相关手续,并填写"临时施工证申请表",缴纳临时施工管理费、特装保险金等相关费用。注册完成后,参展商即可领取布展证、参展证、临时施工证等相关证件。参展商在布展、参展、撤展的过程中若有车辆进出展馆,还需要办理临时车辆通行证。参展商办理完上述手续后,可向组展机构指定的服务代理商咨询酒店、旅游公司等相关事宜。参展商报到业务流程如图4-31所示。

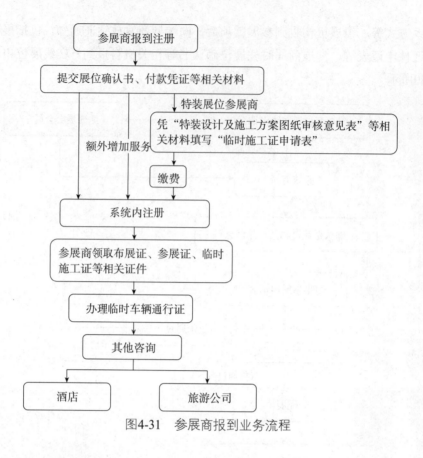

图4-31　参展商报到业务流程

4.3.5　会议室预订业务流程应用

在展览期间，参展商有时需要利用会议室进行贸易洽谈，或召开技术交流会、新产品发布会等，因此需要组展机构提供会议室租赁服务。一般情况下，参展商可以先向组展机构咨询会议室的基本情况，如会议室的大小、位置、价格、使用时间等，有目的地选择符合活动需要的会议室进行预订。参展商确定所选会议室后，需填写"会议室预订申请表"，并提交组展机构。组展机构确认后，根据参展商填写的申请表，双方签订租赁合同，参展商需在规定时间内将所需费用汇到组展机构指定的账户内。款项到账后，参展商会议室预订成功，否则将被视为自动取消预订。会议室预订业务流程如图4-32所示。

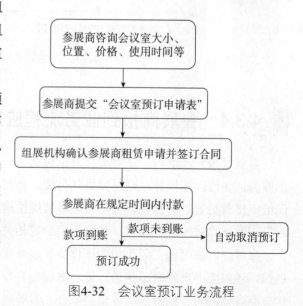

图4-32　会议室预订业务流程

4.3.6 观众在线预约登记业务流程应用

观众在线预约登记流程的应用主要是为了方便观众到展会现场后能迅速进入展馆，省去浪费在排队填表、制证等事宜上的时间，同时也可以为观众预约感兴趣的参展商，确定观众参展时间及感兴趣的展品和服务，方便参展商提前做出安排。观众在线预约登记业务流程的应用减少了工作人员现场录入观众信息的数量，而且由观众本人通过网络录入的个人信息既全面，准确度又高，可谓一举两得。

观众登记设置及数据运用

观众打开在线预约系统，首次参加该展会的观众需注册为展会会员，才可登录系统。进入系统后，首先应将观众基本信息补充完整，如职业、所在行业、职务等信息。如老观众的信息有变化，也需在此更改。对于涉及多个题材的展会，观众可以选择自己感兴趣的题材，并选择参展商进行预约，然后配合组展机构完成观众调查问卷，之后系统自动生成观众号。此号作为本次展会观众的唯一标识号，观众可凭观众号及有效证件到展会现场向组展机构领取参观证。如现场配备打印设备，也可以直接打印观众参观证(只限打印普通类参观证)，芯片类参观证必须到现场领取。观众在线预约登记业务流程如图4-33所示。

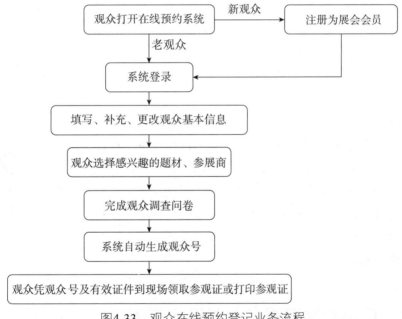

图4-33 观众在线预约登记业务流程

知识链接4-4

观众信息注册网站搭建原则

会展网站的外观性和稳定性是观众报名参与活动的重要前提。观众对会展活动的了解往往是从宣传网站开始的。如果观众对宣传网站的印象不佳，非常不利于会展活动的开展，甚至会影响整个项目的进程。因此，观众信息注册网站的搭建非常重要。良好的会展项目搭建平台可以带来更加平稳的活动流程，大大增强观众的活动体验。活动组织者要快速搭建令观众满意的活动网站，应遵循以下原则。

1. 安全可靠

若出于售票收费的考虑，需要确保观众可以在一个值得信赖的网站上注册与缴费，活动组织者应选择行业内有口碑的网站或者自己的网站。据不完全统计，当客户付费时，平台跳转到第三方网站时，有30%～50%的客户会选择停止付费，而可靠的平台则可以避免这部分损失。当然如果活动组织者自己的网站没有收付款功能，也可以请求活动管理平台将收付款功能嵌入自己的官网中，实现无缝转接，避免观众产生疑虑和不舒适的体验。

2. 往届内容刺激观众

一旦观众注册成为会员，就应该刺激他们参与活动。如果活动不是第一次举办，则可以通过往届的会展活动资料吸引观众。例如，往届活动中行业大咖们的演讲视频和图片资料，往届活动的精彩现场视频等。若是首次举办活动，可以将活动的前期准备工作和大咖的采访实录剪辑成视频在网站上展示，或通过电子邮件的形式发送给观众，和观众分享活动的准备情况，并表示期待他们的到来。

3. 注册表单

当会展组织者决定使用电子报名和注册方式时，需要在观众报名时附加一份注册表单，引导观众留下信息以备后续联系。除了姓名、电话、邮箱这类必要选项外，表单中还需要添加其他选项，以便了解观众的更多信息。比如，观众对会展活动的建议，或者独特的想法和观点。需注意，表单不要过长，过长的表单会让观众失去耐心，从而降低报名体验。

4. 控制成本

若会展组织者有雄厚的资金支持，项目可持续性强，可自己开发活动网站，并能雇佣高新技术人员来开发及后期维护，最好能够一起开通网站的PC端、手机端应用等，以适应多种场景下观众的报名需要。若会展组织者资金有限，也可以选择活动管理平台来代开发，可省去自己创建开发团队的时间和精力，降低开发失败的可能性，集中精力和财力优化会展活动的内容和流程。

网站搭建原则

4.3.7 现场参展商服务业务流程应用

在展会期间，组展机构应尽力为参展商提供全面、周到的服务。现场参展商服务是展会信息服务的内容之一，主要是从参展商的角度出发，尽可能地为参展商提供其所需要的客户信息及其他信息。

在展会开幕前，组展机构应为参展商布置好计算机、读卡器等终端设备，并测试服务器的连接是否正常。在展会期间，组展机构的相关工作人员应引导观众持参观证到展台登记。如果展台未配备计算机等设备，接待人员则需要记录观众号，以便在当日展会结束后将观众号提交到组展机构，由组展机构将相关信息反馈给参展商。如果展台配备了计算机设备，观众只需在线刷卡，即时生成观众信息或统计信息，参展商只需要将结果保存或打印即可。现场参展商服务业务流程如图4-34所示。

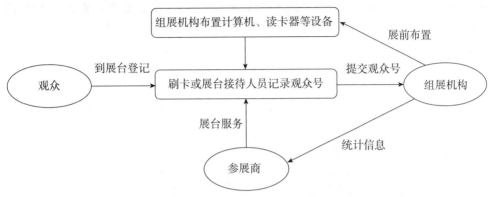

图4-34　现场参展商服务业务流程

项目小结

会展项目运营信息管理贯穿会展项目的展前、展中、展后三个阶段，包含参展商信息库建设、招展代理管理、招展联络管理、展位实时管理、参展费用管理、展览服务商管理、观众邀请管理7部分内容。应用会展信息管理软件时，主要涉及招展业务、参展业务、在线展位申请业务、参展商报到业务、会议室预订业务、观众在线预约登记业务、现场参展商服务业务等流程。会展项目运营信息管理的内容包括：会展项目的立项、策划、新闻发布会、高峰会议、研讨会议等；会展项目的收支和盈利情况；展位销售情况及发掘参展商客户；专业观众信息；实时与展览服务商协调沟通；收集相关展会信息和参展商信息。

实训练习

实训题一：参展商、服务商、观众数据库由哪几部分内容组成？建设主办方数据库能为会展运作带来什么好处？

实训题二：就你熟悉的某个会展项目，编制10家参展商信息数据表。

实训题三：调研当地的会展项目，设计观众信息管理数据表。

实训题四：根据自己熟悉的会展项目，利用H5页面为该会展项目制作一份邀请函，要求体现项目概况、项目亮点、同期活动、参与形式等内容。

实训题五：自行选择一个真实的会展项目(包含会议、展会、活动)，利用兔展等新媒体长页工具，为该项目制作一份观众邀请报名互动长页。提交形式为小程序预览二维码或链接。

应用实例 | 联展创想会展管理信息系统

1. 联展创想会展信息化解决方案框架

联展创想会展信息化系统应用总体框架如图4-35所示，联展创想会展信息化系统解决方案如图4-36所示，联展创想会展信息化系统的作用如图4-37所示。

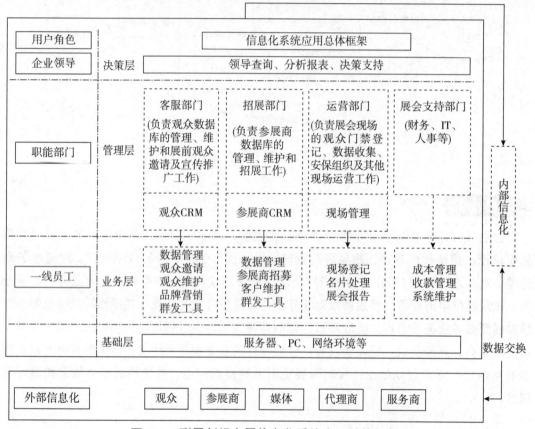

图4-35　联展创想会展信息化系统应用总体框架

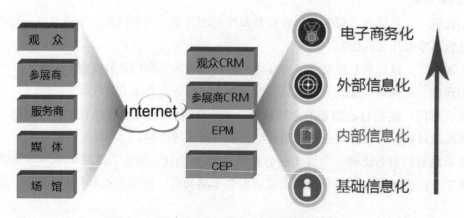

图4-36　联展创想会展信息化系统解决方案

图4-37　联展创想会展信息化系统的作用

2. 联展创想招展营销系统

招展工作的顺利开展是成功举办展会的决定性因素，同时招展工作承担着为企业盈利的重任，因此必须处理好招展和招商两方面工作的关系。随着中国经济的快速增长，会展业发展迅速。如今，由于中国经济增速放缓、出口受阻、会展业竞争加剧、营销成本上升等因素，会展业面临前所未有的挑战。如何实施精细化管理，控制成本、提高利润、增强竞争力，已成为会展业亟待解决的问题。

联展创想汇集展览、互联网、市场营销等多领域的专家，提出了会展精细化招商的基本模型与解决方案——联展创想招展255模式，如图4-38所示。

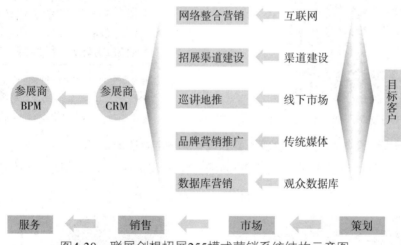

图4-38　联展创想招展255模式营销系统结构示意图

以客户为中心的现代营销理论告诉我们，在现代商业竞争环境中，产品管理、客户管理、品牌管理三者同等重要。会展业客户管理始终都是围绕参展商进行的，这也是联展创想构建招展255模式的依据。

3. 联展创想现场服务系统

(1) 电子签到。随着智能手机和移动互联网的快速普及，客户在参与展览、会议、活动过程中的网络化、移动化特征愈发明显。参会人员可以通过在线系统及移动门户自助报名、购买门票、获得电子胸卡,从而实现快速签到。

联展创想电子签到系统致力于为会议、活动及高端展览提供高效、便捷的电子签到服务,并设计了多种签到方式以适应各种活动形式。

- 全电子签到。参会人员通过在线系统或移动门户在线报名,报名成功后,可获得电子门票。参会人员在活动现场凭电子门票扫描签到后,即可入场。

全电子签到的优点:签到速度快、无纸化、低碳环保、价格低廉,能彰显展会的高科技水平。

- 半电子签到。参会人员通过在线系统或移动门户在线报名,报名成功后,可获得电子门票。参会人员在活动现场凭电子门票签到,签到成功后打印纸质胸卡,胸卡上可打印姓名、职位、公司、条码、二维码等个人信息,用于身份识别,参会人员佩戴胸卡作为入场凭证。

半电子签到的优点:专业正规,建议举办较为正式的活动时采用此形式。

(2) 电子门票。联展创想二维条形码电子门票如图4-39所示,会议短信提醒如图4-40所示。

图4-39　联展创想二维条形码电子门票

图4-40　联展创想会议短信提醒

(3) 现场签到设备。联展创想现场签到设备如图4-41所示。

(4) 便携式移动设备(安卓手机、iPhone手机、iPad)扫描。联展创想移动设备扫描签到如图4-42所示。

图4-41　联展创想现场签到设备

图4-42　联展创想移动设备扫描签到

4. 联展创想在线预登记系统

(1) 网络预登记。观众可以通过网站或手机快速预登记，在现场可凭条码回执函快速入场。联展创想在线预登记填写界面如图4-43所示，在线预登记打印界面如图4-44所示。

图4-43　联展创想在线预登记填写界面

2012年9月8—11日中国（大连）国际服装纺织品博览会

感谢您在线预登记2012年国际服装纺织品博览会，您的登记已经成功。

您好！

2012年9月8-11日前预登记的观众，我们将按您登记的地址提前邮寄参展证和参观指南给您；如您在9月8日以后进行预登记，或在亲临展会前还未收到我们以平邮方式给您邮寄的参观证，请打印本页，到达展会现场后凭此确认函或牢记条形码编号至预登记观众通道换领参观证入场参观。

祝您工作顺利，生活愉快！

您的预登记条码。

3 230110 100117

2012国际服装纺织品博览会
2012.09.08

若您有关于参观的问题，可以致电咨询：
联系电话：　　桑小姐
邮箱：

打印

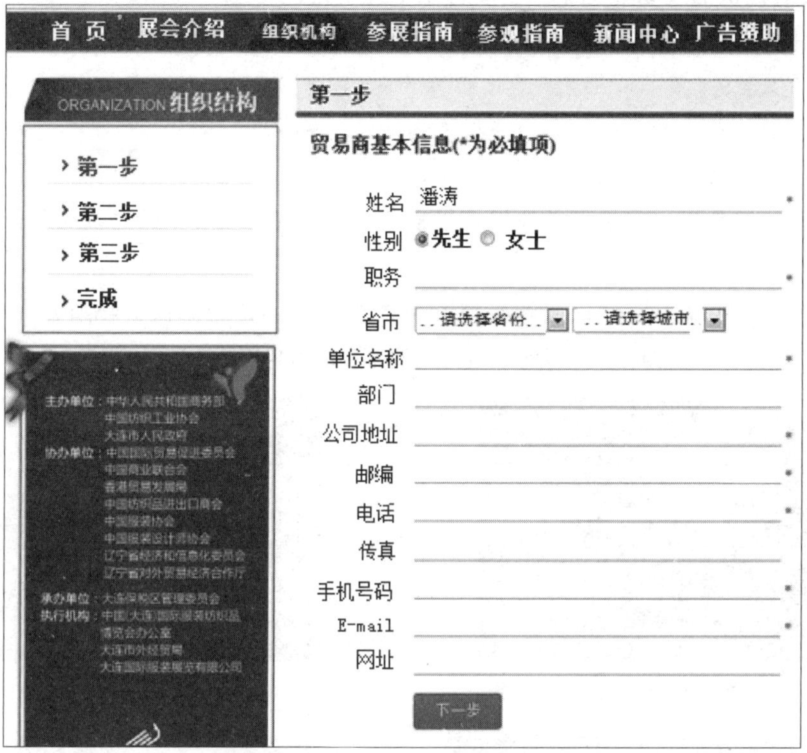

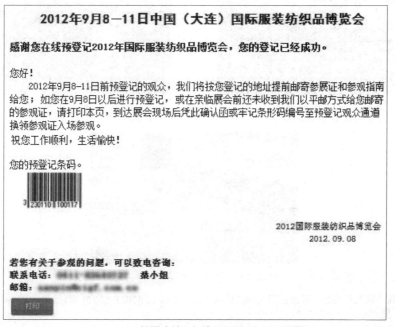

图4-44　联展创想在线预登记打印界面

(2) 现场登记。联展创想在会展现场登记领域掀起了新的技术革命，它旨在通过提供技术产品和管理咨询的途径帮助展览、会议、活动的主办机构确保现场数据的安全，确保观众能在最短时间内完成登记流程，为观众营造与时代同步的参展氛围。

联展创想提供的现场登记服务主要有以下几个特色。

- 名片数据直接进入观众的计算机，任何人都接触不到相关数据，可保证观众数据信息的安全；
- 让现场的每一部手机都成为登记终端；
- 让现场登记提速2~5倍；
- 现场处理数据，现场提供数据挖掘服务，促使登记服务的价值成倍增加；
- 持续改善观众的登记体验。

联展创想参展商入场登记如图4-45所示，买家入场登记如图4-46所示，入场门禁如图4-47所示，展台门禁如图4-48所示，名片扫描器如图4-49所示。

图4-45　联展创想参展商入场登记

图4-46　联展创想买家入场登记

图4-47　联展创想入场门禁

图4-48　联展创想展台门禁

图4-49　联展创想名片扫描器

资料来源：联展创想会展管理信息系统[EB/OL]. (2012-12-02)[2021-12-15]. http://www.syeam.com.

学习项目 5
会展现场服务信息管理

学习目标

知识目标：明确会展现场信息的概念与价值；掌握会展现场信息收集与管理的内容与方法。

能力目标：能够理解会展现场信息服务系统的组成与功能；掌握会展现场信息服务工具的功能与使用方法。

思政育人目标：具有明确的社会责任感、较强的集体意识和团队合作精神。

课程思政

受新冠疫情影响，国内会展业面临会展项目无法如期举办、运营成本上升以及疫后项目举办密集而导致竞争激烈等众多挑战。上海八彦图信息科技有限公司(31会议)以"推动行业的数字化转型"为己任，发挥企业社会责任感，将疫情下会展人思考的问题与企业专长进行整合，与会展企业积极寻求创新模式、创新业态，结合5G、AI、大数据、直播等新兴技术，推出四大会展抗疫解决方案：线上预展创新解决方案，会议筹备在线协同解决方案，线上直播会议解决方案，会展活动现场智能防疫方案。同时推出会展业抗疫专题平台，致力于为中国会展领域提供数字化服务，与会展人携手，谋划发展，共克时艰。

导入案例

中展登录系统服务"2008深圳国际汽车博览会"

2008年6月5—9日，首次"三展合一"的"2008深圳国际汽车博览会"在深圳会展中心隆重举行。在观众入场管理方面，主办商采用中展登录系统，确保了现场观众入场和数据统计工作有序、高效地进行。

据主办方官方数据显示，此次深圳车展由原深圳地区的三大车展即"第十二届深圳国际汽车展览会""第七届深圳汽车嘉年华暨国际汽车交易会""第三届中国(深圳)汽车文化博览会"合并而来。本届展会展出面积为8万多平方米,观众流量达到51万人次,参与报道的媒体达到763家,这是一场观众类型复杂的车坛盛会。

1. 观众入场需进行人像采集

此次深圳车展在规模和档次方面都比往届有了较大的提高,除了吸引大量普通观众前来观展,还吸引了大量的媒体记者和VIP观众。相较于其他展会,深圳车展的观众类型较为复杂。为了避免现场出现拥挤混乱的局面,在门禁接待服务环节,工作人员将观众分为VIP观众、参展商、媒体观众、工作人员、普通观众三类,并实行分类入场制度。前两类观众除了需要扫描PVC胸卡外,还需要通过摄像头进行人像识别,通过磁卡记录该类观众入场的次数并确保专卡专用;普通观众需要出示赠票或者普通票,经门禁人员扫描并打孔后方可进场参观。在现场秩序维持方面,工作人员按照服务流程设置不同的服务和隔离区域,避免出现观众集中、秩序混乱的局面。

2. 45分钟快速提交详尽的展会统计报告

深圳车展此次展出面积为8万多平方米,分别在①、⑥、⑦、⑧、⑨号馆展出,展区范围大,门禁区域多,管理控制难度大,因此,中展网登录服务工作组采取了一系列措施,以确保会展的顺利进行。例如,特别配置了一批机动门禁人员,对各岗位进行巡查,在人流压力大时实施补充检验;配置了相关保安人员,加强门禁管理的控制;针对停电、主服务器死机、网络中断等可能发生的突发情况制定了相关的紧急应对措施,以确保在任何情况下门禁服务工作都能有序进行。除此之外,工作人员还在每日展会结束后的45分钟内提交详尽的展会观众统计报告,对每日入场观众的人次及构成等进行统计,为主办商评估展出情况、制定下一步展会策略提供重要的依据。

资料来源:中展登录系统服务深圳车展[EB/OL]. (2008-06-01)[2021-12-05]. http://www.ccnf.com. 作者整理而成

学习任务5.1 会展现场信息管理内容

5.1.1 会展行业的价值链分析

在会展项目中,展览馆、主办商、服务商、参展商、观众构成了会展业的价值链。所有的服务最终都要作用于此价值链的顶端,即观众和参展商(价值链的实现者),他们是会展利润的来源。因此,做好两者之间的信息沟通工作尤为重要。会展现场服务关系分析如图5-1所示。

在会展项目中,会展活动现场的信息最为丰富,如何判断现场信息的价值并对这些信息进行有效的收集与管理,已成为会展服务商、主办商和展馆经营者(价值链的创造者)最关心的问题。

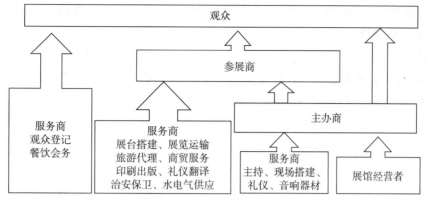

图5-1　会展现场服务关系分析

资料来源：金蓓.会展信息管理[M].大连：东北财经大学出版社，2009：67.作者整改而成

5.1.2　会展现场信息管理的意义

会展现场信息管理能给展会参与者带来较好的参展体验。衡量一个组织能否办好展会，不仅要看展会收益的高低，还应通过直观的现场服务感受其现场管理水平的高低。合理且科学的现场信息管理不仅能提升展会信息化水平和展会形象，而且能帮助展会参与者获得宝贵的展会信息资源，以便日后挖掘利用。

1. 会展现场信息对于参展商和观众的重要性

举办专业展会，可将行业内最活跃的观众以及作为生产商和经销商的参展商聚集到一起。常规会展项目的主办商只是为了直接的经济利益而联系参展商参展，忽略了会展信息的收集和管理，忽略了观众尤其是专业观众的信息价值，浪费了宝贵的资源。规范的会展主办商的工作重点是为参展商寻找专业"买家"，只有这样才能保证参展商的利益，并与参展商形成长期良好的合作关系。在展会活动现场收集观众和参展商的信息的益处主要体现在以下8个方面。

(1) 建立完整、准确的展会观众信息库。通过分析收集的观众基本信息、调查问题答案、观众参加会展项目的信息、观众访问参展商的信息等，能较好地了解观众的类型、所属行业、采购信息等。

(2) 通过收集和整理参展商的参展资料、公司介绍、联络信息等，可形成行业资料库，为观众提供行业类别、产品名称、地理位置、公司名称等信息，便于观众寻找合适的产品。

(3) 通过为参展商提供有价值的观众信息，能够实现观众和参展商更有效的互动，提升展会价值，增强参展商对展会的依赖程度。

(4) 通过对展会调查问卷的统计分析，能得到所属行业的有价值的分析报告，从而为下届展会的组织提供依据等。

(5) 采集观众信息后，可利用高科技手段提供先进的服务。例如，基于观众信息制作 ID 卡，可提升展会的科技水平；利用展台信息采集系统，能避免观众重复交换名片和填表；将信息导入触摸屏系统，便于观众现场查询信息。

(6) 完备的专业观众信息库可为下届展会的观众邀请工作提供数据库支持。

(7) 通过周期展的不断积累，能得到越来越丰富和有价值的信息，为建立会展行业信息中心提供数据支持。

(8) 通过分析展会现场观众的行为，可为观众和参展商提供寻找对方的有效工具，提升信息中心和展会的价值。

2. 会展现场信息对于展览服务商、主办商和展馆经营者的重要性

展览服务商、主办商和展馆经营者都希望从会展活动中获取利益，会展现场信息的利益价值对于这些会展服务价值链的创造者而言，主要表现在以下4个方面。

(1) 通过收集与管理观众信息，可增加现有参展商的满意度，挖掘潜在的参展商，并可通过观众信息库的积累，邀请更多的专业观众参展。

(2) 通过收集与管理参展商信息，可建立行业信息库，提供行业信息服务，打造品牌会展项目。

(3) 充分利用现场的有效信息，提供数据分析统计服务，为决策分析提供重要依据。

(4) 通过开发商务配套服务，如酒店、票务、餐饮、会议、旅游等服务，为专业观众和参展商制定个性化的商务接待服务，与各类会展服务提供商共享资源，突显会展项目的价值。

3. 会展现场信息管理有助于提高服务效率和品质

会展活动现场的信息化管理，一方面，可以通过信息化工具对接待服务进行流程化操作，规范接待人员的行为，提高现场信息获取的速度和准确度；另一方面，通过高科技手段提供服务，能够提高观众和参展商的满意度，提高展会的服务水平和档次。

4. 会展现场信息管理有助于促进资源共享和信息交流

一般会展项目对观众信息的采集简单且重复，多为收集名片、填写登记表、人工录入信息，导致数据利用率低、观众信息的采集准确率低。另外，主办商没有积累客户信息数据，在收集信息时与参展商"各自为政"，导致参展商不能及时得到观众分析报告，从而贻误商机，降低参展效率。通过会展现场信息管理，可以用信息化的手段完成信息的收集和分析，从而提高工作效率，促进资源共享和信息交流。

> 案例链接5-1

2021数字云栖：全视角的数字化会展探索

以"前沿·探索·想象力"为主题的2021云栖大会于10月19日在杭州云栖小镇开幕。本次大会三大展馆涵盖数字中国、行业百景图、前沿科技等多个主题展区，千余名重量级嘉宾将带来近千场专题、栏目和论坛，共同探讨数智建设、数字文旅、新商业生态等热点话题。2021云栖大会以线下为核心阵地，融合线上体验全面升级。将信息化的服务全景分为前期、中期和后期三个阶段，通过不同阶段的功能需求梳理，可以在不同阶段有针对性地提升重点服务能力，实现数字会展的信息化服务全管理。

1. 前期
- 会前多渠道宣传：搜索引擎、媒体矩阵、微信、微博。
- 会前多渠道邀约：邮件邀约、H5微页面、呼叫中心、媒体矩阵、短信邀约、E-mail。
- 到会确认数据整合：任务分配、统一报名。
- 提醒管理流程：微信、E-mail、短信、微博、呼叫中心。

2. 中期
- 数字签到：扫码与智能AI签到。
- 会中互动会议流程：社群粉丝、虚拟会场、抽奖、媒体传播、问卷调研、议程进度、追踪监测。
- 统计评估报表分析：传播分析、活动指标、人员活跃度、阶段统计。

3. 后期
- 客户跟进：整合客户数据、定位目标客户、沉淀客户标签。
- 客户培育：甄别优选商机、分阶段跟进。
- 下一场：画像数据库。

2021云栖大会首次推出了"云栖电视台"栏目，进行直播模式的创新。"网红"是对"个人影响力"的数字化，通过结合泛科技圈KOL(key opinion leader，关键意见领袖)的力量，可以为线上参会的用户营造更有参与感的氛围，以此带动线上直播的体验升级。通过将"云栖数字谷"的品牌内核融入互动全链路设计，为用户提供具有高度一致性、一站式串联线上和线下的互动体验，让线上和线下参会者共享数字化体验。为了对线下展更好地进行预热及体验引导，主办商将阿里云设计中心"数字巡展"产品应用在展区互动导览体验中，结合3D技术、直播互动、VR/AR等融合体验再造会展现场，让用户无论在线上还是在线下都能全景感受现场氛围，获得良好的云栖数字谷品牌体验。

资料来源：阿里云设计中心. 2021云栖大会[EB/OL]. (2021-12-08)[2021-12-15]. https://yunqi.aliyun.com. 作者整理而成

5.1.3 会展现场信息管理的对象

1. 观众信息的管理

观众信息的管理是展会主办方招商的关键环节，展会现场观众，尤其是专业观众的数量的多少和质量的高低是评判展会成功与否的重要指标。成功的招商活动需要首先确定展会专业观众的目标定位和范围，并以此为依据进行信息收集和宣传推广等工作。一般来说，展会专业观众主要包括生产厂家、贸易商、上下游供应商、大客户、科研机构、政府主管、行业组织和专业媒体机构等。观众信息可以分为基础信息、需求信息和行为信息三大类。

会展信息报名互动长页制作（一）

会展信息报名互动长页制作（二）

(1) 观众基础信息。观众基础信息主要指观众名片信息，包括姓名(中英文姓名)、单位(中英文名称、全称、简称)、职位或部门(业务员、主管、部门经理)、职称、手机、座机(区号、总机号、分机号)、传真、通信地址与邮政编码、电子邮件地址、单位网址等信息。

(2) 观众需求信息。观众需求信息主要指现场采集的观众信息，包括参展目的、关心的产品、采购计划、采购规模、有无其他方面(餐饮、住宿、旅游、购物等)的要求及下届参展意向等信息。

(3) 观众行为信息。观众行为信息主要指观众在展会上进出各个场馆、参加研讨会、访问各个展台留下的数据，包括本次展会观众感兴趣的展台有哪些，观众在某展台滞留的时间有多久，参加某个论坛的观众有哪些，在不同时间段内多次前来参观的观众有哪些，参观某个分场馆或展台的观众有哪些，以及展会的观众滞留率等信息。

知识链接5-1

展会观众信息采集的方式与实施

通常情况下，观众信息采集特别是对专业观众和境外观众的信息采集，类似对参展商和参展企业的数据收集。通过客商登记与在线观众注册登记，组展机构可采集大量真实可靠的观众信息。具体的采集方法有以下5种。

(1) 文献采集。文献采集的主要途径包括电话黄页、专业杂志、行业名录、同类展览会刊、网络、业内通讯录等。

(2) 在线采集。组展机构可利用展会官方网站开通的网上电子登记系统，以电子请帖的形式向观众提供参展登记表格(目前，我国举办的贸易展览基本上都能实现在线观众预登记)，充分利用观众预登记系统，在线采集观众信息。

(3) 现场采集。现场采集分为现场实时采集与观众区域采集。在展会现场证件办理环节进行的信息采集即现场实时采集，而针对重要观众的定向信息采集则属于观众区域采集。为提高信息的透明度和可信度，部分组展机构将采集到的观众信息在次日通过媒体或现场发布，也有一些组展机构会将现场采集到的信息通过CRM(customer relationship management，客户关系管理)系统进行集中管理，并在展后对观众动态信息进行分析或跟踪管理。

(4) 登记表采集。展会观众登记表所涉及的信息范围较为广泛，包括观众基本情况(区域性分析)、贸易观众类别、观众感兴趣的行业类别、观众参加展会的次数、观众参加展会的目的、观众下届参展意向等。针对专业观众和境外观众的信息采集则需科学设计登记表，遣词造句时应避免内容分类互相重叠或带情绪性与暗示性。以"国际"冠名的展览，设计观众登记表时应参考国际性展览的相关格式。

(5) 注册软件采集。随着IT技术与网络的快速发展，应用现代科技手段对参展观众进行管理已成为大势所趋。现代贸易展览组织机构开始导入相关的客户管理软件及采用展览身份识别注册软件来采集和管理数据，为组展机构分析与研究观众信息创造了条件，并为参展商与观众的参展决策提供了依据。

(6) 短信平台采集。短信平台也是逐渐发展成熟的展会观众邀请途径，但在具体应用时需注意要分步骤、分时段、分区域、分人群发送短信，以避免引起用户的反感，从而获取更为准确的观众信息，并对观众数据信息进行有效的动态更新。

(7) 呼叫中心采集。呼叫中心与CRM进行集成，项目管理人员在操作页面中，可进行一键拨号操作，只需要点击电话号码旁的呼出按钮即可，可提高每日通话效率。客户来电，自动弹屏，即时显示来电客户名字及所在公司等信息，可以查询客户详细信息和联系记录，可自动进行通话录音。所有来去电记录都可以查询，同时也可以实时查询每日通话报表，包括各个业务员的通话数量与通话时长。呼叫中心采集信息流程如图5-2所示。

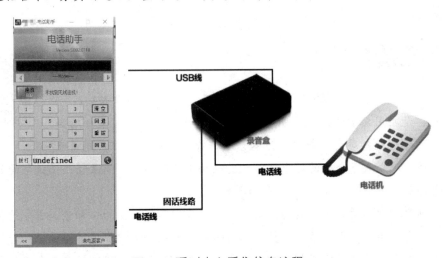

图5-2　呼叫中心采集信息流程

资料来源：黄彬. 基于网络环境的贸易展览观众管理[EB/OL]. (2010-10-16)[2021-12-15]. http://www.xhexpo.com. 作者修改整理而成

各大展会采用的观众信息采集与管理方式都不尽相同。需要注意的是，在邀请观众的过程中，要有针对性地选择不同的方法。例如，利用展会网站进行展前观众预登记，可根据观众在网上填写的信息寄出参观证，也可邀请观众到现场办理。目前，观众网上预登记的方式被广泛地应用于展会当中。利用网络技术邀请潜在的观众，需借助观众数据库和平时收集的观众电子邮箱地址。由支持单位或行业组织召集或出面组织邀请会员单位参与展会活动，通常都能取得较好的效果，有利于上下游企业的配对和同行业间的合作交流。观众信息采集渠道如图5-3所示。

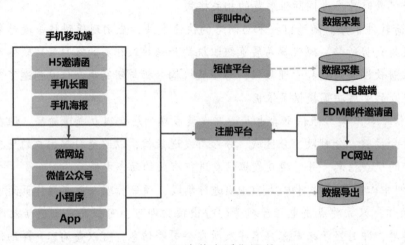

图5-3 观众信息采集渠道

另外，依据观众数据库的地址信息通过邮局直接寄出参观券，仍是目前最常用、最简单的邀请方式。

知识链接5-2

会展活动现场签到方式

签到，是指用记录的方式表明观众或参会者出席或参加过某一场会展活动，也是观众或参会者与主办方双方验证身份的一个过程。随着互联网的发展，观众或参会者的诉求也随之发生改变，高品质、高互动、高效率的签到形式成为一种趋势。

会展现场签到方式

对于项目管理人员来说，现场签到是执行环节中不可缺少的一部分。首先是签到方式的选择，以会议为例，根据活动预算，不同的签到方式，所需费用不同；根据会议规模，规模越大，对签到的速度要求越高；根据会议形式，签到方式的选择应与会议形式和调性相匹配。

(1) 常见的现场签到方式(见表5-1)。

表5-1 现场签到方式

签到方式	特点	适用场景
人脸识别签到	高端时尚，省时省力，验证精准	中小型会议、活动
RFID签到	速度快，验证准，体现科技感	新品发布会、学术会议、政府会议、高端企业年会
手环签到	速度快，体验好	大中型会议、论坛、培训等
身份证签到	严格入场，便于管理	大中型会议、活动
微光扫码签到	速度快，体现时尚感	各类会议、活动
平板签到	设置简单，操作方便	小型会议、活动、培训、分论坛
微信扫码签到	公众号吸粉，高效环保，无须硬件	小型会议、活动、聚会
3D微信墙签到	效果震撼，高端大气	品牌发布会、大型行业交流会
自助签到	节省人力成本	大中型会议、活动、论坛等
闸机签到	速度快，验证准	大中型会议、论坛
离线签到	无须网络	没有网络或网络不稳定的场馆
条形码签到	成本低，操作简单	学术会议、商务会议、展览展会等
多媒体电子签到	人机交互，体验好	高端会议、大型公关活动
纸质签到	成本低，操作方便	小型会议、活动

(2) 现场签到设备(见图5-4)。

图5-4 现场签到设备

2. 参展商信息的管理

对于展会主办商来说，参展商和观众是非常重要的两类客户。参展商的数量、国际性、档次直接决定了展会可能取得的商业利润，从而决定了展会的成败及其可持续性，因此参展商是展会主办商最为看重的相关方。可以说，对参展商信息的管理直接决定了展位的销售情况及参展商的层次，进而决定了招展效果。

参展商信息可以分为基本信息、行业信息、展会信息三大类。

(1) 基本信息。参展商基本信息主要指参展企业黄页和负责人名片信息，包括单位中英文名称(全称、简称)、地址(中英文地址)、网址、所属行业、级别(地方企业、行业领头羊、国企、跨国公司)、主管部门、主管部门级别、负责人(姓名、生日、联系方式)、联系人(姓名、生日、联系方式)等方面的信息。

(2) 行业信息。行业信息包括参展商所属行业的前景、技术发展、产品种类、行业统计、企业规模、产业政策、行业组织、产业上下游、行业活动、刊物网站、骨干企业、政府主管部门、权威专家等方面的信息。

(3) 展会信息。展会信息包括展会政府背景、行业支持、主办单位、操作团队、展会名称、日期、地点、组织机构、展会统计、展品范围(名称、规格、类别、价格)、展台售价、展品获奖信息、参展目的、营销计划、参展历史、企业信誉等方面的信息。

参展商信息的获取途径主要有企业名录、专业杂志、同类展会会刊、网络引擎等。企业名录是直接的企业信息来源，可以通过行业组织、专业机构获取或购买；专业杂志含有大量的行业和市场信息，以及相关企业的介绍，尤其是在专业杂志上投放广告较多的企业一般都具有很强的市场营销意识，是值得重点关注的招展潜在客户；同类展会会刊是一条获取潜在参展商资源的便捷渠道；网络引擎是较为常用的搜索潜在参展商的工具。

案例链接5-2

智能化黄龙饭店让你宾至如归

在杭州黄龙饭店，客人只要随身携带一张特殊的智能卡，系统就能识别客人的身份并告知服务生，客人无须在前台排队等待，就可以通过自助或移动设备办理入住手续。入住后，客房会自动按照系统记录的客人喜好对房间温度等进行设置。当客人打开电视时，电视初始画面会主动问好，并按照客人的母语显示其家庭所在地的时间、天气等特定信息。当门铃响起时，客人不必起身走到门前，访客图像将自动跳转到其正在观看的电视屏幕上。

如果客人来杭州的目的是游玩，只需在电话中说明，相关地图就会通过房间内的联网打印机打印出来，或是直接出现在电视屏幕上；如果客人将在杭州逗留，也无须专门去办理当地的手机号码，因为入住房间的分机号就对应一个特制的移动分机终端，不仅可在酒店内和市区自由通话，甚至可以漫游到其他城市。

1. 自动识别客人身份的无线射频识别(RFID)技术

在黄龙饭店，一个小小的RFID芯片就可存储大量数据，VIP客户只要随身携带嵌有这种芯片的智能卡，进入饭店时就会被感应器识别身份。房卡中同样嵌有RFID芯片，当客人走出电梯时，内置感应器的指示牌就会显示房号区域并进行引导。这种智能卡甚至可以被用来开启地下停车场的道闸，注重隐私的客人可以直接通过地下电梯进入房间。

2. 办理入住手续的自助总台智能服务

黄龙酒店将Opera饭店资讯系统、信用卡收费系统、ATM机系统、无线制卡技术系统集成在一起，客人只需输入自己的预订号，无须排队，就可以在一台设备上自助完成后续所有的操作。另外，黄龙饭店还提供由平板电脑支持的移动总台，服务生可以直接走到客人面前帮助其办理入住手续，并且可以设置在酒店之外办理。例如，黄龙饭店曾与杭州某高档别墅签约，将移动总台直接前置到别墅社区内，业主不出小区就可以办理酒店入住等手续。

黄龙饭店客房内的电视也具备类似的整合功能。供应商飞利浦公司根据黄龙饭店的要求，在新加坡特别修改了电视软件程序，使其凭借一个特殊的机顶盒就能与Opera系统、门禁系统、安防系统连接在一起，成为可与客人互动的"智能终端"。至于最经典的将酒店分机改造为近似普通手机的想法看似简单，却需要复杂的技术整合——必须将交换机技术、无线技术、网络技术、手持PDA、电信运营商网络、通信计费系统以及酒店管理系统完全整合起来，才能实现客房电话的移动功能与结账一体化。

更为复杂的是，中国有3家移动通信运营商、多种移动通信制式，要保证移动信号的通畅，黄龙饭店必须要安装3套(每套价值200万~250万元)通信设备。按照黄龙饭店两组回字形的客房布局，每个楼层的天花板上至少要安装36根天线，再加上灯具、无线网络、闭路电视、背景音乐喇叭、喷淋、烟感等接口，整个天花板背后都将布满密密麻麻的线路。

资料来源：智能化黄龙饭店让你宾至如归[EB/OL]. (2009-09-10)[2021-12-15]. http://www.traveldaily.cn. 作者整理而成

5.1.4 会展大数据采集工具与方法

会展大数据采集需要构建数据收集中心、数据存储中心、数据管理中心及数据运营中心，以保证项目数据库信息的有效调用。

1. 建立数据收集中心

项目管理人员通过批量导入历史数据，扫描或手工录入客户和联系人名片信息，存储客户通过移动端(App、微站、小程序、H5邀请函、电子海报等工具)和PC端(网站、EDM电子邮箱)自行注册时填写的信息来建立数据中心，如图5-5所示。

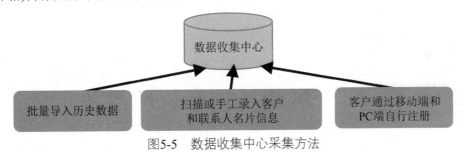

图5-5 数据收集中心采集方法

2. 建立数据存储中心

项目管理人员通过历届展会数据沉淀、项目离职人员数据沉淀、日常项目管理维护沉淀建立数据存储中心，如图5-6所示。

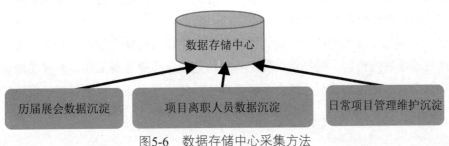

图5-6 数据存储中心采集方法

3. 建立数据管理中心

项目管理人员通过数据精准检索、排查，客户和联系人信息的同步管理，公司总数据库和项目团队数据的同步管理来保证客户数据库信息的同步性和精准性，如图5-7所示。

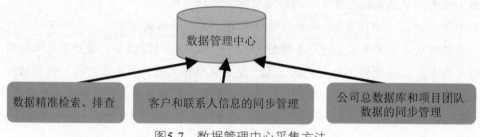

图5-7　数据管理中心采集方法

4. 建立数据运营中心

项目管理人员通过线上、线下同步运营，展商、观众数据同步采集，各项目信息同步采集等，保证项目数据库信息的及时更新，如图5-8所示。

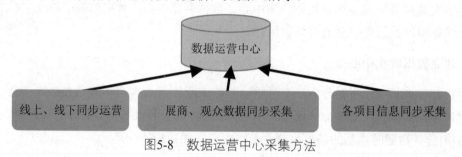

图5-8　数据运营中心采集方法

学习任务5.2　会展现场信息管理系统

5.2.1　会展现场信息管理系统介绍

越来越多的组展机构认识到现场管理的重要性，现场是参展者直接体验组展机构服务水平和能力的舞台。因此，组展机构需要及时有效地应对和处理会展现场庞杂的事务，减少错误和误差，否则会对会展项目造成不良的影响。

会展现场信息管理系统的功能是为组展机构提供现代化的会展现场服务，帮助组展机构科学地处理参展商报到、现场观众登记和现场信息发布等管理工作。会展现场信息管理系统主要包括参展商报到管理、观众报到管理、门禁管理、展台信息管理、现场信息发布管理5个模块。

1. 参展商报到管理

参展商报到管理系统决定了展会的组织质量与服务水平，也是组展机构提升展会核心竞争力的重要途径。参展商的信息都是在展前完成登记的，参展商到会报到时凭展位确认书或付款凭证等相关材料注册即可。在注册之前，系统会根据参展商信息提示是否还有款项未支付，工作人员根据系统提示通知参展商办理相关付款手续。参展商手续办妥后，通过系统完成注册，系统根据参展商实际情况生成布展证、参展证、临时施工证等相关证件。

2. 观众报到管理

观众报到管理是组展机构获得观众数据并进行基本信息、需求信息、行为信息研究的重要环节。这个环节关系观众管理的各个层面，包括数据收集与分析、观众管理与沟通、发展趋势判断、客户资源挖掘、智能化设备应用以及现场跟踪。

来现场报到的观众分现场登记观众与非现场登记观众。

(1) 对于现场登记观众，组展机构在观众入场之前已收集相关信息；那些未进行预登记的观众，需要在现场进行登记，系统可为现场观众提供信息采集平台；对于那些虽未事先登记但参加过历届展会的观众，系统可根据姓名等关键字段进行搜索，在获取该观众的信息后进行核对并更新相关信息，即可生成参观证。

(2) 非现场登记观众是指那些展前通过组展商网站或展会专用网站进行在线登记并通过审核的观众，以及通过电话、电子邮件等渠道已经与组展机构取得联系并登记在册的观众。这类观众到场后，凭登记时产生的观众号即可生成参观证。已经在线打印参观证的观众，扫描确认即可入场。

3. 门禁管理

门禁管理系统的主要功能是对各类证件进行电子化身份识别与认证。观众所持的任何介质的参展证件在通过门禁系统时，刷卡信息与现场系统信息将同步更新，门禁系统将自动显示展会现场观众的实时动态。门禁系统承载着收集和整理展会现场买家信息的工作，通过基于手持PDA和固定闸机两种不同方式的门禁管理系统，可实现对观众进出现场权限的控制和行为信息的采集。该系统全程采用电子信息存储读取方式，方便部门间(如安保部门、后勤服务部门等)的沟通、协调、任务管理、数据调用以及资源共享。通过门禁管理系统，组展机构能够有效、准确地收集观众数据，并可为观众数据管理平台提供重要的信息支持。

我国大型贸易展览的门禁系统不仅能精准监控办证通道的拥堵情况与门禁人流的状态，还可以实时查询、统计、分析各类指定数据，如现场到达人数、人员比例、各馆观众情况、不同时段的人流量、观众滞留时间等。在现场可同步发布观众流量信息，突显展览专业化的程度。

目前，随着会展业的发展趋势，门禁系统加强了安全管理，如增设了安全检查、防止恐怖活动和实施紧急救助三个环节。门禁系统的客流量实时监控功能能够及时提供观众的动态信息，以方便组展机构对现场进行有效的管控。另外，组展机构还应对保安人员和引导人员进行培训和管理，当展会现场出现观众拥堵现象时，他们可根据监控信息及时疏导观众或根据实际情况封闭展馆某个区域。

4. 展台信息管理

展台信息管理是主办方向参展商提供的现场信息化服务。通过在展台预先布置读卡器、PDA等终端设备，可读取观众信息，并可生成展台参观报告，到整个展会结束时，再生成涵盖整个展期的展台观众参观报告。报告中既包含观众参观该展台的每日统计数据和总计数据，又包含这些观众的详细信息，以及观众的行为数据分析，这组数据将成为参展商最为关注的信息。参展商通过这组数据，能够获知对自己的产品感兴趣的潜在客户的信息，如观众所在地、所属行业、联系方式等，从而锁定本企业需要重点关注、及时回访的客户。

5. 现场信息发布管理

会展现场信息发布系统一般可分为多媒体信息发布平台、触摸式自助查询平台及短信发布平台三种。

（1）多媒体信息发布平台。该种平台可以采取集中控制、统一管理的方式，将音视频信号、图片和滚动字幕等多媒体信息通过网络平台传输到显示终端，以高清数字信号播出，能够有效覆盖楼宇大堂、会议室、办公室、会客区、电梯间、通道等人流密集场所。这种发布方式可以用来播放参展商的产品广告、会展相关活动安排、展会通知等展会相关资讯。

（2）触摸式自助查询平台。该种平台主要为观众及参展商提供现场信息自助查询服务，查询内容包括展位分布图、展馆开放时间、展会相关活动安排、票务资讯、场馆路线、城市交通路线以及旅游路线等，并可设置观众调查项目。由于触摸式操作方式的局限性，调查的题型一般仅限于选择题。

（3）短信发布平台。该种平台主要基于门禁系统采集的入馆观众及参展商数据而构建，通过提取参展商和观众的手机信息，来实现批量发送展会相关资讯的功能。

知识链接5-3

常用场馆门禁通道设备

1. 三辊闸

三辊闸如图5-9所示。

（1）功能特点。在园区出入口实现道闸阻挡、放行功能，闸机台面可嵌入安装易高系列检票机，实现自动检票放行控制，保证人员文明、有序地通行，同时可杜绝非法人员出入。

图5-9　三辊闸

(2) 技术参数。外观：框架结构，标准不锈钢外壳；外形尺寸：长1 280mm×宽300mm×高990mm；闸杆长：500mm；组成通道宽度：520~550mm；闸杆转向：单向、双向；输入控制：+12V电平信号，脉宽＞100ms，驱动电流＞10mA；具有自动复位功能：如果行人未在系统读取有效票卡后设定的时间内通行，闸机将自动取消此次通行权限。该系统的优点是运行平稳、噪声小，结构简单可靠。

2. 翼闸

翼闸如图5-10所示。

(1) 功能特点。翼闸是易高科技设计、研发生产的通道门禁设备。该设备的主要优点：采用优质304不锈钢板冲压成型，美观大方、防锈耐用；通道打开时，翼板完全收入闸机内部，通道无阻拦，更直观，更方便人员通行；高精度传感器组和智能识别算法的设计，可准确识别通道中的人员数量及走向，提高防夹和防尾

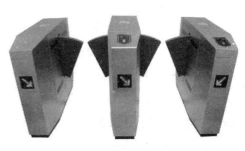

图5-10　翼闸

随的准确性；多点检测，更适合儿童或携带行李人员通过；智能语音和音效提示，使设备更人性化，更易于使用；翼板内嵌金属支架，外包阻燃聚氨酯发泡材料，既坚固耐用，又具有良好的接触性和柔软性；断电时自动收回翼板，通电时自动关门，符合消防要求；可与各种易高系列检票机配合使用，可实现条码、二维码、RFID、IC卡、指纹、二代身份证、人像等多种门票的检票功能。

(2) 技术参数。外观：框架结构，标准不锈钢外壳；外形尺寸：长1 280mm×宽280mm×高990mm；翼展：250mm；组成通道宽度：550mm；开关翼时间：1.5s；通行方向：单向、双向；输入控制：+12V电平信号，脉宽＞100ms，驱动电流＞10mA；具有自动复位功能：如果行人未在系统读取有效票卡后设定的时间内通行，闸机将自动取消此次通行权限。该系统的优点是运行平稳、噪声小，结构简单可靠。

3. 立式三辊闸

立式三辊闸如图5-11所示。

(1) 功能特点。三辊闸机可在园区各出口实现游客单向出园功能，采用不锈钢板冲压成型，造型美观大方，防锈、耐用，能抵抗外力破坏；闸杆单向运行，可防止游客倒流；无电气控制部件，无须电源供电，简单易用，成本较低。

(2) 技术参数。外观：框架结构，标准不锈钢外壳；外形尺寸：长420mm×宽330mm×高980mm；闸杆长：500mm；组成通道宽度：520~550mm；闸杆转向：单向。

图5-11　立式三辊闸

4. 立式检票机

立式检票机如图5-12所示。

(1) 功能特点。全不锈钢壳体，简洁美观，占地面积小，与常规三辊闸、翼闸等闸机相比，造价更低；可实现无障碍检票功能，通行速度快；安装选定的易高系列检票机，可分别实现条码门票、IC卡门票、RFID门票、光盘门票、员工卡、VIP贵宾卡、指纹、二代身份证等多种门票的检票功能；具有液晶显示检票内容、语音提示检票过程、红绿灯显示检票结果的功能，使用简单直观；可显示总入场人数，方便工作人员控制场馆人数；无机械活动磨损部件，便于维护，使用寿命长。

图5-12　立式检票机

(2) 技术参数。外形尺寸：高1020mm×宽280mm×深360mm；输入接口：+12V电平信号，驱动电流＞10mA，或脉宽＞100ms的干触点信号；RS-485通信接口，波特率为9600；工作电源：AC220V±10V，50Hz；平均功耗：10W。

5. 门禁式人证合一测温闸机

人证合一测温闸机如图5-13所示。

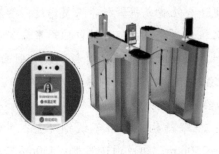

图5-13　人证合一测温闸机

(1) 体温检测。可实现非接触式人员实名制测温，测温范围30℃~45℃，测温误差小于0.5℃，检测距离可达3m，能快速确认人员信息，提升核验效率，保障人员快速通行。

(2) 身份核验。人证合一检验，可将人员信息与体温信息绑定实时上传系统平台，有助于工作人员在紧急情况下快速做出决策。

(3) 快速预警。体温预警阈值可调，如人员体温异常能发出语音预警，闸机通道即时锁定，工作人员可快速采取应对措施。

资料来源：深圳市易高科技有限公司[EB/OL]. (2012-05-13)[2021-12-15]. http://www.egoal.com.cn/product/product12.html. 作者整理而成

5.2.2　会展现场信息管理系统结构

会展现场信息管理系统的管理范围涉及展馆的各个角落，主要包括面向内部专业人员的应用后台信息管理大厅，以及面向外部观众、参展商和组展机构的应用前台观众登记大厅和展览大厅(会议中心)，如图5-14所示。

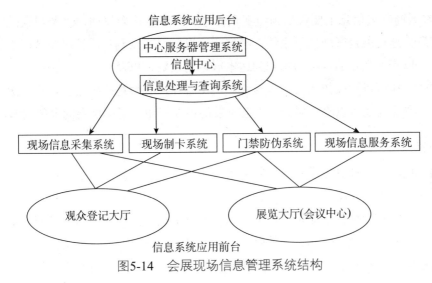

图5-14 会展现场信息管理系统结构

资料来源：金蓓. 会展信息管理[M]. 大连：东北财经大学出版社，2009：73. 作者修改而成

1. 信息中心

信息中心是整个会展现场信息管理系统的核心，用于管理从展会现场采集的观众信息、参展商信息。后台应用信息中心可对这些信息进行规范化的查询、统计、管理等处理，既能满足组展机构、参展商的信息需求，也能为主办方提供准确的信息数据，便于提高下届展会的参展商满意度和工作效率。

2. 现场信息采集系统

展会现场的信息采集主要包括观众信息的采集和参展商需求信息的采集。

(1) 观众信息的采集主要集中在观众登记大厅进行。国内展会通常的做法是"即采即录"，即通过观众在入口处提交的名片和调查表获得信息，然后由现场工作人员将其录入系统。这种模式投入较低，信息采集较为及时，但是不能保证信息的准确性和可用性。为了避免这种弊端，可以采用图像采集后录入处理的方式，以提高观众信息的准确性和完整性。例如，可采用名片自动识别系统处理观众信息，但随着会展业的发展，依靠现有的名片处理系统已经无法满足市场的需要。根据市场调研，名片信息的采集和处理主要是通过扫描仪将名片信息传送到计算机中，并启动识别软件产生初步结果(准确率为80%～90%)，再通过手工调整得到正确信息。整个过程涉及扫描仪扫描、计算机长时间识别和人工参与调整，速度较慢，只适合少量名片的处理。

由北京昆仑亿发公司开发的现场高速图像采集系统，充分结合图像采集、智能识别与互联网技术，有效地将智能识别技术和互联网技术相结合，大大简化了费时、枯燥、烦琐的参展商与观众信息录入工作，有效地缩短了观众等待的时间(一般不超过2秒)。考虑到展馆中展台(尤其是特装展台)变动较大的特点，该系统采用国际领先的无线通信网络技术在场馆现场构建宽带网络，为每一个展台提供方便快捷的宽带互联网接入服务。同时，可通过多级智能一卡通系统为现场观众和参展商提供电子名片，从而实现信息的使用和共享。

(2) 参展商需求信息主要包括到访观众信息、组展机构会议通知以及观众反馈给组展机构的信息。通过展台管理信息系统，参展商可以针对观众到访的情况驱动读卡器读取观众的卡号，以查询观众的详细信息和到达本展台的次数，以及观众参加历届展会的情况及到达的时间，还可以让操作人员输入汉字和英文备注，有效地挖掘潜在客户，提高参展效率。同时，参展商还可以收看展会组委会下发的最新资讯，了解展会的最新动态。

3. 现场制卡系统

在展会现场，可通过先进的现场制卡系统完成对观众和参展商的身份认证。可被用于身份认证的卡种主要有IC卡、磁卡、条码卡、二维条码卡、打孔卡、光电卡等。在展会现场应用制卡系统进行身份认证时，要考虑到用于身份认证的卡不易回收、使用量大，因此要求制卡过程简单且制卡效率高。常用的卡种有磁卡、条码卡和二维条码卡三种。展会主办方可以根据不同的要求与产品开发商联系，选择适合展会使用的现场制卡系统。

知识链接5-4

证卡制作技术介绍

证卡制作技术主要涉及媒体材料、制证工艺与设备、个人信息的录入与识别、防伪措施和信息管理等方面。传统的证卡多为单页式或本式，纸张文件用塑封膜热合制作而成，易伪造、易脏、易损，使用时间短且质地粗糙，难以适应现代社会对证件安全及信息管理的要求。1958年，美国人率先将卡式证件应用于驾驶执照，随后身份卡、医疗卡、信用卡的出现，推动了卡片技术的迅速发展以及应用范围的扩展，并随着微电子技术的发展，将卡式电子证件与计算机制证及识别技术巧妙地结合到一起。因此，现代证件制作技术即证卡制作技术。

证卡材料以塑胶为主，包括聚氯乙烯、聚酯、ABS塑料等，它们的性能有别于常规同类材料。例如，为了避免热压后的非破坏性剥离，要求证件基材具有耐皱折、抗撕裂、高阻光的性能，而常规聚氯乙烯多数都透光，并不适用于证卡制作。

证卡制作工艺主要包括版面编排、印刷、个人信息的录入及输出等环节。早期的证卡制作需要通过专业卡厂完成，因设备投资昂贵，只适合批量作业，无法满足新入职员工制证及丢失补证的需求。如今，由于计算机排版、数据库管理、网络、图像处理技术，尤其是新型打印技术的产生与发展，给证卡制作带来了极大的方便。同时，制证设备价格的降低也为各单位自制证卡提供了可能。

证卡的种类包括条码卡、磁(条)卡、OCR(optical character recognition，光学字符识别)卡、激光卡、接触式IC卡、非接触式IC卡、ID卡打印机等。

(1) 条码卡。条码卡包括可见与不可见条码卡，它最早应用于包装标识、书刊、邮件等领域，能够被快速、近距离读出。由条码卡发展而来的二维条码可存储持卡人照片，信息量大幅度增加，且便于加密防伪，但不可改写，具有单一性，更适合批量产品，如果用于个人证卡，则会受到一定的限制。

(2) 磁(条)卡。磁(条)卡是在卡式证件一面的特定位置上贴覆或涂布一条磁性介质，可通过磁头写入并读出信息，它最早应用于金融、通信控制等领域。由于水印磁和全息磁技术的出现，提高了磁卡的防伪性能，增加了其在性价比方面的竞争力。目前，磁(条)卡的市场占有率居第一位，但日益受到智能卡的冲击。

(3) OCR卡。OCR卡印有供阅读器识读的可读光学字符，能被快速、准确地查验，广泛应用于公民护照，供各国移民局出入境管理使用。

(4) 激光卡。激光卡有超大容量，是信息技术领域的又一重大进步。医疗卡多采用此项技术，但由于读写机具较昂贵，限制了该卡的普及。

(5) 接触式IC卡。接触式IC卡简称IC卡，此种卡在证卡载体上镶嵌(或注塑)IC芯片，具有存储或微处理器的功能。IC卡信息容量大，可存储指纹等人体生理信息，保密性能好，可以不依靠数据库独立运行。IC卡存储器可分成多个应用区，实现一卡多用功能。由于具备诸多优点，IC卡得到普遍应用，但如今也受到非接触式IC卡的强力冲击。

(6) 非接触式IC卡。非接触式IC卡简称感应卡，除继承接触式IC卡的优点外，该卡在卡片的读写方式上做了改进，由电信号接触式读写调整为无线感应式读写，适用于经常使用或者需在户外使用的情况。由于非接触式IC卡的制造工艺相对复杂，同时读写机具需配备专用的安全读写模块，造价要高于接触式IC卡。

(7) ID卡。传统的证卡制作流程主要涉及菲林、晒版、冲印、剪贴、过胶等环节，给人们带来极大的不便。而ID卡打印机可将文字、图像、个人照片一次性直接印在塑料证卡上，实现发卡过程的全自动化，为人们提供了极大的便利。

随着证卡制作技术的发展，证卡防伪已成为重要的课题。证卡防伪技术要解决证卡的真假辨认以及持证人与证卡同一性的确认两个问题。在通常情况下，工作人员可通过肉眼观察证卡外观、标志和照片等方式识别，但随着伪造、变造证卡的犯罪活动的日益猖獗，犯罪手段的不断升级，人们不得不投入更多的精力与资金来研究并采用高新科技成果，以提高证卡的抗伪造性能，并不断推出花样翻新的证卡防伪技术产品。

目前，证卡防伪主要通过对各种材料、图像设计、生产工艺等进行技术加密的途径来实现。通常采用特殊的、不易被察觉或相对复杂的方式与手段，使证卡难以被仿制或篡改。例如，采用抄制水印、加安全线、掺杂特种成分、微印刷、断线接线、隐形图案、设置暗记、磁性与变色油墨、非常规标志(诸如全息、光标图像)以及嵌入IC芯片等方法。由于上述防伪元素本身就具备安全功能，用到证卡制作中，可增强证卡的防伪性能。

为了确保证卡与持证人的同一性，也可将持证人的生物特征，诸如指纹、掌纹、视网膜、声波等信息，记录到证卡上或存储到数据库中，以利于特别安全场所的身份查验。制作证卡的最终目的是便于使用和查验，所以任何防伪设计都应以证卡的安全等级需要为依据，不能为了防伪而制作不便使用、查验的证卡。

资料来源：磁卡详细信息[EB/OL]. (2011-10-30)[2021-12-15]. http://www.sunyo-rfid.com/xd.htm. 作者整理而成

4. 门禁防伪系统

由于管理的局限性，一般门禁系统无法杜绝观众出场时携带多张证件、带多个人员入场的情况发生，且无法实现对施工证和值班证等证件使用时限的有效管理。为解决上述问题，可通过专业软件对各门禁点实施信息联网和数据共享。另外，虽然防伪技术已成熟地应用于其他行业并得到稳定的发展，但在保证会展现场观众和参展商信息的准确性方面的应用并不成熟，有赖于制卡技术的发展。

5. 现场信息服务系统

会展现场信息服务系统可提供数据服务终端和展台触摸显示终端，为参展商提供展品展示服务。通过现场信息服务系统，参展商可在每日展会结束后获取当天前往展台参观的全部观众名单和信息，同时可将对参展商及展品感兴趣的观众按照"客户""合作者""供应商""其他"进行分类，并通过电子邮箱有针对性地向观众发送公司的产品信息和联系方式。观众可在会展现场接收到海量信息，还可通过现场信息服务系统回顾每天的参观过程，并能获取感兴趣的产品的电子资料和企业名单，以及同类产品和参展商的相关信息，方便比较分析，并据此安排参观行程及会后的业务联系。同时，还可实现与其他同事的参展资料共享。

5.2.3 多媒体技术在会展现场的应用

随着信息技术的发展，信息种类日趋多样化，表现形式除数字及文本，还包括图形、图像、音频、视频等多种媒体形式，且展览的形式和手段也日益丰富多彩，不仅发展出各种综合展、主题展、行业展、技术展，还分化出实物展和虚拟展，声、光、电等多种媒体技术手段被广泛应用，会展行业呈现出立体的、多元的、互动的发展态势。会展业从展示内容到展示手段、展示工具直至展示方式的不断求新求变，也体现了会展业对高科技尤其是多媒体技术的旺盛需求。

多媒体技术是指能够同时获取、处理、编辑、存储和展示两种以上不同类型信息媒体的技术，这些信息媒体包括文字、声音、图形、图像、动画、视频等。多媒体计算机辅助设备应用多媒体技术，可通过图像扫描仪、大屏幕投影仪、数字视频展示台、触摸屏、数码相机、数字摄像机、数字摄像头、手写输入设备及语音输入系统等设备输出信息。下面介绍几种会展业常用的多媒体技术和设备。

1. 触摸屏

触摸屏的工作原理是在普通计算机的显示屏上覆盖一层专用的透明触摸屏，人们在观看显示器显示的信息的同时，可根据需要用手点击触摸屏，触摸屏通过线路把信号传给计算机，经过触摸屏软件处理后，计算机可判断触摸位置对应的菜单、图标或按钮等，并根据此菜单、图标或按钮的命令执行相应的功能。触摸屏不仅可以存储大量产品的图文信息，而且可以采用声音、图像等视听手段来展示及分析产品，方便客户任意查询，解除了传统展会需要工作人员在旁解说的困扰。客户所获得的直观印象和任意查询的便利感觉，可提高展会观众的兴趣和客户的购买意愿。

触摸屏的类型主要有4种，分别是电阻式触摸屏(如早期的触摸式手机)、电容式触摸屏(如iPhone，iPad等)、红外线式触摸屏(如ATM机)、表面声波触摸屏(如GPS、PDA、车载计算机)。触摸屏技术广泛地应用在展会现场，可清楚、直观地展示现场展位分布情况与设施位置，为观众参展提供向导；可提供参展商信息、气象信息及其他公共信息查询服务，为观众参展提供便利；还可介绍旅游常识，推介当地的风土人情和旅游景点等，满足观众的其他需求。

案例链接5-3

台北馆——触摸"微笑的力量"

上海世博园正式开园以后，"很生态、很智慧，真是一见到就想微笑"成为众多游客对中国台湾台北案例馆(以下简称"台北馆")最直接的参观感受。

在台北馆一楼等待区，迎接游客的是一个充满"笑声"和"笑脸"的欢迎短片。短片中，台北城市剪影、台北市民的笑脸以及台北市市长郝龙斌与小朋友们发自内心的微笑，无不展现出"微笑的力量"。宣传短片的背景音乐改编自邓丽君的经典老歌《一见你就笑》，更是让很多游客备感温暖、亲切。游客手指轻点或延展由台北市民的笑脸组成的数字"2010"，一个个真诚的笑容会随之出现，感染现场所有的游客。

"真是'一见到就要微笑'，"来自河北的戴先生说，"我们这代人都很熟悉这首老歌，台北馆的欢迎方式让人感觉很亲切，很能打动人。"伴随着耳熟能详的旋律，游客正式进入展场。通过一部虚拟的台北101大楼快速电梯的引导，游客来到360° 3D剧院。在这里，由国际知名导演侯孝贤掌镜的宣传片，将带领游客造访台北的特色景点，以"台北•生活•微笑"为主题，展示台北丰富的生活内涵。

"科技不再是一项冷冰冰的产物，而是一个传达热情友善的工具。"台北市长郝龙斌在介绍台北馆时说。当游客触摸馆中的互动屏时，屏幕上首先呈现浑浊的淡水河，而当游客不断点击屏幕时，河水会慢慢变清，鱼儿渐渐出现，在水里游来游去，寓意着当每一位游客为环保出一份力时，就可以感受到世界融合在充满温情的氛围之中，生活会变得更美好。

参观完整个展馆后，上海市民毛女士告诉记者，台北无论是在环保还是在网络技术领域都走在世界前列，这是本次参观带给她的惊喜。毛女士说："很想去台北看看，实地体验台北的绿色、生态、智慧，还有微笑。"

资料来源：新华社.台北馆展示"微笑的力量"[N].西海都市报，2010-05-04.作者整理而成

2. 三维动画

目前，以三维图像为核心的数字技术广泛地应用于不同类型的企业中，帮助它们完成更为出色且有效的企业展示。例如，运用多媒体技术和数字影片帮助制造业企业制作工业

产品动画、展现产品的生产过程及解说相关技术原理，可引起观众的兴趣，促进观众对产品的了解。又如，在房地产展销会上，越来越多的房地产商运用3D MAX手段多角度地展示房屋的设计与布置，并通过三维动画来虚拟现实场景，从而动态地展示小区、庭院及房屋的格局与景观，或以建筑动画、房地产漫游动画和数字沙盘等方式，进行楼盘的展现、空间的展示。这种展示方法深受参观者与购买者的欢迎，已呈现替代传统沙盘模型和效果图的趋势。

案例链接5-4

三维版"清明上河图"亮相世界休闲博览会

2011年9月17日，"第二届杭州世界休闲博览会"(以下简称"休博会")正式在杭州拉开帷幕。本届休博会的主办方邀请了上海世博会"清明上河图"的原班人马打造"北宋清明上河图"和"南宋风情图"这两幅动态长卷，将在展馆三层的中国休闲风情馆以3D动画的形式展现在4.5米高的巨大屏幕上，成为本届休博会的镇馆之宝。

这两幅三维动态图，一幅长94米，另一幅长90米。其中，"北宋清明上河图"并不是世博版的简单复制，而是根据休博会的特点进行了专门调整，内容侧重北宋时期老百姓的休闲生活和娱乐活动，效果更加突出。例如，将人物衣服褶皱处理得凹凸感更强，屋檐上挂的灯笼样式也更多样等。

"南宋风情图"则表现的是南宋时期杭州老百姓的生活娱乐休闲场景。例如，百戏伎艺、迎亲、状元游街、中秋、元宵、斗茶、诸库迎煮(酿酒比赛)等。在"南宋风情图"中，观众可以看到陆游和唐婉在人群中相遇时唐婉的回眸一笑，也可以看到在某个药铺前许仙和白娘子的身影，相信会引起杭州人的共鸣。

资料来源：逯海涛.三维版清明上河图和南宋风情图 陆游和唐婉相视一笑[N].钱江晚报,2011-08-26.作者整理而成

3. 虚拟现实系统

虚拟现实是多媒体技术的终极应用形式，主要依赖于三维实时图形显示、三维定位跟踪、触觉及嗅觉传感技术、人工智能技术等多种关键技术的发展，它是以沉浸性、交互性和构想性为基本特征的计算机高级人机界面。观众戴上立体眼镜、数据手套等特制的传感设备，通过三维模拟显示，将置身于一个具有三维视觉、听觉、触觉甚至嗅觉的感觉世界，沉浸在计算机生成的虚拟境界中，并能通过语言、手势等方式与之进行实时交互，创建了一种适人化的多维信息空间。观众不仅能够通过虚拟现实系统感受到身临其境的逼真性，而且能够突破空间、时间以及其他客观限制，感受到在真实世界中无法获得的体验。

目前，虚拟现实系统主要应用于房地产、旅游、虚拟展馆等领域。例如，在虚拟展馆领域，各种博物馆、科技馆、城市规划馆等不仅可以三维展示国内外知名展馆的建筑外部、内部，同时观众通过建模贴图等方式，可以真实地在网上参观和品味各种展品和艺术

品等,可以使文物360°旋转,真正实现全方位、零距离地与展品接触。"黄河博物馆"新馆虚拟展示系统、"苏博会苏州馆"虚拟展馆,以及上海世博会的各种虚拟展馆都是比较典型的案例。

案例链接5-5

虚拟现实带领会展行业走入数字化时代

受展列布局单一、宣传策划不周、地域时间限制等因素的影响,在过去,一些科博馆、艺术馆、革命展馆、工业展馆、图书馆等各类展馆仅仅被当作城市建设中的"公共设施花瓶",陷于"鸡肋"的境地,与市民的联系并不密切,所谓的公共文化功能严重缺位,引起市民的不满。

现在,数字技术以前所未有的速度改变着人们的生活方式,这种改变体现在多个方面。以会展业为例,数字技术的发展颠覆了传统的看展板、图片、宣传资料等的观展方式。展馆里随处可见弧形屏幕、激光投影等设备,数字化技术的应用随处可见,但由于数字化应用未成规模,关注人数甚微。

在这一背景下,上海世博会网络展馆让人们真正体验到3D虚拟展馆的魅力。在这场气势恢宏的网上世博盛会中,虚拟现实技术的全面应用为观众带来了超级震撼的效果。身处世界各个角落的人们,无须忍受舟车劳顿之苦,无须汗流浃背地排队等待,只要躺在清凉的空调屋里,轻点鼠标,就立刻置身于瑰丽多彩的三维世博园中,如爱丽丝一般漫游仙境,如杰克一样进入梦想中的潘多拉星球。

目前,世界上的一流科学馆都在使用先进的技术来推动科学的普及,中国展馆也不例外。借助网上世博这阵东风,全国各地的网上展馆以燎原之势迅速扩张,形成了一实(馆)一虚(馆)相得益彰、共同繁荣的局面。将虚拟现实技术与科技馆的功能完美结合,能够充分发挥虚拟科技馆的种种优势。传统的声、光、电展览已经很难吸引观众的兴趣,而利用虚拟现实技术把枯燥的数据变成鲜活的图形,既能提升观众参与交互的效果和体验,引发观众的参观兴趣,也能达到科普的目的。

2010年5月,北京数字空竹博物馆火热上线,许多无法亲临博物馆的空竹爱好者可以通过网络近距离地领略空竹的独特魅力,实现了"手捧一杯香茶,轻轻点击鼠标,足不出户就可以在空竹的世界里尽情徜徉"的梦想,进一步扩大了空竹博物馆的社会影响力。

北京数字博物馆是对博物馆建设的有效延伸,它的开通解决了出于资金、场地等原因导致的博物馆展品数量有限、更换展品速度较慢等问题,延展了实体博物馆陈列藏品的范围。北京数字空竹博物馆已成为空竹文化的宣传平台、海内外空竹爱好者的交流平台、空竹产品推广及交易的综合平台。

北京数字博物馆是由中国虚拟现实第一品牌——中视典公司全力打造的,中视典VRP-MUSEUM(网络三维虚拟展馆)是中视典公司自主研发的一款针对各类科博馆、体验中心、大型展会等行业进行网上展示、宣传与教育的三维互动体验解决方案。它提供了内容完整的一系列服务，包括：完整的网络三维虚拟展馆展示系统，对系统运营提供技术支持，有针对性地定制网络三维内容，3D展馆虚拟漫游，多人在线，仿真互动，虚拟导游等。中视典VRP-MUSEUM的经营理念是让更广泛的用户在网络平台上真实地感受展馆及展品，用在线互动的方式体验"畅游寻觅，身临其境"的网上会展！

资料来源：虚拟现实带领展馆行业走入数字化时代[EB/OL]. (2010-08-17)[2021-12-15]. http://www.vrp3d.com/article/cnnews/409.html. 作者整理而成

4. 投影技术

1) 投影机

投影机自问世以来发展至今已形成三大系列，即液晶投影机(liquid crystal display，LCD)、数字光处理器投影机(digital lighting process，DLP)和液晶反射投影机(liquid crystal on silicon，LCoS)。

(1) 液晶投影机。在投影市场上，LCD技术资历最老，应用最为成熟，市场占用率也比较高。它的核心技术专利为爱普生、索尼两家厂商所拥有，市场上大部分LCD的芯片由爱普生制造。

优点：色彩丰富。

(2) 数字光处理器投影机。DLP投影技术是由美国德州仪器公司研发的，入门级产品都采用DLP技术。

优点：成本低、亮度高；缺点：色彩差。

(3) 液晶反射投影机。LCoS技术由索尼研发。

优点：色彩好、对比度高、亮度高；缺点：成本高。

2) 投影技术

目前，投影技术主要应用在全息投影、环幕、球幕、雾屏、纱幕、水幕等领域。

(1) 全息投影。全息(holography)特指一种技术，该种技术利用干涉和衍射原理记录并再现真实物体的三维图像，可以产生立体的空中幻象，也可以使幻象与表演者互动，把观众带到另一个世界之中。

设备、环境要求：全息投影膜、投影机、发生器。

应用范围：产品展览、地产、汽车、服装发布会、高端婚礼、舞台节目(演唱会、时装秀)、互动、酒吧娱乐场所互动投影等。

(2) 环幕。环幕拥有6米环形画面，可实现多屏幕拼接。通常采用环形360°屏幕，也可以根据场地情况制作120°或180°的半环形幕。影片压缩方式为MPEG-1、MPEG-2或AVI。每幅画面大小为长2米、高1.5米，3幅画面长为6米，无缝拼接成一幅画面或联动画面。

呈现效果：更大的显示尺寸，更宽的视野，更多的显示内容，更高的显示分辨率，更具冲击力和沉浸感的视觉效果。

设备、环境要求：计算机、投影机、音箱等设备，对光线和用电无特殊要求。

应用范围：圆形或弧形展览场馆，科技馆的室内展厅、主题展厅，影院。

(3) 球幕(穹幕)。球幕的银幕形如一个大半球，斜扣在观众厅之上，把观众包围在其中。球形银幕和六路立体还音系统可让观众置身于电影的景观中,产生极为真实的临场效果。

设备、环境要求:计算机、投影机、投影屏等。

应用范围:展览馆、科技馆。

(4) 雾幕。不需要任何屏幕,主要借助空气中存在的微粒,让静态或动态的图像显示在很薄的空气层中,观众可以从中穿过而不影响图像的展示。雾屏发生器可以安装在房间的天花板上,雾屏可以设置在任何空间中,不会增加任何障碍。标准单元为长2米、高1.5米。每个雾屏单元可以单独使用,也可以组合使用,可以播放幻灯片、图片、录像、电影等影像资料,如有需要,可做3屏、9屏环幕的无缝拼接,可带给观众前所未有的视听体验。

设备、环境要求:水雾发生器、投影机(3000流明以上)、计算机或DVD机、音响等;周围环境照明亮度低于2500流明;无风,室内。

应用范围:科技馆、博物馆、展览馆、机场、商场、娱乐场所、企业等的入口处或过道处,作为本展厅的序幕。

(5) 纱幕。用投影机将画面投射到双层金属纱幕上,在精心计算的距离范围内,当投影机的画面投射到双层纱幕上时,会向观众呈现立体的视觉效果,配合液晶显示屏与纱幕明暗场景的切换,能给观众带来多层次的视觉冲击。

设备:环境要求:投影仪、双层纱幕、液晶屏。

(6) 水幕。水幕激光表演系统将激光器发出的激光束射在水幕喷头喷出的水膜上,激光束由激光控制系统编程控制,可发出多种多样的图案及色彩,照射在晶莹透明的水膜上,从而形成斑斓夺目的奇异效果。

设备、环境要求:高压水泵、特制水幕发生器。

5. 立体成像技术

360°立体成像是一种内部空间悬浮成像技术,它利用多个光学镜面组合出一个倒金字塔形的透明空间,将动态影像悬浮于该空间的中心部位,影像可以旋转、分解,并可以从四周任意位置观察到悬浮的立体影像,同时可配触摸屏实现与观众的互动。使用中,可以根据要求做成四面窗口,每面长2~4米,最终向观众展示融入实景的产品模型幻影成像效果。该技术适合表现细节或内部结构较丰富的个体物品,如名表、名车、珠宝、工业产品,也可表现人物、卡通等。目前,这一技术在展览展会中多用于城市规划展示、公园街区展示等场景展示或影视展示。

2012年9月21日—23日,上海翟倚卫实业公司举办了海派玉雕展。数虎图像运用幻影成像、360°全息成像及多个透明显示屏等高科技手段,全方位、动态展现海派玉雕的制作工艺、雕刻技巧、文化意蕴及价值,呈现亮丽清润与极致奢华的翟倚卫玉雕之美。

6. 裸眼3D技术

裸眼3D技术，是指不需要借助眼镜等辅助设备，观众可直接观看立体画面效果的技术。裸眼立体显示器采用全球领先的2D、3D兼容高透过率、高精密度的柱面透镜技术，从8个角度获得不同图像，最终合成多个观看角度的立体图像。该技术可兼容播放2D、3D内容，可实现画面自由转换，给人以震撼的立体视觉感受。

应用范围：裸眼3D海报、灯箱。

案例链接5-6

全球最大科普场馆——广东科学中心

广东科学中心(见图5-15)坐落于广州大学城，是全国乃至亚洲规模最大的科普教育基地之一，于2008年9月26日建成开放，占地面积达45万平方米，建筑面积达14万平方米。馆内设有10个主题展馆，拥有540多件(套)展品、4座科技影院(IMAX巨幕影院、4D影院、球幕影院、虚拟航行动感影院)，拥有融自然、科技和艺术为一体的室外科学探索乐园，拥有8万平方米的生态湖、2 000多种岭南特色植物和数十个室外展项。

图5-15　广东科学中心外景

● 虚拟高尔夫

众所周知，真实的高尔夫球运动常常会受到天气、场所和地域的影响。但是在这里，游客分文不花且足不出户就可以享受这种令人神往的运动。

该展项虚拟构建了高尔夫球场茵茵绿草、一望无际的实景，并且能够逼真模拟高尔夫现场运动效果和运动规律，让参与者身临其境，感觉更加真实、有趣。同时，系统将会记录参与者击球的杆数、游戏时间、球洞距离等信息并实时显示在前方屏幕上。结合检测数据，参与者还可通过互联网得到虚拟教练的指导以提高球技，体验未来数字家庭的便捷运动指导模式。

● 智能穿衣镜

当您准备出行时，是否会为了搭配衣服而烦恼？当您去商场购物时，是否会为了试穿衣服而烦恼？多种款式的衣服要一件件试穿，不仅消耗体力，而且会浪费大量时间，怎么办？我们把问题交给智能穿衣镜来解决吧！

智能穿衣镜结合计算机技术、身份识别技术、红外检测技术、重量测量技术和网络传输系统等手段，参与者不用亲自更衣，只需站到穿衣镜前，通过触摸屏选择衣服款式和尺寸后，就能方便、快速地虚拟试穿各种款式的衣服。

● 条形码ID注册

这是数字长廊之旅的第一站。该展项通过ID标识与观众注册信息相匹配，吸引每一位观众在体验的过程中参与精心设计的个性化情景，充分挖掘展项的科学性和趣味性，使观众感受未来的数字家庭生活。

观众可排队领取具有身份识别功能的ID条码，并由工作人员录入个人基本信息。观众自助拍照后，便可进入长廊进行展项体验。在体验过程中，观众可以通过ID条码与多个展项进行个性化的游戏互动，系统会自动记录成果和积分，继而增强整个展区的趣味性和连贯性。最后，观众在打印处可以领取载有照片和游戏记录的体验证书，从而激发其继续求知的热情。

● 数字剧场

数字剧场包含互动游戏和数字影片两个部分(见图5-16)。观众置身于神秘幽暗的空间中，通过踩踏地面漂移的机械虫，了解相关的数字技术或产品名称，同时墙面图案由黑白单线条逐渐转变为色彩缤纷的数字城市图形，从而进入影片播放部分。剧场的四面墙和地面作为投影面播放影片，配合悬吊反光板的反射效果，可增强观众的沉浸感，从而产生强烈的视觉冲击。数字剧场通过这种全新的方式介绍支撑数字生活的各种数字科技，诠释数字科技时代人与人、人与空间、人与机器、机器与机器的四维关系，阐述科技进步为人们带来的便利生活，为人们展现新视野、新生活。

图5-16 广东科学中心科技影院

资料来源：广东科学中心[EB/OL]. (2017-01-06)[2021-12-15]. http://www.gdsc.cn/. 作者整理而成

学习任务5.3　会展现场服务信息的管理与应用

5.3.1　会展现场服务信息管理的具体工作

会展现场服务信息管理包括展前、展中、展后三个阶段。

1. 展前信息服务

展前阶段的服务信息管理主要包括以下内容。

(1) 信息咨询服务。信息咨询服务是指组展机构利用自身的服务经验，通过和参展商深入交流，结合展会的特点，提供信息管理和现场接待工作的咨询服务。

(2) 网上观众登记系统和调研系统。观众通过网络登记信息资料后，可享受展会门票的在线预订服务，服务内容包括门票预订和发送(下载或邮寄)。待预登记信息确认后，观众可在本地直接打印参观证，到现场直接进场参观。

网上观众登记系统分减了展会高峰期的现场登记压力，实现了基于互联网的自助式登记服务，能够吸引更多的观众参观展会，提高参展商的满意度。另外，该系统可根据参展商的要求向有兴趣的用户和预登记的观众邮寄邀请函和胸卡；可根据组展机构的要求，提供数据库后台各种统计分析功能，包括信息维护功能设定、展会信息修改、预登记观众信息管理、调查表信息管理、会前调查分析(检索查询及统计显示图表)等；也可根据组展机构的要求，设计开发个性化的统计功能模块和后台管理界面。

网上观众调研系统的主要功能是在展会网站主页及各分类页上设置网上调研项目，供访问者参与调研选择，发布个人观点评述。组展机构也可通过设置后台管理权限，实时更新和维护各页面的调研内容，查看和管理调研统计结果。

(3) 参展商信息的收集和整理。全面的参展商公司和产品信息是最有价值的行业数据资源。参展商信息主要有4个来源：参展商参展调查表，参展商发放的产品资料，参展商公司网站，以及相关行业媒体的介绍和评价。为了提高参展商的信息价值，组展机构应收集和管理参展商的参展展品型号、报价、销售渠道、行业背景、获奖情况等多方面的资料，并按照行业特点对参展商和展品进行分类，在此基础上进一步完善会刊资料。

(4) 胸卡、调查问卷的设计和印刷。组展机构可以通过使用非接触式智能卡、接触式智能卡、PVC条码卡、纸质条码卡等各种卡证，提供针对参展商和观众的胸卡设计和印刷服务。在调查问卷的设计和印刷方面，可根据展会的实际情况，结合自身的经验和问题库，提供调查问题咨询，会同组展机构设计合理有效的调查问卷，并负责排版制作与印刷。

(5) 导览系统的设计和制作。组展机构应结合展会的风格和需求，设计独特美观的导览系统，以提升展会的档次，方便观众迅速定位参展商、展品、展馆服务、城市周边服务等。另外，单机版的数据光盘也是展示参展商及展品的有效工具。

(6) 观众登记组织现场的布置安排。观众登记组织现场的布置安排包括：展会现场场地规划设计，设施环境准备，规划现场位置设计，现场观众流程演示及落实现场人员安排等。展会项目经理负责提供展会运营实施计划表，并与组展机构共同讨论，以确定最终方案。

2. 展中信息服务

展中阶段的信息服务主要包括以下内容。

(1) 观众现场接待和组织管理。为了提高展会的品质，保证展会现场观众参观登记的有序性，组展机构应对现场工作人员进行专业的培训和有效的管理，还应在大会出入口、门禁点、研讨会、触摸屏处以及观众登记处配备统一着装、相貌端庄、举止用语规范的工作人员。

(2) 观众信息的采集、录入、处理。观众信息的质量是决定其可用性的前提。目前，高速图像采集系统可采集观众名片图像、自动识别名片内容及录入观众调查问卷，同时提供可校验、可修复的途径。

(3) 现场观众卡的制作。工作人员可发放事先印刷好的参观卡，现场打印观众基本信息；也可生成个性化的参观卡，便于参展商识别，或现场打印带照片的观众参观卡；在条件允许的情况下，还可现场制作内部存储信息的非接触式智能卡。

(4) 大会及研讨会出入口门禁管理。组展机构应做好大会及研讨会出入口系统设置、数据采集和管理、现场监控等工作。

(5) 信息的采集、管理。组展机构应及时收集出入观众的信息，实时显示当前观众的详细信息，包括出入次数、本出入口总到达人数、到达人数历史记录等内容。

(6) 现场监控。现场监控包括出入口管理和进入场馆及会议室的权限控制。组展机构应对展会每个出入口的观众的到达情况进行详细监控，及时分析到达人数、到达人数变化曲线、到达人员比例等。这些信息可同时在大会的信息发布现场显示，能充分体现展会的高科技含量。

(7) 现场导览系统。为提高展会的服务质量，体现展会的现代化程度，更好地引导观众参观展会，组展机构可以在展会现场的显著位置放置介绍展会详细情况、展场展位图、展位号列表、参展公司、展品等信息的触摸屏信息岛设施。

(8) 抽奖和调研活动。为了提高观众登记的积极性，可通过观众胸卡的识别功能，在系统内提供观众积分服务，或通过随机抽取的方式，评选特别观众。组展机构应采用专业的现场调研人员和调研方法对现场观众和参展商开展相关调研服务，并在会后提供专业统计分析报告。

(9) 展台服务系统。展会管理信息系统可提供观众注册登录服务，并将其详细信息存入中心数据库，同时发放观众胸卡。观众到达展台时，工作人员可利用无线手持信息终端扫描观众胸卡上的条码，屏幕上将会显示观众的相关信息、到达记录，以及当前访问总人数。使用该服务系统后，参展商不必再收集观众名片或让观众填写调查表，避免了展台拥挤的情况发生。会后，参展商也不必再派专人整理名片，可以节约80%～90%的成本，并得到比以前更准确的观众信息。

(10) 现场分析报告的制作。组展机构可提供展会各会场和研讨会当天的观众到达人数曲线、到达人数变化曲线、观众区域分布、调查问卷统计等分析报告。

(11) 现场光盘的制作。组展机构可为参展商提供电子会刊的制作服务，帮助参展商了解更多的展会信息。

3. 展后信息服务

展后阶段的信息服务主要包括以下内容。

(1) 展后数据处理。展后数据处理是指对展会现场收集的观众基本信息进行深入的规范化处理。例如，规范地区，即通过邮政编码、电话区号、地址和4 000个城市数据库的相互校验，确定观众所在城市、省份和地区等；归类部门和职位，即根据相应行业的特点，对各种不同的部门和职位进行归类处理，确定观众的部门属性、决策层面、职位属性等；观众信息整理，即对残缺不全的信息进行补充，对明显没有价值的信息进行删除，提高信息的有效性；查重合并相同信息，即对基本信息(姓名、地址、单位、部门、职位、手机、电子邮箱等)相同的观众进行辨认、合并。

(2) 展会统计报告分析。展会统计报告分析可为组展机构和参展商提供基于观众基本信息、需求信息、行为信息的多种分析报告。例如，曲线类分析报告，即展会各会场和研讨会的观众到达人数曲线、在馆人数曲线、到达人数变化曲线等，这些曲线可以帮助主办商分析现场展览效果，辅助未来展览策略的制定；比例类分析报告，即根据规范化的数据，以饼状图或柱状图的形式提供基于观众职位、部门、来源区域等信息的分析报告；调查类报告，即通过对观众填写的调查表进行统计和分析，针对组展机构关心的问题提供备选答案的饼状图、柱状图或图表报告，以及对调查问题的相关性分析。

(3) 展后信息管理。展后信息管理是指组展机构应在会后提供完整的参展商信息资料库和观众信息资料库，并加以相应的保密级限制。通过展后信息管理，可满足参展商对观众名片信息、观众调查表信息和观众行为信息的联合查询需求。基于查询结果，参展商可以查看观众名片的详细信息及原始图像，以便于校验、修复，使收集的观众信息更具有真实性和准确性。同时支持观众信息下载功能，满足用户群打印、群发邮件等的需求。

(4) 展后回访。展后回访是指对专业观众的回访服务，回访方式包括邮寄、电子邮件、传真等；回访内容包括会后满意度调查、下届参展意向调查等。通过展后回访，可以查验观众联系方式的有效性并进行分类管理，进一步提高信息质量。

(5) 观众展后访问。观众在展后访问本次展会站点时，可以查看新发布的展会资料，查询曾经访问的参展商，查看参展商的最新信息，下载参展商的参展资料，并可通过留言簿或电子邮箱联络参展商或主办单位。

案例链接5-7

"双线会展"正式开启中国互联网+会展创新发展新纪元

双线会展(online & offline expo)是掌上世博平台为顺应会展业未来发展趋势所打造的独立运营板块和子平台，其目标是线下+线上展会同时呈现并在互联网上再造会展生态圈，旨在推动传统会展业朝数字化、智慧化的方向更快发展。

掌上世博始终以打造系统化会展行业生态平台，提供数字化会展展示平台和生态型的产业链平台为目标。数字展会如何举办？如何呈现？观众看什么？怎么看？参展商如何展示？掌上世博针对会展的延伸服务做了一系列尝试。为了让用户快速体验优质的会展服务，为了平台的观展方便和发展需要，公司启用了"http://oao.expoworld.cn"这个专业域名，从而使观众和企业更加便捷地找展、参展和观展。

双线会展2.0根据用户建议和发展规划设置了展会信息、展馆场地、组展机构、展会服务、新闻资讯、线上展厅6个板块。

展会信息板块用于推荐中高端品质展会，包括行业细分、地点选择、展会时间、展会状态等方面。

展馆场地和组展机构板块可为优秀的场馆方、组展方提供宣传招商平台，实现优质资源的共享、共赢。

展会服务板块是系统对智慧会展技术服务进行集成推介的一个新尝试，可为优秀的服务商提供集中宣传展示的平台，让有需要的用户快速实现对接，具体包括宣传招展、会展技术、设计搭建、商务服务4类内容。

新闻资讯板块内容包括政策趋势、展会智囊等，方便用户快速了解和看懂会展行业的发展趋势。

线上展厅实际上等同于数字国展中心，能为用户带来"再造现实"的观展体验。展会的主体——参展商、展品都以全景数字化(图文、视频等)的方式呈现，用户可通过选择展区定向查找参展商。观众既能了解其品牌实力，也能看到参展商推出的最新产品和本次展会期间的优惠政策。观众可以一键收藏备用，也可以单击鼠标预约和购买。通过双线会展模式"将线上专业客户精准引向线下展台，将潜在消费者引向企业的电商"，达到"双线互动"效应。同时，该板块将展会所在地城市的旅游、文化、科技和经济等资讯一并推荐给观众，可增强城市魅力对展会的衬托和吸引作用，真正实现线上展会集展示、合作、销售、文旅等于一体的服务创新和整合。

数字展会打破了传统展会的地域、时间、空间和成本等的限制，使办展、参展和观展可以随时随地进行，用户还可提前上线预览展会，可以收藏自己关心的展会、参展商，以便再次访问。此外，系统还为用户建立了展会专栏，用户可及时了解展会最新进程。

双线会展2.0给会展业带来了什么？

线上展会的发展离不开线下实体展会的发展，它们相辅相成、共享共赢，只有双方合作才能成为双线会展。线下展会只能在一段时间内让一部分现场观众看到，但有些类型的展会(例如，大型机械或园区展示等)线下难以举办，其产品根本到不了展会现场，但通过线上展会是完全可以实现的。系统可为展会主办方提供办展后台，同时为参展商提供展会参展管理系统后台，主办方通过这个系统能够完成"自助式办展和参展"，并能通过互联网分享和宣传展会，让更多的用户看到，不断提升展会的影响力，扩大线下展会的品牌影响力。

掌上世博为展馆场地、展会服务商和展会信息建立了有效关联，通过三方信息的串联，用户可以通过展会了解服务商、展馆，可以通过服务商了解展会和展馆等，从而实现会展服务链的动态链接和信息集成，在展示的同时能够进行多维度的信息共享和筛选。

双线会展2.0还有哪些新的会展服务？

双线会展2.0既服务于会展业的升级，也服务于会展业的创新。未来，纯数字展会和定制化展会还有很大的发展空间。例如，大型集团企业定制专展、行业协会或商会专展、城市园区推介招商专展等领域。双线会展2.0打造的是一个数字化展示系统，它可以跨界、可以定制，几乎可以打破线下展会的一切限制，带来更广阔的会展发展空间。

资料来源：掌上世博平台. "双线会展"正式开启中国互联网+会展创新发展新纪元[EB/OL]. (2017-01-19) [2021-12-15]. http://oao.expoworld.cn.

5.3.2 会展现场服务信息管理系统的应用

1. MyMova会展管理系统

MyMova会展管理系统主要为组展机构提供全面的观众管理服务。该系统利用信息化的管理手段，在展会的各个阶段提供有效的数据管理服务，并借此途径拓展观众的组织、宣传渠道，扩大展会的正面宣传效果。

1) MyMova会展管理系统的功能

MyMova会展管理系统的功能主要体现在以下几个方面。

(1) 展前观众预注册管理。MyMova网站专门为展会设立观众预注册网页，这样可以让观众在展会开始前自助完成个人信息登记。预先注册的观众信息将被及时地保存在系统数据库中，便于管理和利用，这样既可以让观众节省现场排队等候的时间，又可以减轻主办方现场组织管理的压力，大大提高办展效率。而且，会展管理系统的应用，更有利于提升展会的形象和品质。

(2) 现场观众注册及门禁管理。对于没有预先在网络上登记的观众，可进行现场登记。MyMova现场管理系统能够快速完成登记观众信息、打印入场证等工作。同时，也可以满足预注册用户的证件补办、查询等需求。对于佩戴证件的观众，在入场时需扫描条形码，以便于工作人员统计各个时段的人流量。这样，既保证了无证件人员无法入场，又可以得到组展机构想要了解的客流信息，大大提升展会的形象，确保展会效果。

(3) 观众来源、流量统计报表。根据预注册信息及现场登记的观众信息，MyMova会展管理系统可以自动分析、统计本次展会的观众信息，并生成相关报告。组展机构可以通过网络访问以图形或者文字形式表现的统计结果，直观地了解本次展会的观众组织效果，并可打印报告，用于决策。

MyMova会展管理系统致力于为大中型会议、展会带来便捷、专业及富有创意的体验。该系统可在前期招展、宣传推广、观众登记(网上登记和现场快速登记)、电子胸卡现场打印、电子签到、短信邮件通知及开展后的观众流动数据分析等方面为组展机构提供专业的系统服务。该系统的建设内容如表5-2所示。

表5-2　MyMova会展管理系统的建设内容

栏目/板块	主要功能
首页	可自由设置首页的内容，添加图片，播放视频或音频等
新闻	可任意创建新闻通知，设置灵活、列表清晰
日程	可智能创建日程内容，与演讲嘉宾、时间、地点等同步
演讲嘉宾	可智能设置演讲嘉宾姓名、职位、照片及个人简介
赞助商	对赞助商进行管理，可设置赞助商名称、介绍、logo等
在线报名	参会人员可在线报名，填写个人信息，获得参会回执
在线支付	支持国内大多数银行的在线支付业务，也可选择转账、电汇、票到付款或现场缴费等方式
统计分析	对观众报名情况、网站访问情况进行实时统计

2) MyMova会展管理系统的服务内容

(1) 活动专题网站智能建设服务。专题网站智能建设系统是一种全新的互联网应用模式，它一改过去传统的专题网站建站方式，不需要开发人员编写任何程序或网页，也无须使用者学习任何相关语言，更不需要第三方代写或管理网站，只需要应用系统提供的各种强大丰富的功能模块，即可轻松生成个性化的专题网站，具有相当高的自由度。

(2) 电子签到服务。电子签到是应用互联网登记、电子门票传播、扫描终端验证等多项功能而完成的签到过程，是由MyMova独立开发、应用和普及的一项会议活动类签到业务。电子签到功能通过与MyMova系统的整合，具备会议活动前的在线报名、电子邀请函的自动生成与发送、二维码彩信发送、电子门票制作及打印、电子胸卡现场制作及电子签到、参会嘉宾信息的实时同步统计和管理等功能，实现了会议活动的高效、快捷、安全等目标。

MyMova电子签到业务可根据会议活动的具体需求，提供二维码签到、条码签到、电子门票签到、纸质门票签到、电子胸卡签到和彩信二维码签到6种电子签到方式。

例如，从2008年起，Google公司在纽约、旧金山、新德里、巴西、悉尼等全球多个城市举办了creative sandbox(创意沙盒)活动，向全球各地的创意人展示Google最新技术所具备的可激发更富创意的广告灵感的功能。在本次活动中，MyMova提供了活动报名、二维码游戏、二维码电子签到等服务。参加活动的人员可在MyMova提供的在线平台上报名，报名成功后可获得二维码凭证,在活动当天凭此二维码凭证或通过手机拍照保存的二维码图片进行电子签到,即可领取礼品及胸牌入场。

使用二维码签到的步骤:

① 参会人员通过MyMova会议系统报名;
② 参会人员获得印有二维码的电子门票或彩信;
③ 通过读取二维码获得报名信息与会议信息;
④ 通过电子门票或彩信进行参会签到;
⑤ 会议组织者根据签到记录统计相关信息。

(3) 现场电子注册服务。MyMova为组织者提供现场电子注册服务,参会人员只需在MyMova提供的现场注册机上输入简单的信息就能轻松完成注册,注册数据实时同步到活动服务器中,方便组织者轻松调取和查阅。

(4) 现场胸卡打印服务。MyMova通过快速胸卡打印设备与签到系统完美整合,参会人员无须提前印刷胸卡,当设备确认参会人员身份后,胸卡打印设备就能快速打印包含头像、姓名、职位、公司等个人信息的胸卡。即便参会人员最后一分钟才报名,他也能在入场前获得胸卡。

(5) 入场管理及展位管理。通过身份识别及门禁设备,MyMova可对某些会场进行限制访问的操作,只有经过允许的用户才能进入,这样可以保证会场的安全。MyMova为每个展位配备手持扫描设备,工作人员可以自行扫描观众胸卡信息,省去了索要名片的步骤,并且能够确保信息的准确、安全。

MyMova会展管理系统可提供各种独具特色的功能,如图5-17所示。

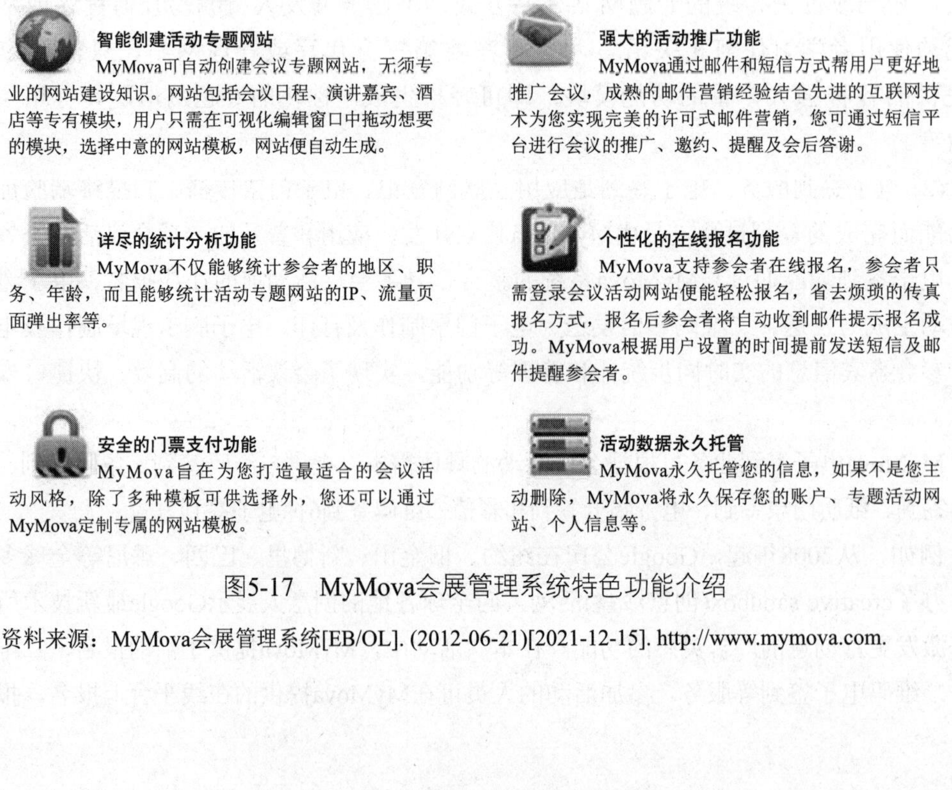

智能创建活动专题网站
MyMova可自动创建会议专题网站,无须专业的网站建设知识。网站包括会议日程、演讲嘉宾、酒店等专有模块,用户只需在可视化编辑窗口中拖动想要的模块,选择中意的网站模板,网站便自动生成。

强大的活动推广功能
MyMova通过邮件和短信方式帮用户更好地推广会议,成熟的邮件营销经验结合先进的互联网技术为您实现完美的许可式邮件营销,您可通过短信平台进行会议的推广、邀约、提醒及会后答谢。

详尽的统计分析功能
MyMova不仅能够统计参会者的地区、职务、年龄,而且能够统计活动专题网站的IP、流量页面弹出率等。

个性化的在线报名功能
MyMova支持参会者在线报名,参会者只需登录会议活动网站便能轻松报名,省去烦琐的传真报名方式,报名后参会者将自动收到邮件提示报名成功。MyMova根据用户设置的时间提前发送短信及邮件提醒参会者。

安全的门票支付功能
MyMova旨在为您打造最适合的会议活动风格,除了多种模板可供选择外,您还可以通过MyMova定制专属的网站模板。

活动数据永久托管
MyMova永久托管您的信息,如果不是您主动删除,MyMova将永久保存您的账户、专题活动网站、个人信息等。

图5-17　MyMova会展管理系统特色功能介绍

资料来源:MyMova会展管理系统[EB/OL]. (2012-06-21)[2021-12-15]. http://www.mymova.com.

2. 三维展会现场互动模拟实训系统

随着会展经济的快速发展，会展管理平台已经成为会展经营的重要组成部分。一个好的会展管理平台不仅可以提高会展业的经济效益，还能提高会展业的社会效益。加强对会展组织与管理的研究，对于会展业的发展具有十分重要的意义。

在互联网信息化不断发展的今天，会展人才的缺乏已经成为会展业发展的瓶颈。在当前会展教学日益成熟的情况下，会展实训平台的建立，对国家会展人才的培养具有关键性的作用。

1) 平台概况

杭州磐天信息科技有限公司通过三维虚拟技术，模拟真实会展场景，通过交互技术以及角色扮演，学生能够直观地掌握会展服务的构成种类、会展服务的基本特点等知识，使学生对会展宣传服务及相关媒体、会展展出服务及构成、会展后勤服务种类有比较清晰的认识。

2) 开发流程

(1) 基本信息，具体包括以下几个方面。

① 角色分类：两位参展商代表(男女各一名)，两位观众(男女各一名)。

② 用户登录：调用给定的权限组件进行用户验证和权限验证。

③ 场景管理：在操作过程中，系统会自动调动会展场馆虚拟漫游与解说系统中的场景文件，如国内某个知名展馆(展区、展位平面分布图)。软件提供展位场景的增加、删除、数据(展位名称、展位介绍)修改功能，有权限的用户可通过导入区域场景文件来增加展位场景。展位数据保存格式为xml(可扩展标记语言)文件，每个展位场景有一个xml文件。

(2) 流程示意。三维展会现场互动模拟实训流程如图5-18所示。

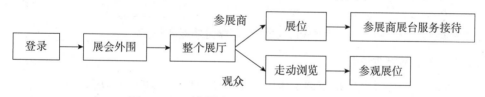

图5-18 三维展会现场互动模拟实训流程

(3) 流程说明，具体包括以下内容。

① 登录：选择不同的角色身份登录。

② 展会外围：以漫游的方式观看整个展会的建筑外围，并配有场馆外围各节点的介绍。

③ 整个展厅：以45°角浏览整个展厅，并配有展厅内部各节点的介绍。

④ 展位：浏览展位，观看布局，并配有展位内部各节点的介绍。

⑤ 展位预订销售：参展商与组展商进行交互式对话，开展展位咨询、选址、预订、销售等工作。

⑥ 展位流程(布展)：开始模拟参展商操作展会(流程从展品到达场馆开始至撤展结束)。具体内容：参展商报到，并与组展商沟通，获得预订展位(提供标准展位和特装展位

的空间构架,如标准展位是由3块3米长、2.5米高的围板搭建的呈正方形的展览空间,含楣板);参展商进行货物拆封、展位布置(提供展位布置标配元素,如洽谈桌、桌椅、照明灯、电源插座等,以及特配元素服务性商品、宣传性展牌、印刷品、电子影像等,可进行增加、移除、保存、撤销等操作);参展商对楣板内容进行编辑,直至布展完成。

⑦ 走动浏览:模拟浏览各个展位,并能与参展商进行互动,如咨询、指示、赠品发放、销售、下订单等。

⑧ 参观展位:进入展位参观。观众如要进入展位参观,需单击"进入参观"按钮,系统有计数功能,可对展位吸引观众的人数进行统计。

⑨ 撤展:参展商需将展品及参展物品撤出展览场馆。

需要注意的是,以上各角色都能实现交互式对话。

3) 参展商主界面功能介绍

在三维展会现场互动模拟实训系统中,参展商的主界面功能如图5-19所示。

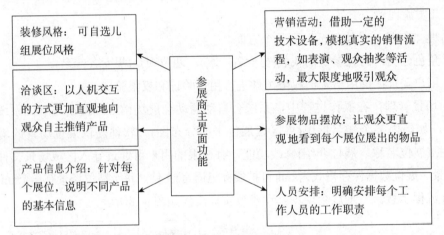

图5-19　参展商主界面功能介绍

4) 观众主界面功能介绍

在三维展会现场互动模拟实训系统中,观众主界面功能如图5-20所示。

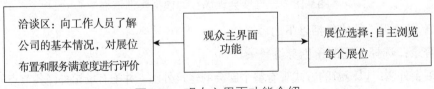

图5-20　观众主界面功能介绍

5) 参展商展台服务接待场景及操作

在三维展会现场互动模拟实训系统中,展台服务接待操作流程如表5-3所示。

表5-3 展台服务接待操作流程

场景	可执行的操作	说明
实训开始	服饰选择	展台服务人员选择服装、饰品、胸牌。系统提供多种服装(单选)、多种饰品(多选)、多种胸牌(单选)供操作者选择。选择完成后,在整个实训过程中,操作者在三维场景中将以对应形象出现
任何时候	展台整理	把展台上的资料、调查表、名片、样品、装饰性小摆设摆放整齐,把接待桌上的杯具摆放整齐,把椅子摆放整齐。操作者在实训开始后的整个实训过程中,可以随时执行"展台整理"操作,保证展台的有序、整洁。操作者可选择物品,然后以拖动的方式完成
	安排表演活动	操作者可随时单击"安排表演活动"菜单项,选择表演内容,系统将根据所选内容进行播放(动作或动画)
道具选择	选择道具	操作者可以随时单击"道具按钮",打开一个窗口,即可浏览准备好的参展商名片、胸牌、空白调查表格、展台资料、展品样品、观众名片、调查表等
观众接待	一般对话	单击"对话"菜单项,输入对话语言,系统可根据操作者输入的语言进行一般对话
	给名片	单击"给名片"菜单项,输入对话语言(给名片时需有语言交流),并选择表情与姿态,系统将根据操作者输入的语言、选择的表情姿态做出动作(或播放动画)
	索取名片	单击"索取名片"菜单项,输入对话语言,系统将根据操作者输入的语言做出动作(或播放动画)
	收名片	当有观众递名片时,可以单击"收名片",输入对话语言,系统将根据操作者输入的语言做出动作(或播放动画)。注意要有一段特写来显示名片内容,以帮助操作者记住名片内容,便于进行后续操作。如果操作者没有记住名片内容,可以通过单击"道具"查看当前观众的名片
	请观众填写资料、调查表	单击"请观众填写资料、调查表"菜单项,输入对话语言,系统根据操作者输入的语言做出动作(或播放动画),最终形成完整的调查表,并可保存
	收取观众所填表格	当观众递交填写完整的资料、调查表时,可以单击"收观众所填表格",并输入对话语言,系统根据操作者输入的语言做出动作(或播放动画)。要有一段特写来显示表格内容,以帮助操作者记住表格内容,便于进行后续操作。如果操作者没有记住表格内容,可以通过单击"道具"查看当前观众填写的表格
	赠送展品资料	单击"赠送展品资料"菜单项,输入对话语言,系统将根据操作者输入的语言做出动作(或播放动画)
	赠送礼品	单击"赠送礼品"菜单项,输入对话语言,系统将根据操作者输入的语言做出动作(或播放动画)
	安排客人入座	单击"安排客人入座"菜单项,输入对话语言,选择安排客人入座的椅子以及表情姿态,系统将根据操作者输入的语言、选择的椅子以及表情姿态做出动作(或播放动画)
	上茶	单击"上茶"菜单项,输入对话语言,系统将根据操作者输入的语言做出动作(或播放动画)
实训结束	过程回放	可将展台服务接待的整个过程保存为文件,也可以动画或文字表格的方式回放整个实训过程

6) 模拟实训系统效果评价

通过实训平台模拟参展过程，能够让学生产生身临其境的体验效果，有利于学生巩固和深入了解整个会展服务管理的知识点。通过扮演观众，学生可以基于自身的感受对参展商进行评价(一星到五星)。教师可通过回放学生的实训过程，对整体效果进行评分。在整个平台实训的过程中，学生可结合理论知识，全方位了解会展的组织与接待、促销服务、展览销售服务等内容，将对以后的实际应用起到很好的引导作用。

资料来源：杭州磐天信息科技有限公司. 三维展会现场互动模拟实训系统操作说明手册[Z]. 杭州，2012.

项目小结

本项目重点介绍了会展现场服务信息管理的重要性，使读者对会展现场信息管理的对象有深入的了解。其中，会展现场信息管理系统是本项目讨论的重点，通过对本章内容的学习，读者不仅能够了解会展现场信息管理系统的结构，而且拓展了应用于会展现场的多媒体技术知识。另外，本项目还讨论了展前、展中、展后阶段的现场服务信息管理的具体工作内容，并介绍了现场服务信息管理软件，使读者对会展现场信息服务系统的组成与功能有更深刻的理解。

实训练习

实训题一：通过应用真实或虚拟现场信息管理系统，掌握会展现场信息服务工具的使用方法。

实训题二：通过考察某展会现场信息管理系统的结构，识别设备应用的相关技术并全面了解其功能框架。

实训题三：回顾参展经历和服务经历，了解会展现场信息管理的现状。

应用实例 | 广州锦汉国际展览中心展会现场观众信息服务系统

1. 服务项目介绍

广州锦汉国际展览中心的观众信息服务系统可提供观众信息采集、观众胸卡印制及发放、现场身份识别、观众信息统计分析、买家数据库等服务。该系统为"中国(广州)锦汉礼品、家居用品及装饰品展览会"和"中国(广州)锦汉纺织、服装及面料展览会"提供的展会观众统计分析已获得UFI(union des foires internationales，国际展览联盟)的认证。

2. 展前

(1) 信息咨询。运用自身经验，结合展会特点，为主办方开展信息管理和现场接待工作出谋划策。

(2) 邀请观众和展前预登记。提供网上预登记平台，向主办方提供的目标客户和预登记观众邮寄邀请函和胸卡。

(3) 胸卡设计和印刷。代理制作各种卡证、塑料套及挂绳。

(4) 条形码制作。代理制作标准条形码，使观众胸卡和观众信息具有同一性。

(5) 调查问卷的设计和印刷。根据展会特性，为主办方设计合理有效的调查问题，并负责排版制作与印刷。

(6) 原有观众信息的导入。科学地分析、整理主办方原有的观众数据，并导入现有的数据库中。

(7) 现场设备准备及登记处搭建，包括填表台、办证台的搭建，办证流程的标示，以及通道围栏等设施的摆设。

3. 展中

(1) 现场接待和组织管理。配置统一着装、相貌端庄、举止用语规范的展会服务人员，以保证观众登记和入场的有序性，并对其进行岗前培训。

(2) 现场制作观众胸卡。现场根据观众资料印制标有展会信息、观众个人基本信息、身份识别条码的观众胸卡。

(3) 大会、研讨会出入口门禁管理。配置无线数据采集器，识别观众个人身份，并对每个出入口的观众到达情况进行监控。

(4) 现场分析报告的制作。提供展会当天的观众到达人数曲线、到达人数变化曲线、观众区域分布、调查问卷统计等分析报告。

4. 展后

(1) 观众信息的采集、录入及处理。名片扫描采集系统实现了对观众名片图像的采集，保证了录入的准确性。调查问卷内容的录入更有利于分析相关数据，了解观众需要。

(2) 数据处理。按地区、部门、职位等对现场收集的观众信息进行分类，对无效的、相同的记录进行处理。

(3) 展会统计分析报告。提供基于观众基本信息、需求信息、行为信息数据的多种分析报告。例如，观众到达人数曲线、到达人数变化曲线、观众区域分布等分析报告。

(4) 展后信息管理。以光盘安装数据库的形式提供完整的观众数据、准确的观众信息、详尽的统计分析，以确保信息资源的安全与完整。

(5) 展后回访。通过邮寄、电子邮件、传真等方式对观众进行参展满意度、下届参展意向等信息的调查。

广州锦汉国际展览中心展会现场观众信息服务流程如图5-21所示。

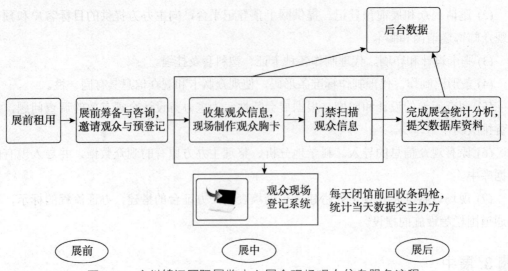

图5-21 广州锦汉国际展览中心展会现场观众信息服务流程

资料来源：广州锦汉展览中心[EB/OL]. (2012-05-14)[2021-12-15]. http://www.jh-gz.com/2011/cn/4service_3info.asp. 作者整理而成

学习项目 6
会展场馆信息及智能化管理

学习目标

知识目标：掌握国内外会展场馆发展的现状及趋势；掌握会展场馆信息数据中心及应用系统平台建设的基本知识；了解会展场馆多媒体信息发布系统的概况；掌握会展企业及会展场馆办公自动化的基本知识；掌握场馆智能信息化建设的基本原则、技术构架等内容。

能力目标：能够胜任会展场馆企业中与信息化设计与建设相关或与场馆信息化建设相关的岗位。

思政育人目标：具有绿色环保意识、可持续发展理念和彰显生态文明建设的使命担当。

课程思政

党的二十大报告指出："推动经济社会发展绿色化、低碳化是实现高质量发展的关键环节。"2020年，中国基于推动实现可持续发展的内在要求和构建人类命运共同体的责任担当，宣布了碳达峰和碳中和的目标愿景。会展业正积极兑现碳中和承诺，推动会展场馆低碳领域的技术研发，推动会展业的"绿色规划、绿色设计、绿色投资、绿色建设、绿色生产、绿色流通、绿色生活、绿色消费"的低碳理念，形成新型绿色会展的社会共识。智慧场馆建设采用绿色、低碳、环保技术和材料，加快数字化、绿色新技术的推广与应用，为"新型绿色会展"碳中和提供有力支撑，是会展业落实双碳战略的生动实践。

导入案例

国家会展中心(天津)展馆：打造智慧会展新平台，助力京津冀行业发展

国家会展中心(天津)展馆是继广州广交会展馆(承办广交会)、国家会展中心(上海)展馆(承办进博会)后，商务部投资的第三个国家会展项目。该项目分两期建设，一期展馆区已于2019年3月29日开工建设，于2021年6月投入使用；二期工程也于2020年4月5日开工建设，综合配套区计划于2022年6月投入使用。

国家会展中心(天津)展馆是商务部和天津市政府合作共建的重点项目,作为承载北京非首都功能疏解、打造全球会展新高地的中国北方展览旗舰平台,展馆立足环渤海、辐射东北亚、面向全世界,建成后将为京津冀城市群提供大型国际会展场所,使环渤海区域与粤港澳大湾区、长三角地区遥相呼应,成为中国会展经济创新发展的新引擎。

据介绍,国家会展中心(天津)展馆集展览、会议、商业、办公、酒店功能于一体。项目总投资额175亿元,总建筑面积约134万平方米,其中室内外展览总面积55万平方米,停车位9400余个,商业配套32万平方米,货车轮候区11万平方米,全面建成后将成为新一代绿色智慧创新型国家会展综合体。展馆区位优势明显,交通极为便捷,完善的海、陆、空、轨四维立体交通网络使天津成为辐射北方地区和国际的重要交通枢纽;周边配套完善,中高档星级商务酒店、餐饮、办公、会议、商业配套等一应俱全,将全面承载未来商务、餐饮购物、休闲娱乐、大型活动需求,加快会展集聚发展;展馆由32个单层无柱展厅构成,水电气按工业展览标准设计,相邻展厅可以便捷组成更大的展览空间,能够满足大型、重型工业展览需求。

此外,国家会展中心(天津)展馆携手华为,汇集5G、大数据等行业尖端技术,打造全球智慧场馆,为国内外客户提供符合实际需求的一站式智能化服务,打造智慧会展新平台。其中,智慧安防系统包括人脸识别、实时客流热力图跟踪等技术应用,可以降低安保成本;应急指挥调度系统,可以对突发事件及时响应;智慧车辆调度系统,可以使货车轮候更轻松,提升布展、撤展效率。

资料来源:胡晓萌. 国家会展中心(天津)展馆:打造智慧会展新平台 助力京津冀行业发展[EB/OL]. (2020-12-21)[2021-15-15]. https://china.chinadaily.com.cn. 作者整理而成

学习任务6.1 国内外会展场馆发展现状

6.1.1 国外会展场馆发展情况

欧洲是世界会展业的发源地,经过多年的经验积累和发展,欧洲会展经济的整体实力最强、规模最大。其中,德国、意大利、法国、英国都是世界级的会展业大国,这些国家的场馆建设水平也一直居于世界前列。

以德国为例,德国会展业的突出特点是具有专业性、国际性的展会数量多、规模大,而且效益好、实力强。在国际性贸易展会方面,德国是第一号世界会展强国,约有2/3的世界著名的具有国际性、专业性的贸易展会都在德国主办。如果按展会营业额排序,在世界十大知名展览公司中,有6家来自德国。德国每年举办的国际性贸易展约有130个,参展商17万家,其中有将近一半的参展商(约为48%)来自国外。在展览设施方面,德国现拥有23个大型展览中心，其中，有8个超过10万平方米。德国展览中心的总面积达240万平方米，世界最大的4个展览中心有3个在德国，堪称"头号世界会展强国"。德国主要的展馆有以下几个。

1. 汉诺威展览中心

汉诺威展览中心位于德国的会展之都——汉诺威，它是世界上最大的会展场馆，拥有完美的基础设施和艺术级的技术手段，可容纳26 000余位参展商和230万观众。整个场地占地100万平方米，共27个展馆，室内展览面积达到49.8万平方米。最新落成的27号展馆位于展场西南角，展览面积为31 930平方米，造价6 140万欧元。其中，8号馆、9号馆、13号馆和26号馆具有独特的建筑风格。展场内值得一提的建筑还有：面积达到16 000平方米的木结构EXPO Canopy，建于1958年并于2000世博会期间翻新的标志性建筑Hermes Tower，以及连通城市高速路和8号馆的欧洲最大的人行桥Exponible。除了室内展览空间，展场还提供5.8万平方米的室外展览空间。在过去的10年里，德国博览会集团投入总计超过8亿欧元的资金来建设新展馆，改善停车设施，建立卓越的公路网、大宗货物运输道路以及对观众具有吸引力的建筑，使得汉诺威展览中心成为国际市场交流的最佳场所。

2. 法兰克福展览中心

法兰克福展览中心位于德国重要的金融城市法兰克福，它是世界第三大展场，由10个展厅组成，占地面积为47万平方米。其中，室内展厅面积为32.1万平方米，室外展厅面积为9万平方米。法兰克福展览中心每年可举办50多场展会，其中汽车展、春秋两季消费品展已达到世界同类展会的最大规模。在此展览中心举办的"消费品博览会"是关于"吃、住和礼品"的国际最高级别的博览会，每年有来自将近90个国家的14万专业人士前来参展。在使用面积超过19万平方米的展区内，4 500家参展商向观众展示他们生产的关于居住、宴会、礼品、装饰等领域的产品。"国际汽车及零配件展览会"是引领汽车组件和零配件国际潮流的博览会，每两年在秋季时举办一次，有超过16万的观众和来自72个国家的4 500家参展商前来参展。除了国际上的工业和贸易代表，该博览会还吸引了德国的许多车厂行家前来参展，其中专业人士的比例达到了91%。"法兰克福图书博览会"为期5天，主要为观众展示漫画书、杂志、报纸、地图、日历以及艺术作品。每年10月份，有来自101个国家的超过7 200家参展商前来向大约28万名观众推介他们的产品。在这场博览会中，还会举办许多提供专业信息的其他活动，如"特殊博览会"或"文化节"。

3. 新慕尼黑博览中心

新慕尼黑博览中心位于德国慕尼黑的新城区，于1998年2月12日正式对外开放，是建筑业中的又一经典之作。新慕尼黑博览中心总占地面积达73万平方米，共有16个展馆、1个国际会议中心。该博览中心拥有超大面积的展示空间，其中展馆室内面积为18万平方米，室外面积为25.3万平方米，是世界上较为先进的展览中心之一。新博览中心拥有现代化的交通网络，在东西入口处有2个地铁站、2个高速公路交汇点和1.3万个泊车位，使参展商和观众都能享受到高效、便利的交通。作为一个以"国际最高水准的博览中心"为标准而建立的巨型展馆，新慕尼黑博览中心具有许多领先优势：展馆无障碍的人性化设计，使布展和参观变得更为轻松、方便；展馆具备完备的通信设施，无论是室内还是室外展区都配备了先进的通信接口和宽带电缆，使各场展会都能得到最好的技术支持；广泛而周到的服务(如旅行社、商务中心、外汇兑换、饭店服务等)，为参展商和观众提供了轻松的商务环境。

4. 柏林展览中心

柏林展览中心位于柏林夏洛滕堡区，它以其特有的风格闻名于世。从1822年起，这里便举行了商业及汽车展览会。1914年，这里埋下了柏林展览中心的第一块基石并不断扩大规模，更新相关设施。目前，在1926年建成的广播塔周围有26个展厅，展览面积为16万平方米，每年可举办近60场展览，包括著名的"国际无线电展""国际旅游交易会"和"绿色周"等。其中，在20世纪70年代建成的现代化国际会议中心是如今欧洲最大的多功能会议场所。

5. 杜塞尔多夫展览中心

杜塞尔多夫展览中心被作为世界许多展览中心的设计蓝本，它有17个底层展厅，面积约为23.3万平方米，环形的设计使出入更加便捷。同时，展厅之间的通道均盖有顶棚，所以在阴雨天气观众也无须带伞。展览中心共有3个入口，可节省观众排队等候入场的时间，保证观众迅速到达展厅。展览中心设有直接专用入口、可承受重压的展厅地面、高挑的天花板和宽阔的展厅大门，便于车辆的驶入以及大型机械设备的组装和拆卸。馆内配有各种各样的房间和设施，配有一流的搭建服务和创新的舞台系统。先进的多媒体设备和极具综合性的活动策划和组织服务，使杜塞尔多夫展览中心成为世界上主要的交流平台之一。

从以上德国著名场馆的介绍中，我们不难看出，展馆的规模化建设、人性化设计以及信息化管理(建设)已成为国外会展强国在会展场馆建设中的主导思想，体现了会展场馆设计和建设的主要趋势。

6.1.2　国内会展场馆发展情况

1. 国内会展场馆总体概况

会展场馆是会展经济发展的载体，被誉为"会展经济发展的火车头"，是会展业发展的基础。没有相当规模及配套设施齐全的会展场馆，就难以催生具有影响力的品牌展会。随着我国各地一批新型会展场馆的建设及投入使用，现代风格的会展场馆已成为体现一个城市经济快速发展的"名片"。同时，作为会展业发展的硬件设施，会展场馆的地域集中程度是会展业发展的方向标。一般而言，会展场馆集中的地区往往是会展业发展的中心。会展场馆的区位布局对办展效率、办展效果、展后场馆经济效益的发挥和会展经济的协调发展有着十分重要的意义。

中国现有会展场馆的建设主要分为三个阶段：一是中华人民共和国成立后，为展示社会主义经济建设的成就，在各省会城市建设的省级展览馆(至今仍是一些经济相对不发达的省份唯一的专业会展场馆)；二是改革开放后，经济发达地区为促进经济交流而建设的各种国际展览、贸易中心；三是近年来，许多大中型城市以建设城市标志性建筑及对外展示形象的窗口为目的而建设的会展场馆。2019年，我国投入运营会展场馆总数为292座，可供展览总面积为1196.6万平方米。其中，可供销售面积超过10万平方米的会展场馆(排名前10)如表6-1所示。山东省会展场馆达45座，为全国各省(区、市)最多。按投入使用会展场馆的室内可供展览总面积计算，广东省达174.4万平方米，列全国首位。全国有27个城市会展场馆室内可供展览总面积超过10万平方米，其中上海市以97.7万平方米居首位，深圳市以60.5万平方米居次位，广州市以49.2万平方米居第三位。自2008年以来，各城市建设会展场馆的热情空前高涨，许多城市已不完全为了发展会展经济，而是从城市举办各种会展活动的多元角度考虑，把会展场馆作为城市基础设施，大力规划建设会展场馆。

表6-1　2019年我国室内可供销售面积超过10万平方米的会展场馆(排名前10)

序号	会展场馆	室内可供销售面积/平方米
1	深圳国际会展中心	500 000
2	国家会展中心(上海)	400 000
3	中国进出口商品交易会展馆	338 000
4	昆明滇池国际会展中心	300 000
5	重庆国际博览中心	230 000
6	上海新国际博览中心	200 000
7	中国西部国际博览城国际展览中心	200 000
8	温州国际会议展览中心	194 000
9	上海世贸商城展览馆	190 000
10	武汉国际博览中心	150 000

资料来源：中国会展经济研究会统计工作专业委员会.2019年度中国展览数据统计报告[M].2020：35.

从总体来看，华东地区地处沿海地带，具有地域优势，社会经济文化都比较发达，有较高的对外开放度，在国际上有一定的知名度，又有良好的城市形象、较强的城市吸引力、完善的基础设施、高效的社会服务体系和优良的环境条件区位，产业优势明显。因此，华东地区成为会展场馆分布数量最多的地区。该区共有会展场馆109个，总展览面积为431.81万平方米，室内展览面积为234.63万平方米，约占全国的40.3%。

我国的中南地区和港澳台地区气候温和，自然条件较好，投资环境优良，经济运行情况良好，因而，会展业也较为发达。该区共拥有74个会展场馆，总展览面积达366.16万平方米，室内展览面积为234.63万平方米，占我国室内总展览面积的32.8%。中南地区的广东、港澳台的会展业一直处于领先地位，但中南地区的其他省份如河南、湖南、湖北、广西等地的会展业发展水平比较低,海南则由于行政区域建立不久,会展业的发展相对滞后。在会展场馆的空间分布上,经济发达的沿海地区如广东和香港特区的会展场馆数量较多,因而会展经济也较发达。

我国的西北地区自然条件较差,交通不便捷,产业结构欠合理,会展硬件设施条件相对较差,相关的展览服务业尚未发展起来,这些因素都阻碍了西北地区会展业的发展。目前,该地区能够查询到的会展场馆只有14个,总展览面积为58.39万平方米,室内总展览面积为32.27万平方米,占我国室内总展览面积的4.5%,其中还包括一些博物馆、广场等非正式会展场馆。此外,该地区的会展场馆规模也比较小。近年来,随着国家西部开发战略的制定和实施,西北地区也将逐步成为会展业的新热点。在西安,总投资额达45亿元人民币的"西安曲江国家会展中心"已在2006年4月奠基,展馆面积为5万~8万平方米,建成后将成为中国西北地区规模最大、配套设施最完备的国际一流会展场馆。

我国的华北部地区共有会展场馆39个,总展览面积为148.26万平方米,室内展览面积为85.25万平方米。从空间分布上看,该地区的会展场馆主要集中在北京市和天津市,两个直辖市拥有展览馆的数量占该地区总数的61.11%。

东北地区是我国的传统老工业基地,具有较强的工业基础,拥有会展场馆17个,总展览面积为61.34万平方米,会展场馆大多集中在大连、沈阳以及哈尔滨等城市。

与西北地区类似,我国西南地区经济发展水平比较低,该地区的会展业也处于起步阶段。西南地区共有16个会展场馆,其中有12个分布在重庆、成都和昆明,占该地区会展场馆数量的92.31%。我国西藏自治区尚没有会展场馆。

从集群的中心来看,华东地区的会展场馆相对集中在上海、浙江、江苏和山东;中南和港澳台地区的会展场馆主要集中在广东、香港和澳门;华北地区的会展场馆主要集中在北京、天津;东北地区的会展场馆主要集中在沈阳和大连;西南地区的会展场馆主要集中在成都和重庆;相对而言,我国西北地区的会展业发展比较薄弱,只有西安在会展方面拥有一定的发展基础。

2. 国内会展场馆利用率分析

虽然国内会展场馆的建设投资热潮还在延续,未来还将有一大批会展场馆投入建设或建成投入使用,但《2019年度中国展览数据统计报告》显示,目前我国展览馆整体利用率较低,虽然专业展览中心数量众多,但实际适用于经济贸易类展览的并不多,除了转而举办低层次的人才招聘会、展销会以及各类节庆活动外,出现大量空置、闲置现象。2019全国会展场馆利用率前10名如表6-2所示。

表6-2 2019年全国会展场馆利用率前10名

序号	会展场馆	租用率/%
1	上海新国际博览中心	76.6
2	深圳会展中心	65.7
3	郑州国际会展中心	62.9

(续表)

序号	会展场馆	租用率/%
4	厦门国际会议展览中心	61.2
5	成都世纪城新国际会展中心	58.3
6	中国国际展览中心新馆(顺义馆)	52.5
7	广州保利世贸博览馆	51.5
8	上海世博展览馆	47.8
9	中国进出口商品交易会琶洲展馆	44.4
10	南京国际展览中心	43.3

资料来源：中国会展经济研究会统计工作专业委员会.2019年度中国展览数据统计报告[M].2020：41.

3. 国内新建会展场馆情况分析

2020年，全国有24座会展场馆工程项目处于在建状态，在建会展场馆室内可供展览总面积预计达358.6万平方米，如表6-3所示。全国有6座会展场馆处于立项待建规划状态，待建会展场馆室内可供展览总面积预计达57万平方米，如表6-4所示。

表6-3　2020年在建主要会展场馆室内可供展览面积

会展场馆名称	城市	面积/平方米	建设状态
绿地国际博览城会展中心	济南	510 000	在建
武汉天河国际会展中心	武汉	450 000	在建
天津国家会展中心	天津	400 000	在建
杭州大会展中心(一期)	杭州	300 000	在建
厦门翔安新会展中心	厦门	300 000	在建
贵阳空港国际会展中心	贵阳	250 000	在建
郑州华南城会展中心	郑州	180 000	在建
珠海国际会展中心(二期)	珠海	150 000	在建
青海国际会展中心	西宁	142 000	在建
商丘国际会展中心	商丘	140 000	在建
威海国际经贸交流中心	威海	120 000	在建

资料来源：中国会展经济研究会统计工作专业委员会.2019年度中国展览数据统计报告[M].2020：49-50.

表6-4　2020年待建会展场馆室内可供展览面积

会展场馆名称	城市	面积/平方米	建设状态
临沂鲁南国际会展中心	临沂	200 000	待建
中国厨都国际会展中心	滨州	100 000	待建
山西省国际会展中心(拟)	太原	100 000	待建
长沙国际会展中心二期4馆	长沙	60 000	待建
乐山国际博览城	乐山	60 000	待建
翠亨会展中心	中山	50 000	待建

资料来源：中国会展经济研究会统计工作专业委员会.2019年度中国展览数据统计报告[M].2020：50.

案例链接6-1

上海世博会场馆的后续利用与发展

历届世博会的举办都以大量的土地资源为基础,世博会结束后,对各场馆及相关设施的合理安排与使用是衡量世博会后续利用效益的关键因素。上海市人民政府发展研究中心在关于世博会的研究报告中提出了衡量世博会成功与否的8个特征性指标,其中"能够有效后续利用相关设施"被列为5个硬性指标之一。这说明,世博会结束后,如何有效利用世博场馆是我们面临的重要问题。

上海世博会为了巧妙地扣住"城市,让生活更美好"这个主题,将园区选址于浦江两岸的原重工业区,且紧靠城市中心区域边缘。此外,会址跨域较广,起于南浦大桥的一端并与外滩和陆家嘴地区相连。规划控制范围总面积为6.68平方千米,规划红线总面积约占5.28平方千米,其中浦西约占1.35平方千米,浦东约占3.93平方千米。建造展馆面积达90万平方米,配套设施面积达50万平方米,道路、广场面积为50万平方米,绿化带面积为120万平方米。

根据历届世博会后续利用的成功经验来看,上海世博会作为第四十一届综合类的世界博览会,其后续利用应以"改造和扩展城市区域"为目标,并以"可持续发展理念"和"以人为本的公众性原则"为指导思想,从环境、基础设施和永久性建筑三方面探讨上海世博会场馆的后续利用,在力求做到"零废弃"的同时,欲将上海打造成具有自身特色的高品质城市空间。

2010年上海世博会举办以来,上海的城市面貌发生了较大的改变,主要体现在以下三个方面。

第一,从环境角度来讲,上海黄浦江两岸"水绿交融",呈现全新的城市景观。大面积绿地给广大市民创造了一个永久性的休闲场地,提升了上海整个城市的环境水平,更适宜人们居住。

第二,从基础设施来讲,世博会所采用的多模式现代复合交通服务体系,增加了交通组织和管理的科技含量。世博会成为上海市解决城市交通问题、改造和整合城市交通体系的绝佳契机,极大地促进了上海市合理交通模式的转变,从而改善了现有的交通状况。

第三,从永久性建筑来讲,世博会园区的核心建筑可保留下来发展为国际文化、商务、交流合作的场所,满足城市对文化改造和商务设施方面的需求,为上海城市的经济发展发挥积极的作用。

根据城市功能的需要,利用世博会园区打造"城市体育旅游休闲中心"和"国际品牌会展场馆"更具现实选择性。

(1) 打造"城市体育旅游休闲中心"。上海目前已基本形成品牌的国际体育赛事有以下几个。

- 巴士公司承办的"APT网球大师杯赛";
- 上海赛车场承办的"F1上海站大奖赛";
- 上海盛荣公司承办的"国际田径黄金大奖赛";

- 上海体育总会承办的"国际马拉松赛";
- 东亚集团承办的"斯诺克大师赛"。

这些赛事在全球范围内拥有相当规模的追随者,使得上海在体育旅游休闲市场中,能够拥有数量可观的体育趣缘人群,并有助于形成开放性、规模型的发展格局,成为体育产业发展中最具特色和开放度的特色产业,这为上海发展成为"城市体育旅游休闲中心"奠定了坚实的基础。

(2) 打造"国际品牌会展场馆"。上海会展业的现有优势主要体现在以下几方面。

- 完善的产业基础。上海是全国的经济和金融中心,拥有其他城市和地区无法比拟的经济实力和产业基础,不仅为会展业的发展提供了雄厚的资金支持,还提供了优质的基础设施服务和相关配套服务。同时,上海市民强大的消费和采购需求也为各类展会提供了发展空间。
- 国际知名度和美誉度。伴随近年来上海国际知名度和影响力的不断提升,上海会展业也得到了迅速的发展。一个展会(尤其是国际展会)仅靠当地或国内的参展商和专业观众已经无法达到国际化要求,上海在这方面拥有得天独厚的优势,依靠强大的国际知名度和影响力,上海举办的国际展会得以逐年发展壮大。
- 完善的产业链条和发展机制。上海是国内会展业发展较早的城市之一,通过20年的发展,目前已经形成比较完善的行业发展链条和适合自身发展的机制。同时,作为中国对外发展的一个主要窗口,上海也不断汲取先进国家和地区在会展业发展上的经验和优点,使得其行业运营能力得到进一步提高。

随着国际会展业对上海会展业的逐步认可,"2010年世博会"为上海会展业带来了大量的品牌客户。世博会主题馆在展出面积、基本功能以及智能化水平方面,已成为理想的展示场所。通过各方面的努力,共同组建国际一流的交流平台,整合与会展相关的各种资源,形成一条完整的包括会展公司、会展场地服务信息、短期旅游等的"一条龙"服务产业链,从而提升上海在国际上"争展争会"的成功率,并激活相关外部市场,推动上海经济的可持续发展。

资料来源:上海世博会场馆后续利用研究. 百度文库[EB/OL]. (2011-09-06)[2021-12-15]. http://wenku.baidu.com/view/ab72218202d276a200292e41.html. 作者整理而成

学习任务6.2 会展场馆信息化建设的结构划分

6.2.1 信息数据中心及应用系统平台

信息数据中心及应用系统平台由专门的信息部门组织专门团队进行建设,各部门在集中的平台上收集、处理信息。信息部门不仅负责组织和整合公司各方面的信息，同时，还应积极开发包括全国乃至世界范围内的展览信息数据库，帮助各部门把握市场导向、拓展业务。

信息平台是公司的数据库中心，是各业务功能模块的基础，也是联系其他各子系统功能模块的纽带，它将各部门需要收集的会展业信息集中到一起，包括全国会展场馆的信息、专业展会信息、参展商和厂商信息、展览观众信息以及展览服务商信息。同时，它还是一个展览知识库和数字图书馆。另外，它还可作为底层支持系统为其他模块交互数据提供接口功能。

系统平台在数据库结构中的表现形式为数据库的核心，在应用层上则表现为企业内部网和外部网以及OA(office automation，办公自动化)部分。该平台作为公司内部各部门、各子公司的信息交流和共享平台，在系统设计方面，依据不同的权限区别外部人员和内部人员的身份，控制功能模块的访问权限和不同层面的数据信息访问权限。

作为公司同外界交流的窗口，系统平台为参展商、观众、展会合作伙伴提供了深入的展会信息服务，包括观众网上登记、参展商网上参展、网上展览和网上展览服务申请、委托、管理等服务。

本平台的重要组成部分是公司领导查询模块，建设信息系统的一个重要目的就是使公司领导能够及时了解集团最新的经营状况、各部门项目运营和盈利情况。展馆和展会的市场趋势报告和经营成果报告能够简单高效地反映公司的运营情况，为领导提供准确的决策支持数据。

6.2.2　会展场馆多媒体信息发布系统

会展场馆是一个人员高度集中且流动量非常大的场所，对其智能化水平有较高要求。数字媒体控制系统是智能化配置中一个非常重要的子系统。例如，通过该系统可将体育资讯如比分、商业广告、运动员资讯、消防指挥、服务等信息传递给观众。

如今，传统的LED(light-emitting diode，发光二极管)显示模式已不能很好地满足会展场馆的功能需求，但要建设一套具有高附加值的电子显示系统，必须结合商业运营与场馆本身的功能，将前期规划、建设施工、后期使用等方面综合起来考虑。基于数字媒体播放与显示平台的数字媒体控制系统能够很好地满足大型场馆的显示需求，该平台能够集成多种显示终端，实现数字网络化管理，并具有适应性强、扩展性强、节能、控制方便、操作简单方便等特点。

数字媒体控制系统主要有以下几个功能。

1. 会展信息发布系统应用分析(以大型体育馆为例)

(1) 实况转播。在大型体育馆或会展中心安装全彩的LED显示屏或者安装50英寸及其他尺寸的等离子显示器，用于比分显示、实况赛程转播、商业广告播放等。

(2) 资讯显示。在电梯口、通道、休息间、餐厅等场所，根据具体位置选择相应尺寸的LCD(liquid crystal display，液晶显示器)或PDP(plasma display panel，等离子显示板)，用于电视转播、广告播放、比赛信息公告、互联网资讯显示等。

(3) 电子公告。在办公大楼、票务中心、电视转播中心、观众入口通道、VIP服务区、运动员生活服务区安装一些等离子电子看板，用于显示一些公告通知、赛程安排等。

(4) 消防资讯。可借助所有现实终端插播一些晋级资讯，以及消防资讯、视频资讯、电视资讯、文字资讯等。

(5) 资讯查询。在运动员生活区和票务中心安装查询机，提供赛程安排、票务、场馆路线、城市交通路线以及旅游路线等资讯的查询功能。

(6) 资讯导航。在人流集中的地方安装一些50英寸的PDP，将整个场馆的分布、交通线路、相应设施等展示出来，便于观众及时获取相关的平面与立体资讯。

2. 综合信息发布功能

数字媒体控制系统能够将图片、幻灯片、动画、音频、视频及滚动字幕等各类媒体文件组合成多媒体节目，通过网络传输到数字媒体控制器，然后由数字媒体控制器按照控制规则通过相应的显示设备如LCD、PDP、DLP(digital light processing，数字光处理)、LED等进行有序的播放和控制。这种信息发布模式实现了各显示设备的远程集中控制和统一管理，并可随时插播新闻、图片、紧急通知等各类即时信息，将最新资讯在第一时间传递给观众。

为了适应不同客户的需求，数字媒体控制系统一般有基于C/S结构和B/S结构两种版本。系统在用户界面设计方面也始终坚持所见即所得的设计思路，争取为客户带来最佳的使用体验。

1) 基于C/S结构

C/S版本的数字媒体控制系统在客户端和主控端分别安装控制播放软件和主控软件，然后在主控服务器制作节目、明确任务并制定各种控制规则，通过网络传输到多个数字媒体控制器，最终在相应的显示设备上显示。该版本的数字媒体控制系统实现了一台主控服务器对多个数字媒体控制器的集中控制与统一管理，主要具有以下几个功能特点。

(1) 采用基于TCP/IP的网络分布式系统结构。
(2) 具备集中远程控制、远程维护管理功能，包括远程管理、远程监控等。
(3) 系统可集成视频会议系统、视频监控系统和有线电视系统。
(4) 实时天气预报、股票信息系统的接入。
(5) 支持目前市场上各种格式的多媒体文件播放。
(6) 支持紧急插播节目和字幕。
(7) 系统维护升级简单、操作方便。

2) 基于B/S结构

B/S版本的数字媒体控制系统由客户通过浏览器来实现对显示终端的管理和维护。客户通过浏览器登录管理界面，然后制作节目、明确任务并制定各种控制规则，客户端通过网络自动下载后,即可在相应的显示设备上显示。B/S架构搭建在C/S架构之上,因此具备C/S架构的所有功能和特点,并在此基础上增加了B/S架构独特的管理功能,主要具有以下几个功能特点。

(1) 系统可划分不同的管理权限,系统管理员拥有最高权限。

(2) 对不同级别的管理员赋予不同的权限,高级别管理员可任意修改低级别管理员操作的内容,反之则不行。

(3) 系统可对各种资源进行授权,让不同的管理员根据各自的权限制作不同的节目、完成不同的任务或者管理不同的终端。

(4) 系统具有强大的日志管理功能,能够详细记录每个管理员的所有操作内容,便于管理员对系统进行日常维护。

(5) 系统可对传输的文件数据进行加密,确保数据在传输过程中不被非法解释,以确保系统的安全性和可靠性。

(6) 系统有详细的播放日志和运行日志,便于统计和查看播放情况及终端运行状态。

6.2.3 会展场馆经营信息管理系统

利用信息系统开辟主办方市场,可使会展场馆服务规范化,客户响应更快速,项目控制更严格,从而提高服务质量。同时,不仅能够扩大会展场馆的市场份额,提高国际大展在租户中所占的比率,还能利用信息服务平台,为主办方提供信息化系统服务,维系现有的优秀展览,吸引更多的国际化展览。

会展场馆经营模块可围绕场馆经营为场馆销售、运营、技术保障、保卫等部门提供信息管理平台,将这些会展场馆经营过程中的关键信息数字化,并进行集中管理,可快速、协调地为主办方提供租馆服务,不仅能为内部的自办展提供服务接口,也可为在会展场馆办展的其他展览主办方提供服务界面,还能为主办方提供观众信息管理的完善解决方案,使会展场馆服务更具市场竞争力。

6.2.4 会展场馆服务管理系统

会展场馆服务管理系统是会展场馆为展会提供的附加服务,这种服务和会展场馆经营服务的区别在于,前者是可选的,而后者是必需的。例如,主办方不能雇佣其他技术保障部门为其展会服务。

首先,会展场馆服务管理系统可通过展览信息平台,帮助会展场馆的相关服务部门挖掘更多的主办方用户和参展商用户,拓展展览服务业务;其次,通过信息化手段规范展览服务业务,可减少展览服务部门对会展场馆的依赖,提高管理质量,增强自身竞争能力。

本模块主要利用软件系统对会展场馆进行规范管理,为其他主办方客户提供服务合同与项目信息管理平台。

6.2.5 会展场馆内部办公自动化管理系统

办公自动化(office automation, OA)是将现代化办公和计算机网络功能结合起来的一种新型的办公方式。办公自动化没有统一的定义，凡是在传统的办公室中采用各种新技术、新机器、新设备从事办公业务，都属于办公自动化的范畴。实现办公自动化，或者说实现数字化办公，可以优化现有的管理组织结构，调整管理体制，在提高效率的基础上，增强协同办公的能力以及强化决策的一致性，最后实现提高决策效能的目的。目前，许多大型会展公司和会展场馆普遍采用这一技术，以提高工作效率。

1. 主要模块功能介绍

(1) 收文系统。收文系统主要负责完成收文所涉及的一系列操作，例如公文上报、登记、拟办、中转、转发、处室拟办、领导审核、承办单位办理、归档、相关单位查询公文等。该系统特别注重数据的一次性录入，以减少重复劳动，提高办公效率。

(2) 发文系统。发文系统主要完成发文所涉及的一系列操作，例如处室拟稿、领导审签、文字初审、文字复审、领导签发、文书印发等。

(3) 待办事宜系统。待办事宜系统是整个办公自动化系统的重要组成部分，通过这个模块，领导可直接查看、处理待办事宜系统中的文件，并进行批示、审批、审阅，极大地方便了领导办公。同时，工作人员也可根据需要经常查看待办事宜，办理领导交办的事项，以免造成待办事宜的延误。

(4) 文档管理系统。文档管理系统具有以下优点。

① 信息量大。该系统收录了上级单位下发的多种文件及本单位发布的文件，对于有关单位的相关政策、制度的制定具有指导意义。

② 信息及时、准确。文件从下发当天就可以进入办公自动化系统，编辑、采编等工作都可以通过计算机网络实现，因此信息不仅及时而且准确。

③ 便于重复引用。文档管理系统的整个流程均实现了数字化，只需一次输入，其他单位就可以方便地引用，减少了文字的重复录入，提高了工作效率。

(5) 政务信息系统。由于政务信息均以数字化的方式传输，只需一次输入，其他单位就可以方便地引用。该系统的应用减少了文字的重复录入，提高了工作效率。

(6) 全文搜索功能。办公自动化管理系统提供强大的全文搜索功能，用户可在几秒内从系统中的大量信息中找到想要的信息。

(7) 会议管理系统。会议管理系统提供会议安排、会议通知、会议纪要、会议议题归档等服务，通过会议管理系统可以对归档库中的内容按指定的方式进行查询和统计。

(8) 远程信息上报系统。远程信息上报的目的是为信息采编工作提供信息来源。该系统主要供下级单位或二级单位使用，以便向上级单位报送本单位的信息。

(9) 电话及通信名录。电话及通信名录系统可提供本单位及所属单位的通信名录信息，联网用户可以将本单位人员的通信名录输入本系统，以方便查询和交流。

(10) 电子邮件系统。电子邮件系统在整个办公自动化系统中非常重要，它不仅是衔接系统中各个流程的纽带，还可以非常方便地促进工作人员之间的信息交流。在本系统中，用户可以传输电子文件，可以在5～30秒之内将电子邮件传送到系统内部指定收件人的信箱。

2. 使用办公自动化的益处

(1) 提升员工办公效率。办公自动化系统能帮助各部门建立一个完整的工作平台，打破时间、空间的限制，部门内员工可以在任何地方、任何时间借助统一的工作平台完成日常工作，极大地提高了办公效率。

(2) 加快部门反应速度。对部门而言，业务流程始终是创造价值的核心要素。办公自动化的纽带功能将各个业务部门甚至上下游厂商连成一个整体，责权分明，极大地提高了工作效率；还可以帮助部门对流程进行优化改造，找出流程中的瓶颈，避免人为因素的干扰，提升公司的竞争力。

(3) 提升部门执行力。在传统管理模式下，团队协作难以达到最优效果，公司上下级之间缺乏有效、及时的交流。通过使用办公自动化系统，领导可以非常清楚地了解员工的工作情况，可以根据具体情况指导工作，团队成员之间的协作也可以更加紧密，极大地提升了部门执行力。

3. 办公自动化系统的特点

(1) 集成化。办公自动化系统通过软硬件与网络产品的集成、人与系统的集成、单一办公系统与社会公众信息系统的集成，组成了"无缝集成"的开放式系统。

(2) 智能化。办公自动化系统可面向日常事务的处理，辅助人们完成智能性劳动，如汉字识别、对公文内容的理解和深层处理、辅助决策及处理意外事件等。

(3) 多媒体化。多媒体化是指办公自动化系统对数字、文字、图像、声音和动画的综合处理。

知识链接6-1

伟峰OA办公自动化管理系统

OA办公系统，对集团实现办公先进性、快捷高效性、资源使用合理性、决策依据准确性、办公模式标准化、资源配置最优化、行政管理统一化等，具有极为重要的意义。

1. OA办公系统推荐

目前，国内知名的OA厂商有泛微、致远、金和、通达、伟峰等。下面，我们以伟峰OA系统为例进行说明。伟峰OA系统(见图6-1)以DIY平台为基础，构建一系列管理业务，由标准OA模块、体系业务模块、扩展功能模块三部分组成。其中，标准OA模块以日常办公、知识文库、工作流为主，结合信息中心及企业报表，可帮助信息化建设处于初级阶段的企业提升管理水平，培养员工的协作意识和良好的工作习惯。体系业务模块围绕招聘、培训、职位编制、办公用品、宿舍、图书档案、消费卡、订餐、工作计划、任务等一系列具有闭环特性的业务展开，适用于中型及大型企业，涉及人员比较多，有助于提升企业整体的协作水平。扩展功能模块是由移动OA、集团架构、短信、网络传真等通信工具和社交平台以及密码安全策略等与集成AD组成的业务模块，可实现OA与通信、社交、安全一体化应用。伟峰OA系统可与微信公众号关联，支持微信办公。

标准OA模块	体系业务模块		扩展功能模块		行业补丁
日常办公	大企业人事	招聘计划管理		移动OA(收集和iPad)	工贸通用
		培训计划管理		集团架构	
DIY平台制作 — 知识文库		职位编制管理		短信	
DIY平台制作 — 工作流	大企业行政	办公用品管理	通信	网络传真	工业特有
DIY平台制作 — 共享登记		宿舍管理		企业邮箱	
DIY平台制作 — 信息中心		图书档案管理		RTX集成(群聊，传文件)	
DIY平台制作 — 企业报表		消费卡管理		社交平台(类微博、百度知道)	
		订餐管理		SSL加密传输(CA证书)	
		工作计划管理(大企业综合)	安全	密码安全策略	工程行业
企业文化		任务管理(执行力专用)		邮件审计备份	
		ISO文控管理(文控过程精细化)		电子签章	
		国标公文(政府企事业单位专用)		集成AD(统一登录)	
DIY平台					

图6-1 伟峰OA系统

2. 主要功能模块介绍

(1) 用户管理登录。用户进入软件首页，单击菜单下面的"系统管理"，再单击子菜单中的"用户管理"即可进入操作页面，如图6-2所示。

图6-2 伟峰OA系统用户管理界面

(2) 用户管理模块。用户在此处可增加新员工,单击在职人员所在的部门,在页面的右侧单击"新建用户"即可添加新用户。

(3) 项目管理。用户在此处可对项目进行统一管理,包括分配项目、查询、审批文档等。用户进入软件首页,单击菜单中的"项目管理",在右侧显示相应的子菜单,即可根据需要进行操作,如图6-3所示。

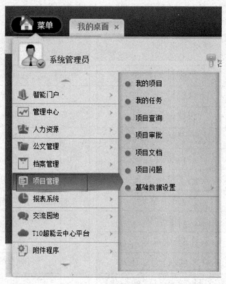

图6-3 伟峰OA系统项目管理界面

(4) 档案管理。用户可对不同的档案进行增加、销毁、修改等操作。用户进入软件首页,单击菜单中的"档案管理",在右侧显示相应的子菜单,即可根据需要进行操作,如图6-4所示。

图6-4 伟峰OA系统档案管理界面

资料来源:伟峰科技[EB/OL]. (2017-01-25)[2021-12-15]. http://www.winfreeinfo.com/CollaborativeOA/index.html.

学习任务6.3　会展场馆智能信息化建设

智能展馆是建筑技术与信息技术相结合的产物，兼备展馆设备自动化系统、展馆通信系统、展馆消防系统和展馆安保系统等设施，同时可以通过统一的信息平台对各系统进行集成，以实现信息汇集、资源共享及优化管理等综合功能。智能展馆有完整的控制、管理、维护和通信设施，便于组展机构进行展馆环境控制、安全管理和监视报警，为参展商和观众营造舒适、温馨、便利、和谐的环境和气氛。

智能展馆的优势(一)

智能展馆的优势(二)

1. 智能展馆的条件和优势

1) 智能展馆的条件

从提供功能的角度来看，智能展馆应具备以下条件。

(1) 展馆能自动对空调、照明、电力、给(排)水、防火、防盗、运输设备等进行综合控制，能自动对展厅内的温度、湿度、亮度及空气中的含氧量等进行调节。

(2) 展馆能实现对各种设备运行状态的监视和统计记录，实现设备管理自动化，并能实现以安全状态监控为中心的防灾自动化。

(3) 展馆能扩展各种信息通信的范围，使之不再局限于展馆内部，能在不同的城市、地区或国家间进行。

(4) 展馆所有的功能应能随技术的进步和社会的需要而不断发展，具有充分的适应性和可扩展性。

2) 智能展馆的优势

智能展馆和普通展馆相比，其优越性主要体现在以下几个方面。

(1) 展馆具有良好的信息接受及反应能力，可提高办展效率。

(2) 展馆具有较高的安全性，对火灾及其他自然灾害、非法入侵等紧急情况可及时发出警报，并自动采取措施排除灾害或制止灾害蔓延。

(3) 展馆能不断改进管理，为参展商和观众提供优质的服务。

需要注意的是，在营造高效、舒适、安全的会展环境的前提下，展馆应尽量节省能耗和各项管理费用，保证系统的充分运行，从而提高投资收益。

2. 世界三大智能展馆简介

目前，按展馆规模排名，居世界前三位的会展场馆依次是德国汉诺威展览中心、意大利米兰(洛佩罗)国际展览中心和广交会新馆。

(1) 汉诺威展览中心是世界上最大的展览中心，整个场地占地面积为100万平方米，共27个展馆，室内展览面积达49.8万平方米，室外展场还可以提供5.8万平方米的展览面积。该馆举办的知名展会有"汉诺威通信和信息技术博览会""汉诺威工业博览会"等。

(2) 米兰国际展览中心的室内展览面积为34.5万平方米，室外展出面积为6万平方米。

展馆由6个单层展馆和2个双层展馆组成，共有8个展区，最多可以分隔出20个展厅。该馆举办的知名展会有"意大利国际装饰家用博览会"等。

(3) 广交会新馆(广州国际会展中心)是目前亚洲最大的展览中心，总建筑面积为110万平方米，室内展览面积为33.8万平方米。该馆举办的知名展会有"中国进出口商品交易会(即广交会)"等。该展会从第104届开始，每届分3期举办，展览面积达111.5万平方米，展位总数达5.6万个，其规模堪称世界第一。

近几年来，随着中国会展业的发展，国内各地新建的会展中心有深圳国际会展中心、厦门国际会展中心、上海光大会展中心、中国国际展览中心、成都国际会展中心、南京国际会展中心等，同时还有一批在建的会展中心也将落成。

知识链接6-2

智能信息化展馆的标准要求

《智能建筑设计标准》(GB/T 50314—2006)第6.4条有如下规定。

(1) 智能化系统结构模式宜根据会展中心展厅分散、展区分布广的特点，采用分层和集中与分散相结合的方式，并可按展厅或区域的划分设置分控中心，分控中心应独立完成该分控区域的系统功能。

(2) 综合布线系统应适应灵活布展的需求，宜根据展位分布情况配置信息端口。

(3) 宜根据展位分布情况配置有线电视终端。

(4) 信息化应用系统应满足会展中心的展览、会议、商贸洽谈、信息交流、通信、广告、休闲、娱乐和办公等需求。

(5) 宜配置网上展览系统。

(6) 宜配置客流统计系统。

(7) 建筑设备管理系统应具有检测会展场馆的空气质量和调节新风量的功能。

(8) 安全技术防范系统应根据会展中心建筑客流量大、展位多以及展品开放式陈列的特点，采取合理的人防、技防配套措施，确保开展期间的人员安全、公共秩序及闭展时展品的安全，系统应符合现行国家标准《安全防范工程技术规范》(GB 50348—2004)的有关规定。

(9) 展厅的广播系统应根据面积、空间高度选择扬声器的类型、功率并合理布局，以达到最佳扬声效果。

(10) 火灾自动报警系统应根据展厅面积大、空间高的结构特点，采取合适的火灾探测手段。

资料来源：中华人民共和国建设部.智能建筑设计标准[M].北京：中国计划出版社，2006：23.

6.3.1 会展场馆建筑智能化系统概述

1. 大型会展场馆智能化系统的组成

大型会展场馆智能化系统包括以下子系统：综合布线系统，机房工程及弱电防雷系统，建筑设备管理系统，售验票系统，时钟系统，智能化集成系统，安全技术防范系统，紧急救护系统，公共广播系统，通信系统，信息网络系统，有线电视系统，新闻发布会议系统，远程视频会议系统，信息导引及发布系统，场馆综合管理系统，音响、灯光、大屏幕显示系统等。

2. 大型会展场馆智能化系统的建设目标

(1) 基本实现任何人在任何时间、任何场所，都能够安全、方便、快捷、高效地获取丰富、无语言障碍的个性化服务。

(2) 智能化系统配置应采用模块化、开放式结构。

(3) 选用优秀的技术解决方案。

(4) 符合节约能源和保护环境的要求。

除此之外，我国大型会展场馆智能化系统的建设目标还包括以下三个方面：一要保障各类大型会展、公共活动的顺利举办；二要以人为本，具有个性化特征且符合国际惯例；三要构建具有中国特色的综合信息服务体系。

6.3.2 大型会展场馆智能化系统技术选型

1. 大型会展场馆智能化系统技术选型的原则

1) 建筑智能系统以适应未来科技及应用的发展为原则

在科学技术日新月异的今天，随着人们对系统要求的不断提高，以及新技术成果的不断注入，弱电系统特别是智能化楼宇自控管理系统越来越难以适应会展业的发展需求。解决已有系统与科学技术成果之间的矛盾的客观方法，就是使楼宇自控管理系统具备足够的弹性来包容未来科学技术水平的提高及应用的发展，以达到短期投资、长期受益的目的。大型会展场馆工程所要求的楼宇管理系统必须考虑可持续性、可发展性，这样才能保证投资人的利益。为此，建立智能系统时应以适应未来科技及应用的发展为原则。

2) 方案设计以提高使用者和管理者的工作效率为原则

在大型会展场馆内举办公共活动的人群，归纳起来可以分为两大类：使用者和管理者。

(1) 为使用者提供的服务。会展场馆是人们举办活动及公共活动的场所，通过配置先进、合理、智能化的楼宇管理自控系统可以大大提高工作人员的工作效率，以及参展商和观众的满意度。工作效率的提高包括以下两个方面：一是提供现代化的办公条件和通信条件，因此要求在相应的区域设计配置计算机终端设备、网络设备布线系统、通信设备以及其他必要的办公设备(如传真机、扫描仪、复印机)；二是为参展商和观众营造人性化的参展环境，提高其满意度，这个可通过楼宇管理自控系统来实现。

(2) 为管理者提供的服务。通过在中央控制室对计算机设备进行集中管理，可大量减少维修人员和操作人员的工作量，从而降低时间成本和人力成本，并能及时发现和处理设备出现的问题，切实提高管理者的工作效率。

3) 技术选型以合理的投资成本和低运营成本为原则

首先，应采用节能节电手段，减少浪费。会展场馆内配置了大量的空调机、组排送风机以及相配套的冷冻站设备和冷却塔设备，这些设备需经常处于运行状态，不可避免地需要耗费大量的能源。另外，大量的机电设备，如通风设备、给(排)水设备等的不合理运行同样可能导致电耗增大。建筑空间内外的照明、景观、动力用电系统在能源的消耗中也占有很高的比例。如果对设备进行调整使其始终按照耗能最小的方式运行，又不能保证舒适又清新的会展环境，参展商、观众及场馆工作人员往往会产生困倦、精神恍惚等不舒适的感觉，直接影响展会效果。楼宇自控管理系统可通过计算机控制程序和各种传感、执行设备，对整个建筑的设备进行监视和控制，并统一调配所有的设备用电量，可以实现用电负荷的最优化控制，在保证为观众和参展商营造清新舒适的环境的基础上，大幅度地节省电能，减少浪费，并可激发工作人员的积极性，为观众和展商提供更好的服务。

其次，延长设备的使用寿命。在建筑内配置智能化楼宇管理系统之后，各种设备的运行状态始终处于系统的集中监控之下，系统可单独为各台设备建立运行档案，自动记录每台设备的运行状况，定期打印维护保养、修理通知单，输出各种设备的运行统计报表。这样可以保证每台设备定时接受维护保养和修理，为设备管理提供基础数据，提高设备管理水平，延长设备的运行寿命，也可直接或间接地规避设备发生灾难性故障和连锁反应的可能性，从而降低建筑的使用费用。

最后，选择以开放式网络为基础的楼宇智能化系统，不但可以实现与其他弱电系统的有机集成，还能与上层管理信息系统有机地结合在一起，实现综合管理的功能。

2. 大型会展场馆智能化系统应用特点分析

(1) 通信距离长。大型会展场馆一般设有4个弱电井(分布在东面、西面、南面、北面)，与中心控制机房距离最近的弱电井的布线距离约为50米，最远的布线距离超过300米，平均每层的层高约9米。也就是说，从最远的控制器到中心控制机房弱电井的布线距离超过400米。如果采用在RVV-2×1线缆上使用RS-485通信协议的方案，很难保证多站点通信的可靠性。

(2) 仅适用于部分半敞开式建筑。为了方便举办各种活动，有些会展场馆设有半敞开式的空间。这种半敞开式的空间和内部很多位置的环境受外部气象条件影响较大。特别是在我国南方地区，长年雨水量大，夏季气温高，春季湿度大，不利于那些对温度、湿度要求较高的设备的运行。

(3) 多种设备与设施的集合。大型会展场馆智能化设备与控制系统一般是由多家企业产品集合而成的。世界上没有任何一家企业能够提供一个大型会展场馆需要的所有设备，诸多厂家的设备要实现联机控制，就必须采用专业的控制软件。当然，这些设备必须遵循统一的通信协议。目前，应用于楼控系统中的通信协议主要有OPC协议、Modbus协议。

3. 大型会展场馆智能化系统技术结构选型

(1) 以太网。以太网是现有局域网通用的通信协议标准，该标准定义了在LAN(local

area network，局域网)中采用的电缆类型和信号处理方法。以太网在互联设备之间以10～100Mbps的速率传送信息包，双绞线电缆10BaseT以太网以其低成本、高可靠性和10Mbps的速率而成为应用最广泛的以太网技术。许多供应商提供的产品都能采用通用的软件协议进行通信，开放性最好，且全双工传输采用点对点连接的方式。这种安排没有冲突，因为它们使用双绞线中两条独立的线路，这等于没有安装新介质就提高了带宽。例如，在车站间加了一条并行的铁轨，同时可有两列火车双向通行。在双全工模式下，冲突检测电路不可用，因此每个双全工只用一个端口连接，用于点对点连接。标准以太网的传输效率可达到50%～60%的带宽，双全工在两个方向上都提供100%的效率。

(2) 集散式控制。集散式控制一般适用于建筑面积较大的会展场馆，需要所有控制器均在受控设备机房内与设备就近安装。控制器与现场一次性设备(即传感器、执行机构、设备动力控制盘箱等信号连接线)的连接应在机房内部的OSN(optical switch network，光交换网络)柜完成，在安装系统设备、布设信号线及控制线时尽量不穿墙、不跨越楼层。

(3) 工业级控制器。当我们采用集散式控制时，由于控制器的分布广、控制点数少，专业楼控DDC(direct digit control，直接数字控制系统)不具备成本优势。在这种情况下，采用PLC(programmable logic controller，可编程逻辑控制器)系统的总成本要低于专业楼控DDC的成本。

(4) 统一软件管理。统一软件管理是指在整个楼宇管理系统中均使用相同的软件，扩展系统时不需要更换工作站软件或现场控制器，可在任何时候进行扩展。如果会展场馆在安装安全防范系统的基础上需要配置门禁系统、巡更系统，该系统可以增加相适应的控制器，无须另外配置工作站和系统，就能够很方便地实现系统间的信息共享和系统集成，完成楼宇管理系统的部分功能。在整个楼宇管理系统中，操作工作站、网络控制器、DDC现场控制器系统均使用相同的编程语言，这种简单的编程语言已应用于许多新兴会展场馆。

案例链接6-2

雄安商务服务中心会展中心，打造智慧会展场馆新样板

作为雄安新区首个标志性城市建筑群中的重要功能性建筑——雄安商务服务中心会展中心，已于2021年8月进入内部装修的收尾阶段。

雄安商务服务中心项目是承接北京非首都功能疏解的功能区，重点定位在商务、金融、服务外包、自贸试验区相关产业，旨在打造集总部经济和科技创新于一体的产业集聚区。雄安商务服务中心建成后，将与雄安市民服务中心一起为雄安新区建设发展提供全面的服务保障和支撑。

1. 场馆绿色+智能

按照《河北雄安新区规划纲要》，雄安商务服务中心会展中心面积约8.5万平方米，分为地下两层和地上三层，投入使用后，将作为雄安新区的科技成果交易展示中心，并可承办约3000人参与的大型会议。据介绍，雄安商务服务中心会展中心除"以中为主、中西合璧、古今交融"的设计风格外，还将达到绿色建筑三星级评价标准。该会展中心选用高

效机电设备,包括高效节能变压器、高效节能水泵,节水器具满足I级能效标准,照明采用无危险的高效LED照明,配备可监控室内PM2.5浓度的空气质量监控系统。

此外,雄安商务服务中心会展中心屋面还尝试了光伏建筑一体化设计,将具有磨砂效果的光伏板与陶瓦相结合,既兼顾发电效率与整体建筑效果,又避免反光带来的光污染。

与此同时,智能化也是雄安商务服务中心会展中心的特色,主要体现在高效率、高感知、全维度三个方面。雄安商务服务中心会展中心建成后,可实现会议预约、智能安防、室内外环境监测、建筑能耗监测等多样功能。该会展中心主要会议室均配有房间集成控制系统,可实现对灯光、投影、窗帘等设备的一键控制。

2. "未来之城"的会客厅

根据规划,雄安商务服务中心总建筑面积约为90.1万平方米,其中地上建筑面积约58.1万平方米,建设投资89.76亿元。除会展中心外,项目还包括五星级酒店、商务酒店、商务办公用房、专家公寓、服务型公寓、幼儿园、集中商业及地下环廊等建设内容,并有电影院、泳池、健身房等配套设施。

业内人士认为,雄安新区将是新时代高质量发展的新型城市样板,在建设过程中彰显了"绿色、智慧、韧性"三重底色,其在智慧城市、绿色低碳、韧性城市等方面的建设路径与实施模式具有较强的借鉴意义。《河北雄安新区规划纲要》提出,打造具有深度学习能力、全球领先的数字城市。据悉,雄安新区已经搭起以"一中心四平台"为核心的智慧城市基础框架。"一中心"是指以雄安城市计算中心为核心的包括云计算、边缘计算、超级计算的"边云超"协同城市计算体系;"四平台"分别是物联网统一开放平台、公共视频图像智能应用平台、城市信息模型平台和块数据平台。

在业界看来,雄安商务服务中心会展中心投入使用后,作为雄安新区的科技成果展示中心和大型会议的举办地,将成为"未来之城"的"会客厅"。

资料来源:毛雯.雄安商务服务中心会展中心,打造智慧场馆新样板[N].中国贸易报,2021-08-16.

6.3.3 大型会展场馆智能化系统总体技术架构

1. 大型会展场馆智能化系统总体结构

大型会展场馆智能化系统总体上分为4层:系统层、网络层、控制层和执行层。系统层主要由智能化集中监控系统软件、服务器和工作站组成,位于系统最顶层,控制整个系统的运行,智能监控系统软件是该系统层的核心。网络层基于以太网,上端连接监控工作站,中间为以太网交换机、现场控制器和其他监控设备配备工业以太网模块。通过光缆连接底层交换机和中心控制机房交换机,带宽为1 000M,中心交换机采用24个1 000M光纤口的三层交换机。控制层包括现场控制器、摄像机及其他监控设备。现场控制器可采用可靠性较高的PLC,如西门子S7-200或S7-300,可为一些现场操作程序复杂的设备配置触摸屏。PLC可通过其CPU处理器进行数据处理,能够脱离上层系统独立工作,不受网络或其他控制器故障的影响,从而大大提高整个集控管理系统的可靠性。集中监控系统可对所有的PLC进行巡检,如发现有控制器出现故障,控制工作站可在其恢复通信后自动下载程序,以确保系统的正常运行。执行层包括传感器、开关等控制执行机构,与现场控制模块连接。执行层中的一部分设备也需要通过网络系统为将来新增的智能设备(变频器、在线仪表)预留通信接口,一般采用RS-485通信方式和Modbus通信协议。

2. 基于以太网通信的集散式控制系统

(1) 统一通信结构,采用6类布线标准。以太网是现有局域网应用最广泛的通信协议标准,它定义了局域网采用的电缆类型和信号处理方法,开放性最好。目前,技术先进的厂商统一了技术接口标准,其提供的产品都能采用通用的软件协议进行通信。以太网通信结构不但能降低楼宇智能化各子系统的接口成本和软件开发成本,同时还为综合布线系统提供了统一的技术标准,从而降低了布线成本。

(2) 统一软件平台。目前,在大型会展场馆中,整个楼宇管理系统均使用相同的软件平台,扩展系统时不需要更换工作站软件或现场控制器,系统可在任何时候进行扩展。如果会展场馆在安装安全防范系统的基础上还需要配置门禁系统、巡更系统,该系统可增加相同的控制器或应用模块,不需要另外配置工作站和软件系统,能够方便地实现系统间的信息共享和系统集成,从而大大减少系统扩展的工程量,降低扩展成本。

(3) 集散式控制。大型会展场馆具有楼层高、建筑面积大的特点,且各子系统来自多个厂商,受控设备位置分散,因此,可实现集中管理、分散控制的集散式系统是比较理想的选择。集散式系统的主要特点有:所有现场控制器均在受控设备机房内与设备就近安装,上一级控制系统集中在中央控制室。现场控制器与现场设备(即传感器、执行机构、设备动力控制盘箱等信号连接线)的连接在机房内部就地完成,在安装工作设备、布设信号线及控制线时尽量不穿墙、不跨越楼层。

6.3.4 大型会展场馆智能化监控网络系统

大型会展场馆智能化监控网络系统在物理上与互联网(公网)是完全分开的,它是一个专用的设备控制网络系统。监控网络系统分为网络数据交换子系统和服务器与数据存储子系统两大部分。

1. 网络数据交换子系统

大型会展场馆专用监控网络系统采用二级交换结构,二级交换机接入中心交换机时采用星型拓扑结构,二级节点与中心交换机间采用多模光纤互联的方式,以1000M的下载速度进行通信。中心交换机采用三层路由交换机,与服务器一起安装在信息中心机房,两者以1000M的速率进行通信。各楼层弱电间为二级节点,安装二层交换机,通过综合布线的光缆与中心交换机连接,通信速率为1000M,形成系统通信主干。在该子系统中,通过网线与终端设备互联,通信速率为1 000M。

2. 服务器与数据存储子系统

数据存储子系统主要用于解决大型会展场馆各控制系统和智能系统的数据存储需求，建立统一标准的数据库，将各专业子系统的数据集中存储，以实现数据库层面的楼宇智能化系统的数据共享和交互操作。

该系统的服务器硬件系统采用intel架构服务，即双机互备模式，存储器则采用网络型的SAN存储结构。服务器操作系统将采用linux，数据库系统则采用oracle 10G。这两套系统是数据存储子系统软件的最佳组合，具有稳定性好、处理能力强的特点，亦不易受网络病毒的侵害。

6.3.5 大型会展场馆建筑设备监控系统

大型会展场馆建筑设备自动控制系统的构建以先进性、可靠性、开放性、经济性和扩展性为原则，应在保证楼宇内部安全、便利、舒适的前提下节约能源，节省人力。

1. 建筑设备自动控制系统的功能范围

大型会展场馆建筑设备自动控制系统的功能范围包括供配电控制系统、楼宇及场地照明控制系统、给(排)水控制系统以及送(排)风控制系统，如表6-5所示。

表6-5 会展场馆建筑设备自动控制系统的功能

控制系统	功能类别	功能内容
供(配)电监控	高压供电	高压供电回路手动或自动、远程分合、连接状态
	低压供电	低压供电回路手动或自动、远程分合、连接状态
	备用发电机	发电机手动或自动、断电自动启停、运行状态
	报警条件	参数越限时发送警报
	数据记录	采集高压回路、发电机和主要低压回路的运行参数，定时扫描记录并通过网络传送到服务器
公共照明控制	监控内容	照明回路运行状态、手动自动状态和开关控制状态
	开关控制	根据用户设置的启停时间表和假日信息表定时开关照明
	报警条件	统计照明回路累计运行的时间，报警提示维修
	数据记录	采集主要回路的运行参数，定时扫描记录并通过网络传送到服务器
场地照明控制	监控内容	照明回路运行状态、手动自动状态和开关控制状态
	开关控制	按场地区域分区进行控制，可根据赛事和大型会演的要求进行远程控制
	报警条件	统计照明回路累计运行的时间，报警提示维修
	数据记录	采集主要回路的运行参数，定时扫描记录并通过网络传送到服务器
草坪自动灌溉	草坪灌溉控制	根据气候条件选择是否采用自动灌溉，控制自动灌溉系统的启动和停止
	监测灌溉效果	用液体传感器自动监测灌溉效果
	报警条件	发现灌溉设备运行越限时发送警报
	数据记录	采集主要设备的运行参数，定时扫描记录并通过网络传送到服务器

(续表)

控制系统	功能类别	功能内容
给(排)水控制	水位监测	监测各种蓄水设备的水位情况
	水压监测	监测自来水供水压力
	报警条件	发现各种蓄水设备水位、水压越限时发送警报 检测各水泵过载继电器触点的状态,发现异常时发送过载警报 统计水泵累计运行的时间,报警提示维修
	远程控制	根据水位情况及时启动给(排)水泵
	数据记录	采集主要设备的运行参数,定时扫描记录并通过网络传送到服务器
排(送)风控制	启停控制	根据用户设置的启停参数表,在火警状态时远程启停
	报警条件	检测风机过载继电器触点的状态,发现异常时发送过载警报 统计风机累计运行的时间,报警提示维修
	数据记录	采集主要设备的运行参数,定时扫描记录并通过网络传送到服务器
电梯远程控制	远程控制	远程实现紧急迫降,通过集成方式实现监控功能
	报警条件	电梯发生故障时报警,并显示电梯所在楼层
	数据记录	监视电梯的运行状态,采集主要设备的运行参数,定时扫描记录并通过网络传送到服务器
场馆环境监测	监测环境	监测室外场地和室内各楼层的气温、湿度、有毒气体
	报警条件	监测数据,如数据超越报警设定值,发送警报
	数据记录	将监测到的环境数据通过网络定时记录到服务器当中

另外,消防、安防、视频、门禁都有各自的专业控制系统,因此不在建筑设备自动控制系统的范围内。以上各系统的技术接口需采用工业以太网技术和modbus协议,以便接入智能化集中监控系统中。

2. 建筑设备监控系统的技术实现

大型会展场馆的建筑设备监控系统由PLC(现场控制器)或数据采集器、操作面板(触摸屏)、执行机构和传感器组成,分为设备控制和数据采集两大系统类别。

1) 给(排)水控制、送(排)风控制、楼宇场地照明控制系统

给(排)水控制、送(排)风控制、楼宇场地照明控制系统属于设备控制类系统,它们具有相同的基本结构,一般采用"PLC+触摸屏+传感器"的控制形式。传感器把采集到的信号传送给PLC,PLC则通过控制线缆控制动力柜或变频器等执行机构,进而控制运行设备(如电机等)。触摸屏作为现场操作面板,为管理人员就近提供操作界面。设备控制系统通过网络与控制室的监控工作站(计算机)互联,进而实现远程控制。该系统主要有以下三个功能。

(1) 运行监控。具体功能包括水泵的运行状态监测、故障报警;集水池高(低)水位的监测;水池高(低)水位报警,以保证水位保持在可控的范围内。

(2) 运行参数设置。通过对运行参数的设置,可防止因水泵等故障造成的溢出,及时对高、低水位进行监测并发出警报,以便相关人员及时处理;还可自动停止水泵的运行并在操作站上报警显示,以提醒安排有关人员做检修工作。

(3) 记录与报表功能。主要通过软件计量运行时间以及显示启动次数、运行时间,并自动定期提示检修设备。

2) 楼宇环境监测系统

楼宇环境监测系统通过数据采集仪、传感器,在每个楼层和楼宇外场地安装温度、湿度传感器,在地下负1层安装有毒气体传感器,可监测整个楼宇室内和外部场地的空气质量及温度、湿度。上位机则通过网络将数据采集仪采集到的数据传送到服务器。

楼宇环境监测系统一般采用国产的专业采集仪表(如安东电子、虹润仪表等),支持多种信号接入,支持modbus协议数据传输。

楼宇环境监测系统可采用国产或国外品牌的传感器产品,温度和湿度传感元件可结合在一个传感器内,运行环境温度为-35℃~60℃,湿度探测范围为10%rh~95%rh;温度探测范围为-20℃~50℃,湿度探测范围为10%rh~90%rh。有毒有害气体传感器主要用来监测地下停车场的二氧化硫、二氧化碳、可燃气体等,并与停车场风机联动。

3) 供(配)电监控系统

供(配)电监控系统由高低压两部分组成,包括高低压供电回路控制系统、供电回路监测系统。该系统可通过PLC实现高低压供电回路计算机的远程控制,并配设触摸屏作为现场操作面板,实现现场非接触的安全操作。

供(配)电系统通过数据通信接口和以太网通信协议与设备监控系统接驳,将能耗统计及电气相关设备状态的数据和能耗分析的数据传给智能化集中监控系统,进而实现监控的目的。

6.3.6 大型会展场馆智能化集中监控系统

智能化集中监控系统可对整个建筑物内的各种智能化弱电子系统进行智能化集成管理。由南宁维新软件科技公司开发的楼宇智能化监控系统,可针对大型会展场馆的具体应用系统,采用集成管理的方式,通过统一的监控平台,实现建筑物内各机电设备、安全设备的集成监控和监视管理,创造舒适、和谐、节能的办公环境,并为楼宇管理系统提供所需的设备基础运行数据,帮助管理人员实现建筑物智能化、信息化的集成管理。同时,还可以通过该智能化集成系统提供标准和开放性协议,为数据信息进一步向上集成提供方便。

1. 系统基本框架结构

智能化集中监控系统采用先进的分层软件设计结构,利用分布式软件和面向对象技术开发出一套成熟、稳定、可靠的系统。该系统在设计理念、系统运行环境等方面进行了全面优化,使其成为专门针对智能楼宇集成管理的软件产品。该产品主要有以下几个特点。

(1) 按三层结构进行优化。建筑设备集成管理系统具有三层结构,即应用层、服务层和控制采集层。应用层处于顶层,系统实时数据从控制采集层产生,通过统一的以太网络向数据服务层和应用层传输,而应用层的远程操作指令亦通过以太网向下传送到各个现场控制系统。

(2) 数据库系统将统一建立到以linux操作系统为基础的oracle数据系统中,并在数据库的层面上与建筑设备自动控制系统、视频监控系统、安防或门禁系统、消防系统、中央空调系统、电梯控制系统和公共广播系统结合成一个有机的整体。同时,应用服务器部署多个专业控制系统服务器程序,从而最大限度地发挥数据功效。

(3) 建立统一的基于以太网通信的实时数据接口,克服了多数专业控制系统基于单机运行的问题。该系统可根据用户的需要在楼宇建筑内的任一台与集成系统服务器联网的机器上进行操作,并根据用户身份的不同定制操作端,是一套真正的网络版智能化楼宇管理系统。

2. 系统应用功能与子系统组成

大型会展场馆智能化集中监控系统由中央空调、送(排)风、电梯、给(排)水、消防报警、安防(门禁)、视频监控、公共照明、供配电监控和环境监测10个子系统组成。

系统应用中的监控工作站系统采用中文windows的显示界面,软件开发平台采用成熟的组态编程系统,过程采用"图形化编程语言",此语言无须编程代码,一些简单的符号即可表示建筑物中的采暖通风空调、照明等的控制程序。这些图形易读、易懂,便于对程序进一步变更,可达到预期的效果。

大型会展场馆智能化集中监控应用功能如表6-6所示。

表6-6 大型会展场馆智能化集中监控应用功能

监控类别	监控内容
工况监测	各设备的工作状态,故障报警,手(自)动运行状态,变频反馈,开关状态,管道压力,温(湿)度,各设备主机其他运行参数
远程控制	控制设备启停开关的开闭,变频调速,阀门调节,设备、阀门、闸门和开关的连锁控制,设备远程参数控制
系统保护	重型设备装置延迟开启,过载保护,连锁保护,用户操作警告
设备节能	最佳启、停功能,夜间定点自动调节控制,用电量高峰期的限制,节能温度的设定
报警管理	显示有关报警监控点的详细资料,包括发生的时间、三级报警等级设置。严重性级别最高的报警或特定的报警情况发生后,该报警信号可以通过电话系统自动传到其他地方,包括建筑物以外的有关单位,使报警得到及时处理。整个传送程序自动进行,不需操作员的介入
参数设置	设备运行参数值的设定,设备自动调节参数值的设定
记录报表	对控制点和监测点进行实时记录,形成动态趋势图,并生成统计日报、周报和月报
用户管理	三级密码保护,即管理员、工程师和操作员。用户登录系统后所有的操作将被记录在系统数据库当中
帮助提示	每一项功能都会有相关的在线帮助和用户操作提示

3. 系统联动机制

系统联动是系统智能控制的重要部分,通过开发平台可预先设置系统联动控制方案。当系统内部满足联动触发条件时,系统自动将控制信号按照联动方案发送出去,控制相关的设备。系统联动方案的设计主要依据会展场馆的管理流程和安防、停车场、空调等系统设备的布防情况。联动分为硬联动和软联动。与硬联动相比，软联动具有节省成本、改动方便的优点。在关键的地方，可以同时使用软、硬联动两种模式，以实现双保险。联动方案的设计通常可以不同的应用层次作为划分依据，例如，采用硬联动方式实现消防联动；对实时性要求强的联动，采用软联动方式可实现节能、防盗等增值性功能。这样既考虑了国内相关行业操作规程及安全责任划分的要求，又可体现集成系统经济性、便捷性的优点。

项目小结

本项目主要介绍了国内外会展场馆发展的现状及趋势，会展场馆信息数据中心及应用系统平台建设的基本知识，会展场馆多媒体信息发布系统的概况，会展企业及会展场馆办公自动化的基本知识，会展场馆智能信息化建设的基本原则、技术构架等内容。学习本项目，可使读者深入地了解会展场馆信息及智能化管理的模式。

实训练习

实训题一：结合以下案例，思考国内外会展场馆可持续利用发展的对策。

案例一：

1998年，日本举办长野冬季奥运会，政府花费了190亿美元建造高速火车和滑雪跑道等设施。奥运会结束后，维护会展场馆设施而产生的高额费用导致长野经济大衰退。1999年，长野的制造业利润以30%的速度下降，211家企业宣布破产，下降速度创造了自第二次世界大战以来地方经济衰退的最高纪录，在奥运经济史上被称为"长野后奥林匹克衰退"。

案例二：

2002年，日本举办世界杯比赛，政府耗资2 983亿日元新建和改建了10个足球赛场。世界杯比赛结束后，这些专业足球场大多被闲置，年亏损额为25亿～30亿日元，政府已表示无力继续出资来维护和修缮这批一流的足球赛场。

案例三：

1976年举办的加拿大蒙特利尔奥运会亏损了10亿美元，蒙特利尔的纳税人至今仍在缴纳为还债而设立的特别消费税。

案例四：

2004年举办的雅典奥运会是继1980年莫斯科奥运会后最为"烧钱"的一届奥运会，总支出达到80亿欧元，亏损18亿欧元，亏损额达到希腊GDP的3.2%。日益恶化的财政赤字威胁到希腊在奥运会结束后的经济持续增长，当时曾有预测指出，2005年希腊的经济增长将下降至9年来的最低点。希腊副财长杜卡斯明确表示，举办奥运会的成本在"短期内"不可能收回。经济学家则担忧"这些额外花销造成的恶果将影响希腊数十年"。

案例五：

中华人民共和国第十届运动会(以下简称"十运会")的132个比赛和训练场馆的商业开发成为历届全运会最令人瞩目的热门项目，十运场馆"谁建设、谁使用、谁受益"的市场化运营思路，在惠泽市民的同时，也为场馆经营者的"掘金"之路提供了便利。十运会闭幕以后，奥体中心举办了大量的商业演出和体育赛事，如同一首歌、莫文蔚演唱会、S.H.E演唱会、塞黑VS中国队足球赛等，带动了十运场馆商业运作的市场。十运场馆的商业价值也很快获得了更多商家的关注，原计划不在奥体中心举办的"超女"全国巡回演唱会南京站，最后也将演出场地挪到了奥体中心，以招揽更多人气。据悉，仅南京"10+2"十运场馆每年的场馆经营性收入就超过4 000万元。此外，还开办了提供游泳、球类、棋牌、武术、滑冰等16个健身运动项目设施的秦淮区全民健身中心，上千张每张售价1900元的游泳年卡被一抢而空；足球、篮球、网球、羽毛球、乒乓球、游泳馆等运动项目及设施一应俱全的江宁体育中心，已成为周边十几所高校师生和居民健身的第一选择；新街口的南京全民健身中心更是引来多家健身企业的进驻。

实训题二：实地考察所在城市的会展场馆的智能信息化建设情况。

应用实例 | 宁波国际会展中心

宁波国际会展中心占地面积600余亩，建筑面积达9万余平方米，主要由东、南、西、北4个展厅组成，并配有会议楼及商务楼等6个子项建筑，共设置楼宇自控系统、智能灯光控制系统、综合布线系统、闭路监视与防盗报警系统、有线电视系统、LED显示系统、公共广播系统、会议系统、智能卡系统、计算机网络系统以及会展中心软件系统等17个智能化子系统。宁波国际会展中心如图6-5所示。

图6-5　宁波国际会展中心

1. 综合布线

在整个工程内设立了6 935个信息点，以满足通信、数据、图文、图像、多媒体等方面的需要。

2. 防盗报警与闭路监控系统

宁波国际会展中心共装有181个摄像头、117个探测器。

3. LED显示系统

宁波国际会展中心在主展厅装有大型全彩显示屏1块，东、西展厅装有双色屏各1块，单色屏各4块。

4. 楼宇自控系统

楼宇自控系统的监控范围包括冷(热)源系统、空调和新风机组系统、送(排)风系统、给(排)水系统、变(配)电系统、电梯系统，其中热泵机组、高压配电系统、电梯系统通过接口网关实现数据采集。

5. 展厅空调及通(排)风系统控制

开展期间，由于展厅内人流密度很大，会使空气中的二氧化碳浓度急剧上升，楼宇自控系统可根据监测到的二氧化碳浓度控制展厅的通(排)风系统，以保证展厅的空气质量。该系统可在展厅对空调机组实行双级控制，分别在空调的送风管处和回风管处安装温度传感器。由于送风道温度变化的速度快于回风道温度变化的速度，可加速系统对温度波动的响应。

6. 展厅空调系统的改进

宁波国际会展中心的主展厅最高可达30米，最低也有24米。以冬季为例，以高处送风的方式送出的热空气很难自然到达地面，而处于上层的热空气很容易被排走，最终会导致空调效果不理想，能量严重浪费。为了解决以上问题，可在空调送风口处设置感应气囊，待气囊感应向上压力达到一定程度时，系统将自动启动送风口风机，将热空气强制送至地面。但此系统造价昂贵，很少被采用。

7. 智能灯控系统

展厅内选用大量金卤灯及各式荧光灯，并穿插应急灯，可根据展会的类型，设定不同的灯光效果。中央监控计算机、各展厅控展室内的触摸屏和现场智能开关均可进行场景控制，操作人员可按现场要求自行设置场景，也可预先编制场景由程序自动控制，同时增加智能开关用于手动控制，可增加灵活性和可靠性。用户使用时只需选择相应的场景按键，系统便会自动按照设定好的方式打开灯光。

8. 灯控系统与安保系统的联动

由于展厅入口较多，安保系统在各入口处均设置了报警探头。一旦有非法人员闯入，相应区域的摄像机便开始录像，且要求对应区域打开灯光。安保系统设置报警输出模块，灯光控制系统设置相应的继电器输入模块，相对应的每个区域进行点对点连接，灯光控制系统根据输入信号在整个系统内进行寻址，并开启相应区域的灯光。此联动的实现依赖于灯光控制系统的总线通信。

资料来源：宁波国际会展中心[EB/OL]. (2012-11-18)[2021-12-15]. http://baike.baidu.com/view/629207.htm. 作者整理而成

应用实例 | 广交会新馆

广交会新馆由一、二、三期展馆组成，分别对应展馆A、B、C 3个区。

广交会新馆一期展馆占地面积约为41.4万平方米，建筑面积约为39.5万平方米，一、二层展厅共计13个，展示面积约13万平方米，单个展厅面积在1万平方米左右，室外展场面积约为2.2万平方米。

广交会新馆二期展馆占地面积约为27.4万平方米，建筑面积约为39万平方米，室内展厅面积约为12.8万平方米。展厅主体共3层，局部夹层5层，部分办公楼6～8层，共13个展厅，每个展厅的面积约为1万平方米，室外展场面积为1.36万平方米。展馆标高39.34～43.5米。二期工程延续一期造型，南北长约396米，东西长约363米。

广交会新馆三期展馆总建筑面积约为30.4万平方米，其中展馆地上建筑面积约为1.7万平方米，办公综合楼地上建筑面积约为7.3万平方米，地下室建筑面积约为6.3万平方米。展厅主体共4层，夹层4层，建筑总高47.5米，共有11个展厅。

广交会琶洲国际会展中心如图6-6所示。

图6-6　广交会琶洲国际会展中心

在设备自动化系统的构建方面，广交会新馆主要选用美国霍尼韦尔EBI服务集成管理系统和江森自控新一代设备监控系统。通过数据库服务器提供高性能的实时数据处理服务，为本地及网络上的工作站或其他应用(报表、关系数据库)提供实时信息。对稳定性有特殊要求的应用，系统提供热备份服务器或者冗余结构以保障其安全可靠地运行。针对各种不同的需求，系统支持从快速以太网(TCP/IP)到广域网等多种标准的网络类型和结构。

广交会新馆设备自动化系统监控的范围如下所述。

(1) 智能空调监控系统。智能空调监控系统主要包括：
- 新风处理机组监控；
- 空调冷源系统集成；
- 空调处理机组监控；
- 送(排)风风机监控、排风(烟)机监控。

(2) 智能照明监控系统。智能照明监控系统主要包括：
- 展厅照明监控；
- 公共区域照明控制；
- 室外路灯照明监控。

(3) 智能中低压监控系统。智能中低压监控系统主要包括：
- 中压配电系统监测；
- 低压配电系统监测；
- 变压器、直流电屏监测；
- EPS(electric power steering，电动助力转向系统)设备监测。

(4) 综合设备监控系统。综合设备监控系统主要包括：
- 电梯系统集成；
- 风机盘管电源监控；
- 电动排烟窗、弱电间空调、排风机及交换机电源监控；
- 给(排)水设备监测及监控；
- 机房环境监测。

广交会智能展馆管理系统在展馆设备自动化系统的基础上，建立了一个开放式工作平台，可采集、转译各个智能化子系统的数据，建立对应系统的服务程序，接受网络上所有授权用户的服务请求，实现数据共享。该系统也可为更上层的管理系统，如指挥系统或设备(物业)管理系统提供可开发的统一开放数据库接口，为将来进一步实现智能化管理系统一体化集成提供信息基础。

智能展馆管理系统集成了展馆设备监控系统(包括空调监控系统、照明监控系统、中低压监控系统、综合设备监控系统)、安防系统(包括闭路电视系统、防盗报警系统、门禁系统)、消防报警系统、停车场管理系统、电子公告系统、漏电火灾报警系统等。

展馆信息网络系统采用"核心层—汇聚层—接入层"的三层结构模式，通过光纤链路将三个区的信息网络核心交换机连接起来，整个网络在传输层(网络层)采用TCP/IP协议，采用国际标准的路由协议，为核心层以及各核心之间提供动态路由，以实现负载均衡。各主干网络采用高速网络，全馆实现无线网络覆盖，观众和参展商在展馆的任何一个地方均可无线上网。

汇聚层汇聚了各区域的接入设备，为区域内流量提供三层交换，提供网络安全和控制机制，使骨干网与接入网相分离。接入层主要实现各功能区域业务终端的接入，根据各功能区域的分布和业务终端的数量，在相应的弱电配线间配置接入交换机，接入交换机提供10/100M的业务终端接入功能，并可实现与相关汇聚交换机的千兆高速连接。同时，为满足无线网络系统的接入点的连接和部署，还相应地配置了通过远程以太网供电的接入交换机。在接入层区域，同一功能区域的弱电配线间的接入交换机之间通过堆叠实现互联。

展馆综合布线系统具有很强的兼容性，能满足应用数据、图像、音频、视频等多种媒体形式的高速传输需求，可以为展馆各智能控制系统提供良好的数据传输服务。广交会展馆采用国际先进的6类布线系统，采用LC光纤连接器，另设置部分光纤到展馆摊位的信息点。数据主干采用单模和多模万兆光纤相结合的方式，为当前和未来的网络应用提供了足够的网络带宽。主干配线采用24口光纤配线架，语音主干采用110式快接配线架，并采用3类100对大对数线缆作为语言传输的主干。整个布线系统由设备间子系统、干线子系统、配线间子系统、水平配线子系统、工作区子系统构成，系统结构采用星型拓扑结构。

广交会新馆的每个展厅均有开阔的门面，可同时举办多场展览，且互不干扰。展厅内无柱，空间大，利用率高，特装效果好。智能、通风、交通系统均达到世界先进水平，层高、地面负荷、电力供应可满足大型机械展、帆船展等各种对展馆条件要求苛刻的展会的要求。

资料来源：林晖明.会展智能信息化[M].北京：中国水利水电出版社，2010：2-3.作者删改而成

学习项目 7
会展信息系统的安全保障

学习目标

知识目标：掌握会展信息系统的安全设计目标与内容。

能力目标：能够制定线上展会系统的应急预案。

思政育人目标：具备信息安全保护意识，发扬工匠精神。

课程思政

如今，数字会展取得了较快的发展。会展信息管理系统留存的数据主要分为两大类：一是个人特征数据，如姓名、性别、企业、职位、电话、邮箱等；二是行为数据，如观展动线、过往参展情况、商务配对情况等。随着互联网科技的成熟和信息化程度的提高，展会数据由此呈现突发式、爆炸式增长，保障信息安全的重要性日益凸显。作为会展从业人员，要以追求卓越、勇于创新的"工匠精神"筑牢网络安全防线，通过建设网络安全管理体系、加快大数据安全技术研发、重视敏感数据的监管等措施，发展和壮大中国信息安全产业。

导入案例

阿里云安全护航云上中国—东盟博览会

第17届中国—东盟博览会（以下简称"东博会"）在广西南宁成功举办，阿里云安全作为本次国际经贸盛会的核心安全支撑单位，提供了最高级别的安全保障一体化服务。

本届东博会首次采用"实体展+云上东博会"的线上线下深度融合新形式，首次推出了3D展厅、在线国际会议和商务洽谈等功能，为双边和多边合作与交流搭建"一站式"服务平台，覆盖"一带一路"沿线数十个国家，对网络安全保障工作提出了高要求。

阿里云面向本届东博会打造了覆盖业务全流程的安全支撑体系。从开幕前通过摸底和演练，对业务进行全链路安全加固和风险梳理，形成应急预案及加固措施30余套；到会议期间全程保障，联动多地安保力量协同；再到大会闭幕后复盘总结，形成知识库，帮助相关单位持续提升安全能力，阿里云安全用全系列安全防护产品和服务，保障活动平稳顺利进行。

"云上东博会"采取最高级别安全防护模式，借助云端海量实时威胁情报、智能驱动的模型内核，以及内嵌于基础设施的原生高等级安全能力，帮助展商及观众安全体验展示、洽谈、直播等功能，同时保护信息安全。在重保期间，阿里云安全累计拦截恶意攻击273 691次，处置高风险隐患4次，实现安全零事故。未来，保障工作将转入安全管家常态监控和应急响应，为"永不落幕的云上东博会"提供持续智能的安全保障。

资料来源：阿里云安全护航中国—东盟博览会[EB/OL]. (2020-12-04)[2022-11-15]. https://www.shangyun51.com/articledetail?id=4680. 作者整理而成

学习任务7.1 会展信息系统的安全技术保障

随着会展信息系统应用环境的日益复杂化和开放化，会展信息系统的安全性越来越成为影响系统规划和设计的重要因素。从整体上考虑会展信息系统的安全需求，实现会展信息系统的安全，是建设会展信息系统的重要内容。

系统安全包括物理安全、网络和系统安全、应用安全。具体来说，系统安全是指信息系统的硬件、软件和数据受到保护，不因自然、人为的因素受到破坏、更改和泄露，保障信息传输和网络运行的安全，有效地防范和遏制来自内部和外部的非法攻击，保证系统连续正常运行。会展信息系统安全设计应根据保护目标的要求和环境状况，对信息网络和信息系统的硬件、软件、机器、数据给予可靠的保护，使通信、访问等操作得到有效的保障和合理的控制，保护系统不因偶然或恶意的攻击而遭到破坏、更改、泄露，使系统连续可靠地运行，网络服务不被中断。

7.1.1 会展信息系统的物理安全

物理安全又称为实体安全，是整个计算机信息系统安全的基石，其目标是保护计算机设备、通信链路和其他媒体免遭自然灾害、环境事故、人为失误及各种计算机犯罪行为导致的破坏。物理安全主要包括环境安全、设备安全、媒体安全等方面。处理加密信息的系统中心机房应采用有效的技术防范措施，对于重要的系统，还应配备警卫人员进行区域保护。比如，广交会线上展会举办期间，广州警方组建由专业警种组成的广交会安保工作专班，并设置"广交会公安机关网络安保联合指挥部"和"广交会公安机关网络安保应急支撑中心"，网警、三大运营商和各大技术支撑公司派员进驻，实行双中心24小时运作。

从机房建设的角度划分，物理安全建设可分为环境物理安全建设、基本物理设备安全建设和智能设备物理安全建设3个部分。环境物理安全建设是整个信息系统安全建设不可忽视的重要组成部分，旨在加强对地震、水灾和雷电等自然灾害的预防。基本物理设备安全建设指配电柜、UPS电源、机房专用空调和网络设备等机房必需设备的安全建设。保障基本物理设备的安全，已成为信息系统建设的第一道防线。智能设备物理安全建设包括门禁系统、防盗报警系统、机房监控系统、消防报警系统等的安全建设。随着信息社会的高速发展，智能设备在机房建设中越来越重要，其效果比人工管理也有了很大的提高，故实现机房的智能化管理，已成为现代机房建设的主要目标。

信息系统物理安全风险可分为非人为安全风险和人为安全风险两部分，如表7-1所示。非人为安全风险是指自然灾害、环境影响和设备故障等造成的风险。人为安全风险是指由人员失误或恶意攻击等造成的风险。

表7-1　会展信息系统物理安全风险分类

种类		描述
非人为安全风险	自然灾害	鼠蚁虫害、水火灾害、地震、雷击等
	环境影响	温度、湿度、灰尘、有害气体、电磁干扰、静电、断电等
	设备故障	系统软硬件故障、通信链路中断等
人完全风险	恶意攻击	物理攻击：设备被盗窃、故意破坏等
		非法使用：采取各种措施，非法访问非授权资源
		服务干扰：恶意占用系统资源，达到降低系统可用性的目的
	人员失误	操作失误：操作人员执行错误操作对系统造成破坏
		管理失误：因管理不规范而造成信息系统不能正常运行

物理安全建设是整个信息系统安全建设的第一步，故其完成度和安全性对信息系统安全建设影响很大。为了实现信息系统的可靠运行，物理安全建设应达到以下目标。

(1) 根据不同的安全等级，选择机房建设位置，明确建设基本要求。

(2) 实现不同安全等级的访问控制功能，保护机房的设备及数据安全。

(3) 满足不同安全等级的防雷击和防火要求，根据系统级别配置相应的避雷设备和灭火设备。

(4) 保护机房设备，防止其被盗窃或者被破坏。

(5) 采取相应的措施防止机房进水或者设备漏水，同时加强机房的温湿度控制，加强机房环境管理。

(6) 保障机房电力正常供应，并对主要设备实施防静电和电磁防护措施。

会展信息系统物理安全目标与对应措施如表7-2所示。

表7-2 会展信息系统物理安全目标与对应措施

安全目标		措施
机房环境安全措施	防火	划分不同区域并进行防火隔离
	防雷击	增加避雷设备，交流电源接地
	防水和防潮	避免进水、漏水，配备漏水监测系统
	防静电	接地与屏蔽，应该使用防静电地板，使用静电消除剂
	电磁防护	接地、隔离与屏蔽
	布线系统	安装地下、线路冗余并打上标识
机房运行安全措施		机房人员日常行为准则
		机房日常巡视制度
		机房安全保密制度
		机房硬件设备维护制度
		机房资料管理
基本设备物理安全措施		配电柜应正确部署及维护
		UPS电源应正确部署及维护
		机房专用空调应正确部署及维护
		网络设备的采购、编号、定期检查、借用、报废和日常维护等
智能设备物理安全措施		安装门禁系统
		安装防盗报警系统
		安装机房监控报警系统
		安装消防报警系统

案例链接7-1

各方协力保障云上广交会用电无忧

广交会线上展会的展览、洽谈、交易等相关活动完全依托网络平台开展。因此，公安机关的安保工作模式，也从传统的对大型活动场馆及其周边的治安、交通、人流等进行管控，转变为以网络安全防控为重点。同时，广州警方联合省应急响应平台、对外贸易中心，组织15支技术力量，对广交会线上展会官网及相关的信息系统开展了网络安全演练，指导消除风险隐患。

电力的稳定供应，是云上广交会线上举办的基础保障。云上广交会保供电范围包括琶洲周边酒店、广交会展馆、通信运营数据中心和重要机房等多个重要场所。通过提前合理安排电网运行方式，调整电网检修计划，确保广交会重要电场所涉及的电网全接线运行；通过电网调度自动化、设备状态监测、智能运维以及计量自动化等手段，保障电力可靠供应；通过数据融合互联技术，实现电网运行、设备状态、用户保障情况全状态实时感知，快速响应，实现云上用电无忧。

同时，云上广交会应用覆盖广泛的主站集中式配网自愈技术，实现配电网故障快速自动隔离、快速恢复，提高供电可靠性，为云上广交会做好应急准备。

资料来源：广交会线上展会如何消除网络安全隐患[EB/OL]. (2020-11-09)[2022-11-15]. https://www.coolgua.com/gjh/1227.html. 作者整理而成

7.1.2 会展信息系统的网络与系统安全

网络安全是指通过采取必要措施，防范对网络的攻击、侵入、干扰、破坏和非法使用以及意外事故，使网络处于可靠运行的状态，以及保障网络数据的完整性、保密性、可用性的能力。目前，云展厅、云会展的服务领域多数为政府规划馆、企业展厅、政府科博馆、发布会活动、指挥监控中心、智慧园区等，企业业务数据安全面临严峻挑战，安全防护是重中之重。典型的安全风险包括参与人的身份识别风险、账号风险、DDoS风险、Web攻击风险、直播内容风险、数据泄露风险等。

分布式拒绝服务攻击(distributed denial of service attack，DDoS)是目前黑客经常采用而难以防范的攻击手段。DDoS的攻击策略侧重于通过很多"僵尸主机"(被攻击者入侵过或可间接利用的主机)向受害主机发送大量看似合法的网络包，从而造成网络阻塞或服务器资源耗尽而导致拒绝服务。分布式拒绝服务攻击一旦被实施，攻击网络包就会犹如洪水般涌向受害主机，从而把合法用户的网络包淹没，导致合法用户无法正常访问服务器的网络资源。由于DDoS成本越来越低，攻击效果非常明显。如今云会展也成为DDoS攻击的目标，攻击者利用大量被入侵的网络设备，如物联网设备、个人计算机、服务器等，向受害者服务器发送海量的网络流量，影响其正常服务。

如何保证云会展平台的网络安全，给企业提供足够的安全保障，需要我们不断地深入研究与改进。例如，腾讯云会展对此采取了以数据安全为核心，构建全面防控体系的解决之道。具体来说，包括全面的内容安全监测审查体系、场景化安全产品及安全专家服务对业务的有效加固体系\威胁情报及安全重保值守应急响应体系。

1. 会展信息系统的网络安全

(1) 访问控制。对用户浏览云上会展信息管理系统的权限或能力的限制，包括物理区域出入控制和展会网站信息管理系统网络资源存取控制。

(2) 识别和辨别。识别是指向每个用户分派ID来代表用户和系统进程。辨别是指系统按照用户的私有数据信息来判断用户的真实性以避免被蒙骗。识别的措施有PID、UID。辨别的措施有口令机制、指纹识别、视网膜识别等。如今，数字签名的鉴别方法应用也较为广泛。

(3) 口令机制。口令有时候可能会被攻破，对抗口令攻击可选用数据加密、签名和令牌等方法，但最重要的是口令管理。

(4) 数字签名。数字签名机制提供了一种鉴别方法,以处理伪造、篡改、假冒和抵赖等问题。数字签名选用相应的数据交换协议,使数据信息发送方不可否认他发送过数据信息这一事实,接收方可以辨别发送方的身份。数字签名通常选用非对称加密技术,发送者根据对整个明文进行某种变换获得一个值作为核实签名。接收者应用发送者的公开密钥对签名进行解密运算,如其结果为明文,则签名合理有效,证明对方的身份是真实的。

(5) 防火墙系统。防火墙可以保护内部互联网免受外界攻击。防火墙技术的核心是防火墙控制网络传输的技术,通过控制互联网的传输,进而保护互联网。

(6) 密码算法。密码算法涉及一些公式、法则和程序,算法中的可变参数是密匙。密码算法比较稳定,可视为常量,而密匙则是变量,如此就可以设置不同的密码验证来保护云会展的安全。

案例链接7-2

云上广交会如何消除网络安全隐患

作为我国首次网上举办的大型国际交易会,云上广交会涉及业务形态复杂。腾讯安全作为重保团队,在展会开幕前两个月就投入到安全建设中,进行了大量的风险评估、漏洞测试与攻防演练等工作,展会期间24小时不间断值守,最终确保了零安全风险、零安全事故。

针对云上广交会暴露的安全风险,腾讯云会展安全保障团队以数据安全为核心,通过全面内容安全建设、全链路防护与加固和专家服务体系保障三大举措,构建全面防控体系,保障高效、安全的云会展体验。

业务数据安全是云会展保障的核心。针对参与云会展企业对数据安全的强需求,腾讯安全通过对敏感数据进行全流程监控,对和数据相关的异常行为进行实时分析,建立持续、动态的防控体系,并采用数据安全系统进行协同防御。

在数据全生命周期防护方面,对数据的采集、传输、存储、处理、交换、使用、销毁实施安全管理措施,最大限度降低数据泄露风险。

在内容安全建设方面,通过大量机器资源以及二次人工审核,确保文本、视频、图像、音频内容合规、安全。针对涉黄、涉政、暴恐、低俗等内容做重点审核,并结合审核结果提供智能拦截策略,输出违规类型、违规时间、违规处理建议等审核结果,降低合规风险。

在安全加固方面,基于场景化的安全产品与专家服务,提供业务流和服务流的双重保障。对从参与方客户端到云会展系统访问链的每个环节点、全链路进行布控,结合腾讯安全威胁情报,提升防护效率,保障云会展服务体验。

在服务保障方面,由腾讯安全专家服务团队提供7×24小时重保护航,打造事前监测、事中响应、事后优化提升的全流程服务,针对最新安全事件处置、网络安全策略等进行优化，固化安全运维成果，实现防护能力迭代升级。

资料来源：佚名. 腾讯云会展安全的"势""道""术"[EB/OL]. (2021-04-29)[2022-11-15]. https://www.likecs.com/show-204860611.html. 作者整理而成

2. 会展信息系统的系统安全

(1) 系统运行的安全。侧重保证信息处理和通信传输系统的安全，具体的安全要求：保证系统正常运行，避免系统的崩溃和损坏对系统存储、处理和传输的信息造成破坏和损失；避免物理因素的不安全导致系统运行不正常或瘫痪；避免由于电磁泄漏而产生的信息泄露、干扰他人或受他人干扰的情况发生。

(2) 信息内容的安全。侧重信息的保密性、真实性和完整性，具体的安全要求：避免攻击者利用系统漏洞进行窃听、冒充、修改、诈骗等有损合法用户利益的行为发生。

(3) 作业和交易的安全。具体的安全要求：保护网络中两个实体之间的信息交流不被非法窃取、篡改和冒充，保证信息在通信过程中的真实性、完整性、保密性和不可否认性。保证作业和交易安全的技术包括数据加密、身份认证、数字签名等，其核心是加密技术的应用。

(4) 人员和规章制度的安全保障。一般情况下，重大的信息安全事故通常来自组织内部，所以有效管理员工、确定信息系统安全的基本方针、制定相应的规章管理制度，是保障信息系统安全的有效方法。

(5) 安全体系整体的防范和应急反应功能。对于智能信息系统涉及的安全问题，应建立系统的防范体系，对可能出现的安全威胁和破坏进行预演，确保因可能出现的灾难、意外造成的破坏能够及时恢复。

会展信息系统在设计开发中，应通过平台实施身份验证、授权管理和访问控制。通过运维审计系统帮助运维人员实现系统管理，让主机资产的归属与其访问授权管理进行关联，实现安全的远程管理。

知识链接7-1

线上数字展览(会)的安全技术保障

(1) 应从人员、设备和环境等维度，对线上数字展览(会)所使用的技术进行管理。

(2) 应成立线上数字展览(会)安全小组，保障线上数字展览(会)顺利运营。以专人专岗形式设立管理人员、技术人员及审计人员，针对线上数字展览(会)所涉及的商业机密内容签署保密协议。

(3) 对线上数字展览(会)设备进行设置，应用身份验证、授权控制、账号管理、登录记录等加密技术和防盗技术。

(4) 应设立或租用第三方标准机房，远离强噪声源、粉尘、油烟、有害气体，避开强电磁场干扰，以保证线上数字展览(会)设备的正常运行。

(5) 应每日检查、定期维护系统，确保系统稳定流畅。

资料来源：浙江省会展行业协会.线上数字展览(会)服务规范[S]. 2020-12-31.

7.1.3 会展信息系统的应用安全

应用安全是指在信息系统中开发、添加测试安全功能，以防止安全漏洞，抵御未经授权的访问和修改等威胁。它包含应用程序开发和设计过程中的安全注意事项，也涉及保护应用程序的系统和方法。

1. Web应用防火墙

Web应用防火墙能帮助用户应对Web攻击、入侵、漏洞利用、挂马、篡改、后门、爬虫等网站及Web业务安全防护问题。企业组织通过部署网站管家服务，可将Web攻击威胁压力转移到网站管家防护集群节点，以获取Web业务防护能力，为组织网站及Web业务安全运营保驾护航。

2. 应用安全访问服务

应用安全访问服务是一款基于零信任架构的应用安全访问云平台，可为企业提供安全接入数据中心(本地、单云、混合云)的解决方案。应用安全访问服务可为企业员工提供快速、稳定的访问体验，适用于远程办公、数据中心接入、权限控制、终端管控等多种业务场景。同时，应用安全访问服务支持对接企业微信，通过企业微信安全访问内网应用，接入简单、安全可靠，可实现管控全面可视化。

3. 漏洞扫描服务

漏洞扫描服务是一款自动探测企业网络资产并识别其风险的产品。漏洞扫描服务能够定期对企业的网络设备及应用服务的可用性、安全性与合规性等进行安全扫描、持续性风险预警和漏洞检测，并且为企业提供专业的修复建议，降低企业安全风险。

4. 移动应用安全

移动应用安全为用户提供移动应用(App)全生命周期的一站式安全解决方案，具体包括应用加固、安全测评、移动应用环境安全检测等服务。

5. 小程序安全

小程序安全主要包括小程序安全诊断、加固和小程序安全扫描的功能，并提供公有云和私有化服务，可使企业或个人的小程序开发建设及运行更加安全、便捷。

案例链接7-3

北京冬奥会实现系统安全"零事故"

奇安信是北京冬奥会和冬残奥会官方网络安全服务和杀毒软件赞助商。该公司负责保障北京冬奥会横跨3个赛区26个场馆、近百个国家数千名运动员的交流沟通安全。场馆协作依赖大量先进技术,在赛事举办期间,奇安信成立了11支冬奥保障团队,7×24小时监测、研判、阻断和处置威胁,全方位护航冬奥会系统网络安全。

奇安信采用"中国方案"建立了三级实战化态势感知体系,打造了全维度管控、全网络防护、全天候运行、全领域覆盖、全兵种协同、全线索闭环的"六全防护体系",部署了近千套安全设备,全域式保障了冬奥网络安全。据奇安信网络安全保障中心统计,北京冬奥会和冬残奥会期间,总计检测日志数量超1850亿个,累计发现修复漏洞约5800个,发现恶意样本54个,排查风险主机150台,监测到各类网络攻击超3.8亿次。

资料来源:奇安信集团. 北京冬奥会网络安全"零事故"方案将护航数字城市建设[EB/OL]. (2022-08-02)[2022-11-15]. https://www.qianxin.com/news/detail?news_id=5949. 作者整理而成

学习任务7.2 会展信息系统的应急预案与服务监督

7.2.1 会展信息系统的应急预案

会展企业应根据《信息安全技术、信息安全事件分类分级指南》《信息技术、安全技术、信息安全事件管理指南》《国家突发公共事件总体应急预案》及有关法律、法规的规定,制定信息系统应急预案,提高信息系统(包括计算机设备、网络设施、应用软件等)应急处置能力,有效预防和最大限度地降低信息系统各类突发事件的危害和影响,保障信息系统安全、稳定运行。

知识链接7-2

信息系统的八类突发事件

信息系统突发事件分为网络攻击事件、信息破坏事件、信息内容安全事件、网络故障事件、服务器故障事件、软件系统故障事件、灾难性事情、其他突发事件。

(1) 网络攻击事件:通过网络或其他技术手段,利用信息系统的配置缺陷、协议缺陷、程序缺陷或使用暴力手段对信息系统实施攻击,造成信息系统异常或对信息系统当前运行造成潜在危害的事件。

(2) 信息破坏事件：通过网络或其他技术手段，造成信息系统中的数据被篡改、假冒、泄露等的事件。

(3) 信息内容安全事件：利用信息网络发布、传播危害国家安全、社会稳定和公共利益的不良信息内容的事件。

(4) 网络故障事件：因电信、网络设备等原因造成大部分网络线路中断，用户无法登录信息系统的事件。

(5) 服务器故障事件：因系统服务器故障而导致的信息系统无法运行的事件。

(6) 软件系统故障事件：因系统软件或应用软件故障而导致的信息系统无法运行的事件。

(7) 灾害性事件：因不可抗力对信息系统造成物理破坏而导致的事件。

(8) 其他突发事件：不能归为以上七个基本分类，并可能造成信息系统异常或对信息系统当前运行造成潜在危害的事件。

按照造成信息系统中断运行时间的长短，将信息系统突发事件级别划分为一般(IV级)、较大(III级)、重大(II级)、特别重大(I级)。

一般(IV级)：信息系统发生可能中断运行2小时以内的故障。

较大(III级)：信息系统发生可能中断运行2小时以上、12小时以内的故障。

重大(II级)：信息系统发生可能中断运行12小时以上、24小时以内的故障。

特别重大(I级)：信息系统发生可能中断运行24小时以上的故障。

资料来源：佚名. 信息化服务方案[EB/OL]. (2021-10-20)[2022-11-15]. https://baijiahao.baidu.com. 作者整理而成

使用会展信息系统的企业应成立预防和处理信息系统突发事件工作协调小组(以下简称"应急小组")，负责信息系统应急处理工作，决定信息系统应急处理工作的重大事项，组织实施业务协调工作，发布信息系统应急指令，发布信息系统应急故障级别、决策处理方案。应急小组组长一般由法人担任，成员为全体网络管理员。

应急小组应针对各种可能发生的信息系统突发事件，建立和完善预测预警机制。预警信息分为外部预警信息和内部预警信息两类。外部预警信息是指信息系统外突发的可能需要通信保障、安全防范，或可能对信息系统产生重大影响的事件警报。内部预警信息是指信息系统网内的事故征兆或局部信息系统突发事故可能对其他或整个网络造成重大影响的事件警报。

应急小组要加强对信息系统的日常监测工作。监测内容主要包括：局域网通信性能与流量；网络设备和安全设备的操作记录、网络访问记录；服务器性能、数据库性能、应用系统性能等运行状态，以及备份存储系统状态等；服务器操作系统、数据库安全审计记录、业务系统安全审计记录；计算机漏洞公告、网络漏洞扫描报告；病毒公告、防病毒系统报告；其他可能影响信息系统的预警内容。

1. 网络攻击事件应急预案

(1) 当发现网络被非法入侵，网页内容被篡改，应用服务器的数据被非法复制、修改、删除，或有黑客正在进行攻击等现象时，使用者或管理者应断开网络，并立即报告应急小组。

(2) 应急小组应立即关闭相关服务器，封锁或删除被攻破的账号，阻断可疑用户进入网络通道，并及时清理系统、恢复数据和程序，尽快将系统和网络恢复正常。

2. 信息破坏事件应急预案

(1) 当发现信息被篡改、假冒、泄露时，信息系统使用单位或个人应立即通知应急小组。

(2) 如被篡改或被假冒的数据正在征缴或发放过程中，应急小组应立即通知代收代发机构中止征缴或发放工作。

(3) 应急小组通过跟踪应用程序、查看数据库安全审计记录和业务系统安全审计记录查找信息被破坏的原因并明确相关责任人。

(4) 应急小组提出修正错误方案和措施，通知各员工进行处理。

3. 信息内容安全事件应急预案

(1) 当发现不良信息或网络病毒时，系统使用人员应立即断开网线，终止不良信息或网络病毒传播，并报告应急小组。

(2) 应急小组根据情况通告局域网内所有计算机用户，隔离网络，指导各计算机操作人员进行杀毒处理、清除不良信息，直至网络处于安全状态。

4. 网络故障事件应急预案

(1) 发生网络故障事件后，系统使用人员应及时报告应急小组。

(2) 应急小组及时查清网络故障位置和原因，并予以解决。

(3) 不能确定故障的解决时间或解决故障的期限且故障属较大(III级)及以上级别的，应急小组应报告组长。

5. 服务器故障事件应急预案

(1) 服务器出现故障后，应急小组应及时确定故障设备及故障原因，并通知相关厂商。

(2) 根据服务器修复和系统恢复所需时间，由组长决定是否启用备用设备。

(3) 如启用备用设备，在服务器故障排除后，应急小组应在确保不影响正常业务工作的前提下，利用网络空闲时期替换备用设备。如不启用备用设备，应急小组应积极配合相关厂商，解决服务器故障事件。

6. 软件系统故障事件应急预案

(1) 发生计算机软件系统故障后，系统使用人员应立即保存数据，停止该计算机的业务操作，并将情况报告应急小组，不得擅自进行处理。

(2) 应急小组应立刻派出技术人员进行处理。

(3) 应急小组组织有关人员在保持原始数据安全的情况下，对计算机系统进行修复；修复系统成功后，利用备份数据恢复丢失的数据。

7. 灾害性事件应急预案

(1) 一旦发生灾害性事件，应急小组的每一位成员都有责任在第一时间进入机房抢救服务器及存储设备。

(2) 应急小组对服务器及存储设备的损坏程序进行评估。如服务器损坏或存储设备损坏无法使用，应立即联系相关厂商，进入维保服务程序。

(3) 根据服务器或存储设备修复和系统恢复所需时间，由组长决定是否启用备用设备。

线上数字展览(会)主/承办方应在展览(会)举办前针对线上数字展览(会)平台、开幕式现场、线上主题论坛等不同版块区域设立应急预案，根据不同突发情况设立触发条件及制定解决方案，保证线上数字展览(会)顺利运营。

在会展信息系统的应急保障中，会展企业相关部门应做好系统数据的备份工作，保证重要数据在受到破坏后可紧急恢复。预留一定数量的网络硬件设备和服务器，用于预防或应对信息系统突发事件。同时选择熟悉信息系统软硬件的专业公司作为信息系统应急处理的社会应急支援单位，提供技术支持和服务。信息系统服务器以及存储设备要与专业厂商签定维保协议，明确备用设备的供应时间。强化信息安全宣传教育，提高信息安全防御意识。每年至少组织开展一次信息网络安全教育，提高员工信息安全防范意识和能力。

7.2.2 会展信息系统的服务监督

会展企业应设立会展信息系统平台监督管理人员或小组，对会展信息系统平台的整体服务进行监督。应遵守国家相关法律法规，合法合规使用相关数据和信息开展线上会展服务，保证主办方、参展商、采购商等相应主体权益不受侵害。

信息系统评价主要包括评价系统运行的稳定性与可靠性，评价系统的安全保密性能，评价用户对系统操作、管理、运行状况的满意度，评价系统对误操作保护和故障恢复的性能，评价系统功能的实用性和有效性。

展会结束后，在规定时间内，主(承)办方应向会展信息系统平台的参展商、观众发送关于信息系统平台使用的问卷调查表，了解用户对会展信息系统平台的服务满意度，并根据意见反馈进行改进。

项目小结

本项目从信息系统的安全保障角度讨论了会展信息系统的物理安全、网络安全、系统安全和应用安全,并针对信息系统的常见突发事件,详细介绍了不同的应急处理预案,使读者能够更加全面地了解会展信息管理系统的安全保障措施。

实训练习

实训题一:能够制定会展信息系统或线上数字展览(会)平台的应急预案。

实训题二:操作会展信息系统或线上数字展览(会)平台,谈谈你对信息系统安全管理的认识。

应用实例 | 京东智联云会展云安全保障平台

京东会展云是以展、论、洽为核心场景,以AI、IoT、大数据、云计算为核心,结合丰富、多元化的产业赋能构建的数智化会展云平台。京东会展云平台架构如图7-1所示。

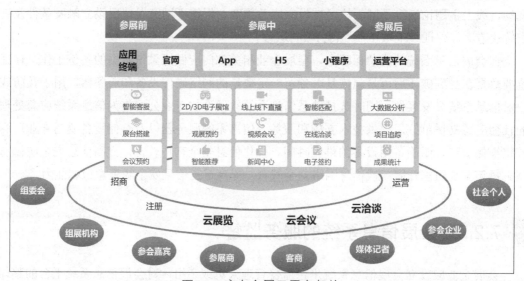

图7-1　京东会展云平台架构

2020年9月4日—9日,中国国际服务贸易交易会(以下简称"服贸会")首次在云上举办。2020服贸会对网络安全高度重视,从网页篡改防护、DDoS攻击防护、违规内容与视频干扰检测、域名和链路劫持防护、数据防泄露、病毒爆发与零日漏洞防护、系统入侵防护、隔离与防护失效的响应处置这8个方面提出了严格的安全保障要求。京东智联云凭借领先的安全能力与服务,成为唯一指定技术服务商。

京东智联云为会展云提供了品类丰富的安全产品,包括防火墙、抗DDoS、WAF、智能边缘安全、应用安全网关、主机安全、态势感知、KMS密钥管理服务、SSL数字证书、数据库审计、运维安全审计、内容安全、业务风控、电子签章、实名认证以及十余项安全服务，全面覆盖客户需求场景，如图7-2所示。

2020服贸会开幕前，在充分考虑上述风险的前提下，京东智联云专门成立了安全专项工作组，围绕8项防护要求编制了详细的演练预案(见图7-3、图7-4)和演练计划，并根据等保标准完成云平台侧和业务系统侧的安全治理，有效收缩攻击面，完成了脆弱性修复与验证。

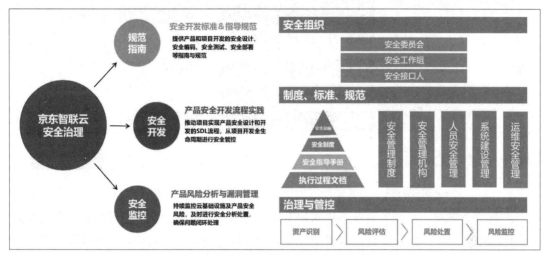

图7-2　京东智联云安全治理体系

京东智联云通过展前演练，遗留问题与残余风险的发现、通报与消除，使服贸会数字平台系统的攻击防御、告警监控、安全应急响应、资源与性能弹性扩展、两地三中心和7个海外节点的灾备容错等多方面能力充分满足本届云上服贸会提出的安全保障要求。

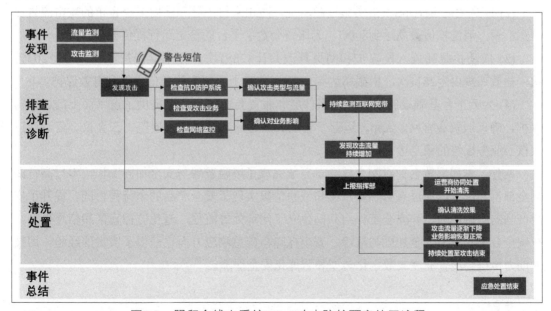

图7-3　服贸会线上系统DDoS攻击防护预案处置流程

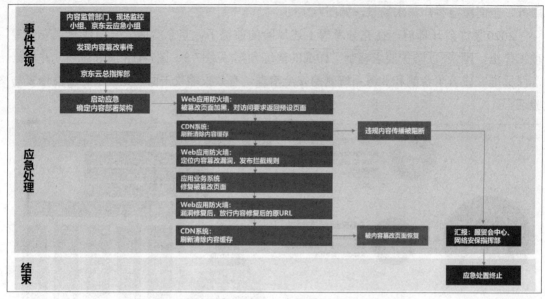

图7-4 服贸会线上系统内容防篡改预案处置流程

在服贸会期间，通过云安全态势感知系统实时监控服贸会数字平台系统的安全防御状态和整体安全趋势，针对疑似攻击事件进行实时分析与响应，态势感知系统还作为服贸会安全保障体系的核心大脑，充分联动DDoS攻击防护、内容安全审核、云WAF、终端安全等防护产品，利用云端信誉和威胁情报驱动产品防护能力持续提升。服贸会线上系统安全方案如图7-5所示。

(1) 能准确识别和封禁国内和国外的恶意IP地址，确保大会期间不发生攻击事件。

(2) 针对大规模DDoS攻击实施近源清洗，防止来自国际和国内多个省市的攻击流量在单点汇聚，清洗峰值最高达到800G，为服贸会数字平台的稳定运行提供充分保障。

(3) 成功拦截高危入侵攻击和网页篡改共计478万次，文本、图片、视频检测203万次，拦截违规内容2811次，拦截率达到100%，使云上服贸会的公信力得到有效保护。

(4) 为云平台基础设施层、中台组件层和服贸会业务平台层提供了自下而上的加固与保护，确保服贸会官网、App、运营平台三大核心业务系统和云展览、云会议、云洽谈三大核心业务板块的稳定运行。

此外，本届服贸会针对24个核心子系统完成了风险发现与安全加固工作，零日高危漏洞全部得到修复，通过态势感知系统和威胁情报实现了安全产品的全流程协同，提升了安全产品的防御能力，和安全工作组共同建立了闭环处置流程，避免监控盲区和信息孤岛，在安全合规建设、安全加固与演练、安全保障与应急响应方面也获得了宝贵的经验，用技术助力传统会展行业完成数字化转型和智能化安全保障。

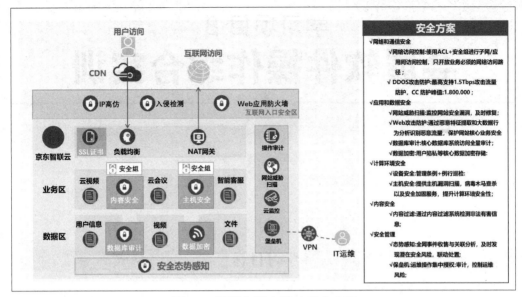

图7-5 服贸会线上系统安全方案

资料来源：京东云开发者. 会展云技术解读：多重安全保障护航云上会展[EB/OL]. (2020-10-28)[2022-11-15]. https://blog.csdn.net/jdcdev_/article/details/109349264. 作者整理而成

学习项目 8
会展软件操作综合实训

知识目标：熟悉会展项目策划、运营、现场管理流程。

能力目标：能够利用会展信息化软件管理会展项目。

思政育人目标：具有践行知行合一的意识，弘扬实践精神和创新精神。

课程思政

　　国家"十四五"规划中明确指出，信息化建设是企业可持续发展的重点。数字化已经成为新时代最大的技术变量，它正在深刻地影响和改变着每一个企业。疫情常态化下，我国会展业的信息化、智能化、数据化发展明显加快，线上线下相结合的复合化会展、云会展、云端会议等各种新兴的会展形态正在随着技术的进步和应用的推广逐渐成熟。作为会展行业从业人员，应具有数字化意识，将所学的会展项目管理知识应用在会展数字化平台中，提高数字化实践能力和创新能力。

学习任务8.1　31轻会软件操作实训

本实训操作内容为利用31轻会软件信息化管理单场会议、展览会、节庆活动。

8.1.1　分析思路

本案例的会展项目信息化操作过程主要包括以下实践环节。

（1）**活动信息管理**：创建单场会议、展览会、节庆活动等会展项目，编辑单场会展项目基本信息和介绍，设置门票支付，配置报名表单，开启报名提醒。

(2) 活动推广管理：设置社交分享，设置海报分享，管理优惠码。

(3) 推广网站管理：设计网站或微站，添加演讲嘉宾，管理项目日程。

(4) 人员和订单管理：管理参会人，管理订单，配置防疫表单。

(5) 活动通知管理：编辑发送通知。

(6) 活动现场管理：现场签到管理，创建活动问卷。

(7) 活动报表查看：查看访问量、报名人数、门票收入、签到、报名渠道等统计报表。

(8) 会展项目发布。

8.1.2 操作步骤

1. 活动信息管理

(1) 登录31轻会账号。通过浏览器登录31会议网址，单击"轻会"，进入登录界面，输入账号即可进入，如图8-1所示。

图8-1　31会议首页

图8-2　31轻会登录界面

(2) 单击"创建活动",即可创建会议、展览会、节庆活动等项目,如图8-3所示。

如何在数字平台创建会议活动

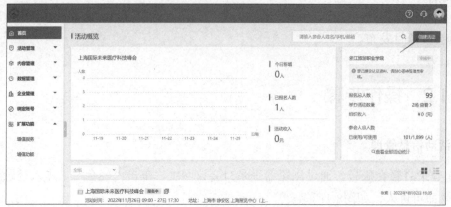

图8-3　31轻会创建项目首页

(3) 编辑项目基本信息。填写会展项目的全称,选择项目开始和结束时间,勾选"活动形式",下拉选择项目举办地点和详细地址,最后单击"确定",如图8-4所示。

图8-4　31轻会"编辑基本信息"界面

单击左侧面板的"修改基本信息",修改项目主办方,下拉选择活动分类。活动分类包括会议、展览、博览会、培训、节庆、赛事等项目类型,如图8-5所示。

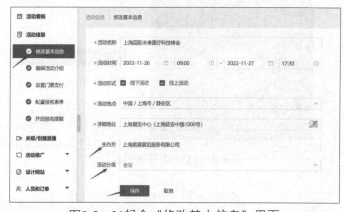

图8-5　31轻会"修改基本信息"界面

单击左侧面板的"编辑活动介绍",上传项目封面图和编辑项目简介。注意上传的封面图尺寸为750px×400px,格式为png、jpg、jpeg、gif,图片大小不超过4M,完成后单击"保存"并继续,如图8-6所示。

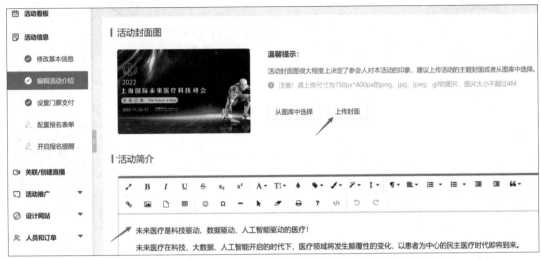

图8-6　31轻会"编辑活动介绍"界面

若本届项目需要绑定公众号,则下拉选择绑定即可。注意只有认证后的服务号才可以使用该功能,如图8-7所示。

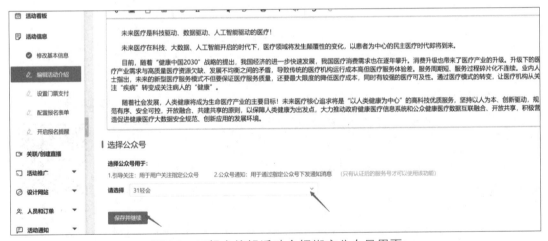

图8-7　31轻会编辑活动介绍绑定公众号界面

(4) 设置门票支付。单击左侧面板的"设置门票支付",单击"设置",进入门票设置界面,如图8-8所示。

图8-8　31轻会"设置门票支付"界面

如何在数字平台配置电子门票

进入门票设置界面,根据项目需要设置免费门票和付费门票参数,如门票名称、数量、售票开始和结束时间、是否进行购票审核、门票说明等参数,完成后单击"确定",如图8-9所示。

图8-9　31轻会默认免费门票设置界面

如何在数字平台配置通道和门票

单击"添加门票",再次设置相关人员门票参数,完成后单击"确定",如图8-10所示。

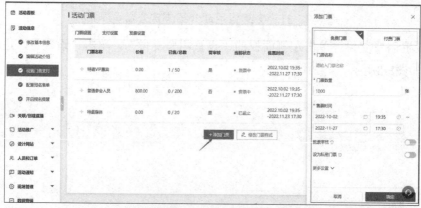

图8-10　31轻会默认收费门票设置界面

在活动门票界面，单击"修改门票样式"，修改门票选择页面参数，如页面名称、页面显示设置、页面样式、头图设置、背景设置、按钮参数设置等，完成后单击"保存"，如图8-11所示。

图8-11 31轻会"修改门票样式"界面

（5）配置报名表单。单击左侧面板的"配置报名表单"，分别选择表单中的"姓名""手机号"等字段，单击右侧设置面板，对应设置"姓名""手机号"等字段参数，每一个字段参数设置完成后必须单击"保存设置"，如图8-12所示。

图8-12 31轻会"配置报名表单"界面

单击右侧的"表单设置"，可修改页面名称、描述设置、页面样式、头图设置、背景设置、字段显示方式、是否开启防疫须知、设置报名须知与隐私政策、门票规则等，完成后单击"保存设置"，如图8-13所示。

图8-13　31轻会"报名表单设置"界面

(6) 开启报名提醒。单击左侧面板的"开启报名提醒",分别设置是否开启报名成功、等待审核、审核通过、审核拒绝等信息,并勾选各个提醒信息对应的提醒方式,如图8-14所示。

图8-14　31轻会"开启报名提醒"界面

2. 活动推广管理

(1) 社交分享设置。单击左侧"活动推广"下的"社交分享"面板,单击"微站分享",设置项目分享显示内容,如项目名称、主题、时间、地点,上传项目封面,完成后单击"保存",如图8-15所示。

如何在数字平台设置微信分享

图8-15 31轻会"微站分享"设置界面

单击"小程序分享",可将分享海报保存到手机或下载到本地,如图8-16所示。

图8-16 31轻会"小程序分享"界面

(2) 海报分享设置。单击左侧"活动推广"下的"海报分享"面板,设置分享提醒,管理分享海报,可直接单击选择系统生成的某一个海报,完成后单击"保存",如图8-17所示。

图8-17 31轻会"海报分享"界面

也可以单击"海报管理",自定义创建新海报。通过设置海报名称、上传海报图、添加会议二维码、添加会议信息、添加报名人员信息等,设置海报样式,完成后单击"保存",如图8-18所示。

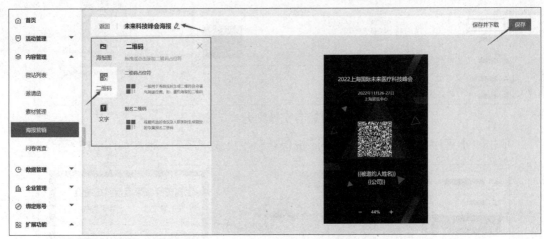

图8-18　31轻会自定义海报创建界面

(2) 优惠码管理。单击左侧"活动推广"下的"优惠码管理"面板,新增优惠码,设置优惠码参数,完成后单击"保存",如图8-19所示。

图8-19　31轻会"优惠码管理"界面

3. 推广网站管理

(1) 设计网站、微站。单击左侧的设计网站面板,单击页面上方手机图标,单击"更换模板",选择微站模板样式,完成后单击"确定",如图8-20所示。

如何在数字平台设计网站

图8-20　31轻会"更换模板"界面

单击右侧"页面样式"面板,设置微站开屏页、微站背景、微站布局、微站信息参数,完成后单击"保存",如图8-21所示。

如何在数字平台设计微站

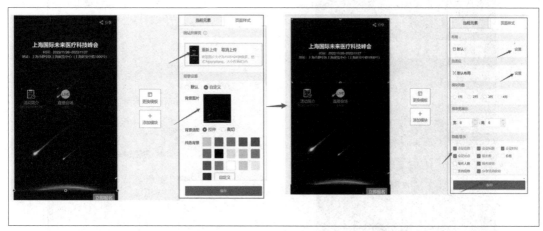

图8-21　31轻会微站"页面样式"设置界面

单击页面轮播图位置,可添加多张轮播图,并对每一张轮播图设置自定义链接或设置跳转页面,完成后单击保存,如图8-22所示。

图8-22　31轻会微站轮播页设置界面

单击"添加模块",可添加相应功能模块,也可以对添加的模块进行删除、移动等,单击每一个模块,可更改模块类型,完成后单击"保存",如图8-23所示。

如何在数字平台管理网站评论

图8-23　31轻会微站功能模板设置界面

单击"会议日程"模块，在右侧"当前元素"面板中，单击"编辑日程列表"，单击设置会议日程数据后，页面自动跳转到日程管理，之后单击选择会议日期，添加会场，添加日程相关信息，完成后单击"保持"，如图8-24所示。

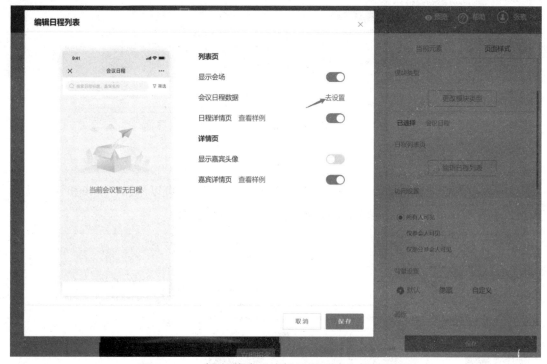

图8-24　31轻会微站"编辑日程列表"设置界面

(2) 日程管理，如图8-25所示。

图8-25　31轻会微站"日程管理"设置界面

(3) 演讲嘉宾管理。在"日程管理"面板中，添加演讲嘉宾信息，可单击选择"演讲嘉宾"，之后页面跳转到演讲嘉宾管理页面，单击新增或导入演讲嘉宾，完成后单击"确定"或继续添加，如图8-26所示。

图8-26　31轻会微站"演讲嘉宾"管理设置界面

4. 人员和订单管理

(1) 参会人管理和订单管理。在左侧人员和订单面板中，可以添加、审核和管理报名人员，查看所有报名人员信息及门票订单信息，如图8-27所示。

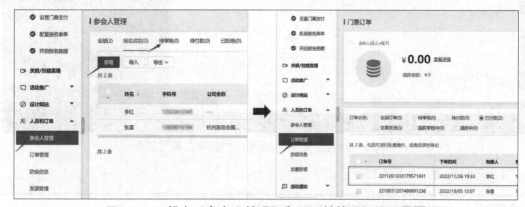

图8-27　31轻会"参会人管理"和"订单管理"设置界面

(2) 防疫信息管理。在左侧"防疫信息"面板中，单击"配置收集规则"，设置防疫信息显示参数，如图8-28所示。

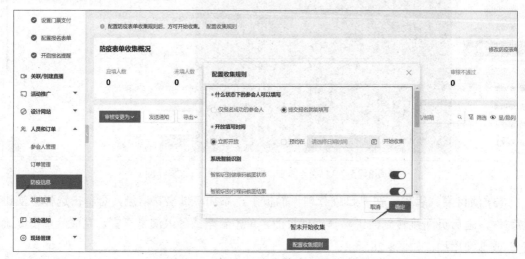

图8-28　31轻会"防疫信息"设置界面

5. 活动通知管理

单击左侧"发送通知"面板，选择添加消息发送人，编辑短信内容，完成后单击"立即发送"，也可以单击"存为模板"，留作后续通知使用，如图8-29所示。

图8-29　31轻会"发送通知"设置界面

6. 活动现场管理

(1) 现场签到。单击左侧"现场签到"面板，可选择微信签到或小程序签到，如图8-30所示。

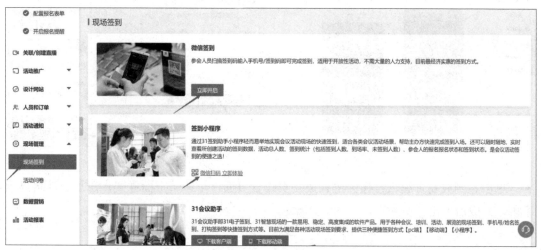

图8-30　31轻会"现场签到"设置界面

单击微信签到"立即开启"，设置签到验证参数，完成后单击"保存"，如图8-31所示。

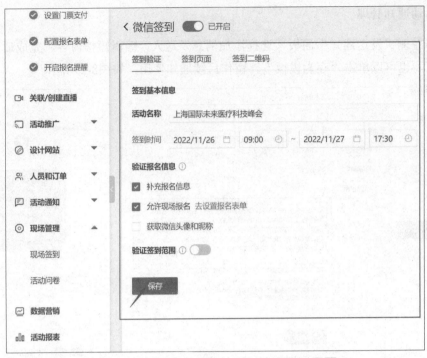

图8-31 31轻会"微信签到"验证设置界面

单击签到页编辑按钮,进入签到页设置页面,可编辑页面样式,添加签到字段,完成后单击"保存",如图8-32所示。

图8-32 31轻会微信签到页设置界面

单击签到成功页编辑按钮,进入成功页设置页面,可编辑页面样式,添加成功页显示字段,完成后单击"保存",如图8-33所示。

图8-33　31轻会微信签到成功页设置界面

(2) 活动问卷创建。单击左侧"活动问卷"面板，可以创建会议调查问卷，投放调查问卷，收集问卷数据，如图8-34所示。

图8-34　31轻会"活动问卷"创建设置界面

7. 活动报表查看

单击左侧"活动报表"面板，可查看访问量、报名人数、门票收入、签到、报名渠道等统计报表，也可以新建报表如图8-35所示。

单击进入每一个活动报表，可切换不同报表，并可选择不同时间段的统计图表，选择不同的统计图表类型，单击下载按钮，即可获取图表如图8-36所示。

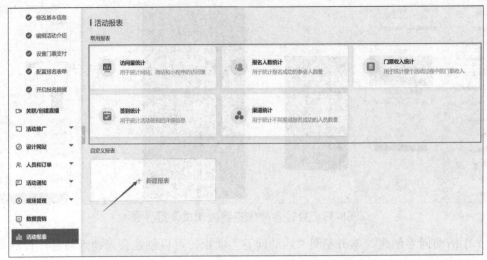

图8-35　31轻会"活动报表"查看界面

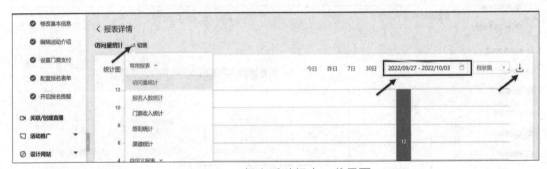

图8-36　31轻会活动报表下载界面

8. 会展项目发布

单击"已发布"按钮，分享会展项目微站和小程序，查看效果，如图8-37所示。

图8-37　31轻会活动发布界面

学习任务8.2 客户关系管理软件操作实训

本实训操作内容为利用展之客CRM软件信息化管理一个展览会项目。

8.2.1 分析思路

本案例的会展项目信息化操作过程主要包括以下实践环节。
(1) 系统登录：登录账号，选择团队。
(2) 管理客户信息：新增、删除、修改、查询客户信息。
(3) 管理联系人信息：新增、删除、修改、查询联系人信息。
(4) 管理联系记录：新增、删除、修改、查询联系记录。
(5) 管理任务：新增、编辑、删除任务。
(6) 商机管理：新增、编辑商机，商机跟进。
(7) 项目管理：新增、编辑、删除项目，在线生成合同。
(8) 回访管理：检索、查找项目。

8.2.2 操作步骤

1. 系统登录

(1) 账号登录。默认适配谷歌浏览器或者360浏览器极速模式，输入公司专属网址，输入账号、密码，单击"登录"，如图8-38所示。

图8-38　展之客CRM登录界面

(2) 团队选择。单击选择当前团队,可设置其中一个为默认,下次登录时直接进入默认团队,如图8-39所示。

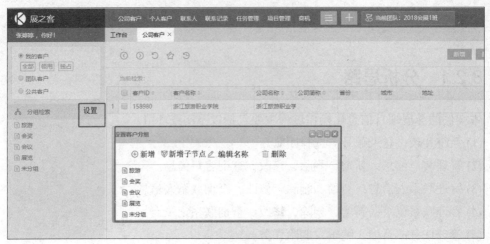

图8-39 展之客CRM团队管理界面

2. 管理客户信息

手工录入和批量导入新增客户信息,如图8-40所示。如手工录入客户信息,单击"公司客户"→"新增",客户信息输入后,单击"保存"则完成操作;或者单击"立即查看",进入客户详情页;单击"继续添加",新增客户;单击"编辑"或"删除"可修改客户资料。

招展招商信息
管理操作

图8-40 展之客CRM客户信息设置界面

3. 管理联系人信息

如图8-41所示,单击"联系人"→"新增",新增联系人信息后,单击"保存"完成操作；或者单击"立即查看"，进入客户详情页；单击"继续添加"，新增下一个客户；单击"编辑"或"删除"可修改联系人资料。

图8-41　展之客CRM联系人信息设置界面

4. 管理联系记录

如图8-42所示，新增公司客户或联系人信息时，勾选"同时新增联系记录"，输入详细信息，保存；在公司客户详情页或联系人详情页，单击"快速新增"→"联系记录"；在公司客户详情页或联系人详情页，单击"联系记录区域"→"新增"。在弹出的"新增联系记录"对话框中，输入详细信息，单击"保存"，完成操作。单击"编辑""删除""查询"可管理联系记录。

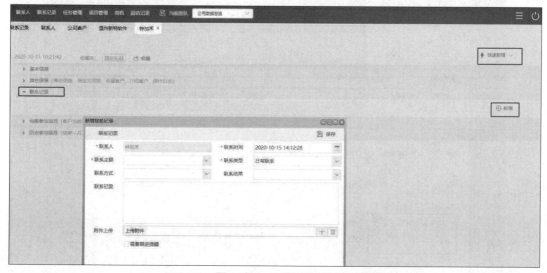

图8-42　展之客CRM联系记录设置界面

5. 管理任务

单击"任务管理",进入任务管理列表,可使用新增、删除、批量关联项目、关键词查找、组合查询等功能,如图8-43所示。

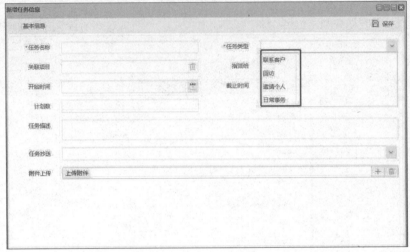

图8-43 展之客CRM新增任务信息界面

6. 商机管理

单击"商机",进入商机列表,可使用新增、删除、关键词查找、高级查询等功能。

(1) 新增商机。单击"新增",弹出"商机"对话框,填写详细信息,单击"保存",完成操作。新增商机后,就可以用于关联公司客户,如图8-44所示。

展商服务流程管理操作

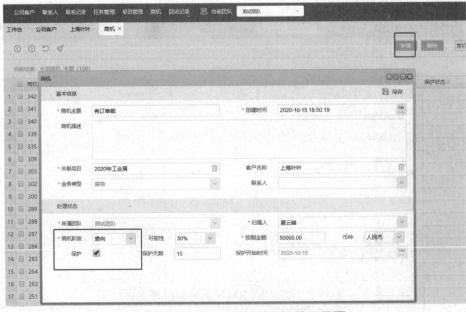

图8-44 展之客CRM新增商机管理界面

(2) 商机跟进。在商机列表，单击"商机ID"与"商机主题"，进入商机详情页；在公司客户详情页单击"当前参与项目"→"商机"，单击商机主题名称，进入商机详情页，如图8-45所示。

图8-45　展之客CRM商机跟进管理界面

7. 项目管理

单击"项目管理"，进入项目列表，可新增、编辑、删除、生成合同。

(1) 新增项目。单击"新增"，弹出"项目信息"对话框，填写详细信息，单击"保存"，完成操作，如图8-46所示。新增项目后，就可以关联公司客户、联系人、任务、商机、回访等操作。

项目立项策划信息管理操作

图8-46　展之客CRM新增项目设置界面

(2) 生成合同。在公司客户详情页，单击"当前参与项目"→"添加合同"，进入合同新增界面，如图8-47所示。

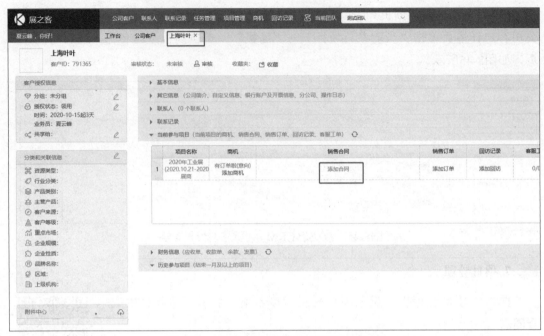

图8-47 展之客CRM生成合同设置界面

8. 回访管理

单击"回访记录",在左侧面板中可以通过项目关联、日期、指派人员等信息检索项目,或输入关键词查找项目,如图8-48所示。

图8-48 展之客CRM回访管理检索界面

📖 项目小结

本项目利用31轻会软件和展之客CRM软件分析单场会展项目思路,详细分解单场会展项目的信息化管理步骤,使读者能够实际掌握项目信息化管理流程。

✏️ 实训练习

实训题一:操作31轻会软件,设计单场会展项目的报名界面。

实训题二:操作31轻会软件,设计单场会展项目的推广微站。

实训题三:操作展之客CRM软件,新增一个展览会项目,新增两个及以上企业、两个及以上联系人,最终至少保存一个企业、一个联系人,并在回访管理中检索查看项目。

应用实例 | 31会议智慧会展平台

31会议：智慧会展——链接、转化、集客、共赢

31会议——一站式全流程数字会展平台，中国领先的场景营销科技公司。31会议成立于2011年，总部位于上海，在全国拥有19个分支机构。自成立以来，31会议运用互联网、物联网、人工智能、大数据和云计算等技术，针对会展的线上和线下融合场景，陆续推出31轻会、31大会易、31展览云、31智慧现场等6个产品和7个行业解决方案。凭借成熟的产品能力和专业服务能力，公司已服务30多万家机构客户，成就130多万场会议、展览和活动，逐步成为推动中国会展业数字化转型升级和技术创新的重要力量，快速跃升为中国会展科技领域第一大品牌和中国数字会展新基建的重要推动者。

1. 31展览云V3.0

2021年6月18日，31会议正式发布"31展览"品牌，并同时发布展览云V3.0"双线融合会展商贸+会展服务平台"。31展览云V3.0基于2.0版本进行了迭代和升级，在业内首次真正实现了线上和线下的融合，增加了新技术，如智能配对、AI内容审核、RTC洽谈室、自动翻译、参展商线索标签和管理等，为组展商提供了更多的选择和可能，真正实现了双线一体的融合办展。31展览云"双线融合会展商贸+会展服务平台"如图8-49所示。

图8-49 31展览云"双线融合会展商贸+会展服务平台"

（1）会展商贸平台。会展商贸平台旨在支撑会展企业运营线上展览，撮合参展商和买家之间的商务对接，让参展商获取更多商机。主要功能有在线展厅、询价、预约洽谈、在线视频会议、名片交换等，如图8-50所示。

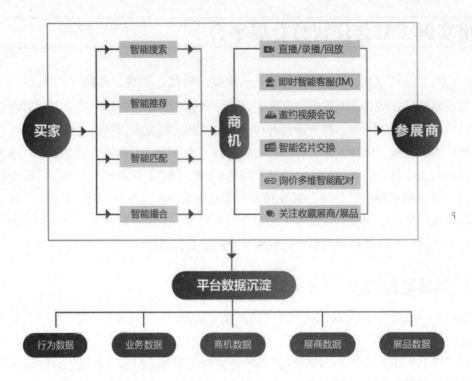

图8-50 31会议会展商贸平台

此外,会展商贸平台还支持按等级设置参展商权益包,不仅能帮助主办方创造数字化收入,还可以根据参展商需求提供个性化的创新服务,从而实现传统会展平台的商业模式创新。

(2) 会展服务平台。会展服务平台旨在支撑会展企业线下展览运营,从在线注册、营销、推广、数据库管理到智慧现场,为参展商和观众提供多维度、多场景的服务,提高参展商和观众的参展、参观体验,如图8-51所示。

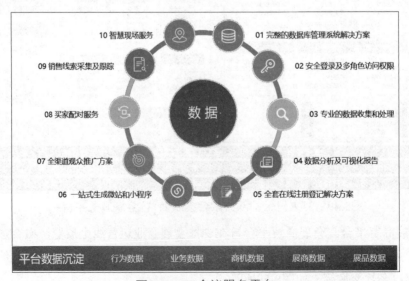

图8-51 31会议服务平台

2. 31会议云

31会议云作为一站式数字会务SaaS云平台，通过覆盖会前、会中、会后，贯通线上线下，结合硬件、软件的一站式会议科技产品与服务，实现智慧邀约、智慧日程、智慧通知、智慧证件、智慧签到、智慧现场、智慧监控、智慧数据的会议全流程智慧化。根据国际大会、政府会、学术会、展会、经销商大会、企业会等不同会议场景特点，31会议云陆续推出了系列解决方案，以真正实现"会，更轻松"，如图8-52所示。

图8-52　31会议一站式数字会务SaaS会议云平台

3. 31营销云

31会议推出一站式自动化营销云平台，助力客户实现全生命周期数字化管理，达成高质高效会议营销，如图8-53所示。

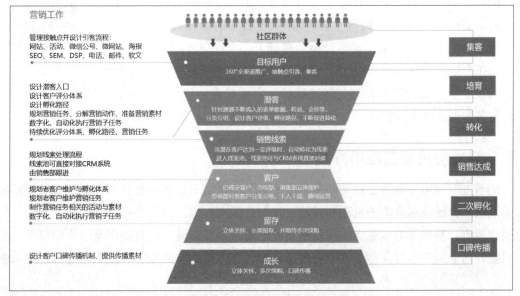

图8-53　31营销云解决方案

(1) 企业级活动管理。用数字化技术帮助企业一站式全流程管理全年活动的营销、现场执行、数据等方面，重塑用户体验，打通线上线下，实现活动效果深入分析，有效提升活动ROI(return on investment，投资回报率)。

(2) 内容素材库管理。支持微信素材、文章、图片、视频等多种内容编辑制作，支持多重渠道推广发送，内容素材相互调用，实现跨平台、跨终端的内容素材统一管理。

(3) 营销工具管理。可实现短信、邮件、微信等互动工具一站式管理，以及营销对象一站式调用，真正实现数据互通，让推广更轻松、更高效。

(4) 微信营销运营。集吸粉、粉丝运营、潜客孵化、客户服务等功能于一体，适用于微信内容、活动、互动、传播、服务的集中运营管理，是企业移动端客户引流孵化利器。

(5) 客户数据管理。集成管理来自联系人、粉丝、会员、参会人、分销人等多类型、多渠道的数据，描绘用户画像，提供精准营销数据支撑。

(6) 营销任务自动化管理。通过客户细分与营销任务自动执行，与细分客户进行个性化营销互动，完成营销闭环，有效提升客户转化率，推动业绩增长。

(7) 客户孵化管理。基于客户孵化阶段的需求、客户属性特征和客户评分体系，配合内容规划，建立智能客户孵化体系，将潜客有效转化为客户。

(8) 线索管理。通过线索收集、分类、评分、流转、回收等全线索生命周期管理，有效提高线索转化率，真正帮助企业实现业绩增长。

资料来源：31会议[EB/OL]. (2021-12-11)[2021-12-15]. https://www.31huiyi.com.

应用实例 | 展之科技会展数字平台

展之科技一站式会展数字平台

杭州展之信息技术有限公司(以下简称"展之")属于高新技术企业，拥有多项产品软件著作权，该公司前身是温州新特。2009年，展之率先将展览CRM产品化，赢得了400多家展览公司的信任与认可。2017年，展之在原有客户需求、实施经验的基础上，全面开发展览数字化平台。该平台以社交化CRM为内核，以项目管理为纽带，以移动商务为触角，实现企业内部管理与外部业务流程的数字化对接。该平台主要有展览CRM、项目管理、财务管理、动态展位图、会员中心、观众登记、线上展厅等模块。

数字会展平台架构

1. 自办会展项目应用方案

随着互联网电子商务、移动商务应用的普及，以及云计算、物联网、人工智能等新技术的发展，会展业迎来新的机遇和挑战。作为会展主办方，有必要搭建新的技术平台，拓宽决策视野，整合多方资源，加快信息交换速度，为参展商、观众提供全方位的服务。展之科技针对会展主办方提供了贯穿会展全周期、全方位的在线服务。线上与展会官网、微信公众号等对接，线下与公司CRM、项目管理、财务系统等无缝集成，形成全流程、多维度的会展项目信息平台。

(1) 观众。观众不再只是登记信息和被动接受信息采集，通过平台可以了解更多展会资讯和参展商信息，深入参与到会展活动中来。

(2) 参展商。参展商在平台上成为更加主动、活跃的角色，与观众有更多互动机会，同时能够参与主办方的观众管理，实现多方互赢。

(3) 代理商。代理商通过互联网成为主办方和参展商之间沟通的桥梁，使信息传递更加及时、精准。

(4) 主办方。主办方搭建私有云平台，开通展会信息门户，使线下展会实时对接永不落幕的线上展会，通过逐年积累，逐步将代理商、参展商和观众发展成为平台会员，形成以主办方为核心的行业社交平台。

主办方在展会各阶段的信息化工作内容如图8-54所示。

图8-54　主办方在展会各阶段的信息化工作内容

通过信息平台，参展商将更加主动、深入地参与展会宣传和管理活动。在展前，作为长期会员的参展商，随时收到平台推送的展会咨讯，并参与观众邀约工作。开展倒计时，参展商在会员中心直接提交参展资料，通过展会官网和微信公众号展示公司形象和产品信息，转发到自媒体吸引观众预登记。展会期间，参展商通过会员中心与观众智能配对和互动。参展商可在动态展位图上向观众推送展位信息和展品信息，还可向观众和同行发起活动邀约。展会结束，参展商信息继续在官网和公众号上长期展示，参展商可在线获取主办方提供的展会分析报告，可在会员中心管理观众信息，从而形成自己的CRM数据库。

2. 展之云观众登记管理方案

该平台以观众为中心，从展前预登记、展中现场管理、展后信息归集、历届观众分析等多角度设计流程和设置功能，能够满足现代会展业的新需求。展之云观众登记平台结构如图8-55所示。

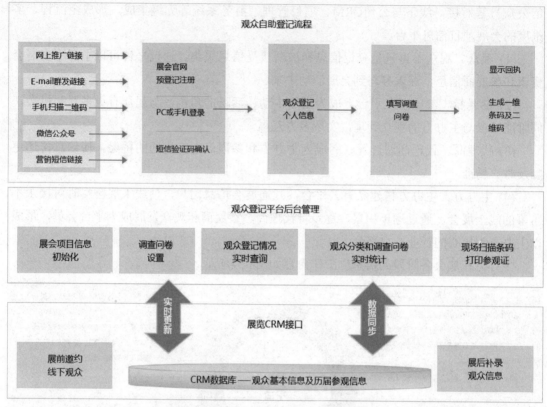

图8-55 展之云观众登记平台结构

通过展之云观众登记平台,主办方可统一管理展前、展中、展后观众数据,观众登记情况统计快速、准确。前台登记同时用于观众预登记和展会现场自助登记,可以支持PC网站、微信、二维码、URL对接等多种登记方式;后台管理可以自定义各种调查问卷,登记结果可以实时查询和统计。CRM系统与展之CRM数据同步接口,更是避免了多个系统间导出导入的麻烦和差错。

主办方采用该平台,可自建服务器并买断使用。这样做的好处有:主办方拥有更多自主权,大大降低成本;统一数据,贯穿展会始终,无须多系统导出导入,不再有信息孤岛;针对多个子展会、会议等项目可个性定义登记模板,灵活应对新需求;实现观众多渠道登记,自动识别会员身份,可调取历届登记信息,体验更佳。

资料来源:展之科技[EB/OL]. (2021-11-10)[2021-12-15]. http://www.smtcrm.com.

参考文献

[1] 张捷雷. 会展管理实训教程[M]. 南京：东南大学出版社，2009.

[2] 金蓓. 会展信息管理[M]. 大连：东北财经大学出版社，2009.

[3] 杨顺勇，牛淑珍，施谊. 会展风险管理[M]. 北京：化学工业出版社，2007.

[4] 施谊，张义，王真. 展览管理实务[M]. 北京：化学工业出版社，2008.

[5] 肖庆国. 现代会展基础与实务[M]. 北京：中国人事出版社，2006.

[6] 杨顺勇，李晓玲. 会展信息技术应用[M]. 北京：中国人民大学出版社，2007.

[7] 贺刚，金蓓. 会展管理信息系统[M]. 北京：中国商务出版社，2009.

[8] 王红梅. 会展管理信息系统[M]. 天津：南开大学出版社，2011.

[9] 林晖明. 会展智能信息化[M]. 北京：中国水利水电出版社，2010.

[10] 张冬霞. 市场营销学[M]. 北京：北京大学出版社，2008.

[11] 刘萍. 助理会展经营策划师[M]. 北京：中国劳动社会保障出版社，2006.

[12] 莫志明. 参展管理实务[M]. 北京：机械工业出版社，2011.

[13] 上海市标准化研究院. 展览业标准化综论[M]. 北京：中国标准出版社，2011.

[14] 中国会展经济研究会统计工作专业委员会. 2019年度中国展览数据统计报告[M]. 2020.

[15] 全国会展业标准化技术委员会. 展览会信息管理系统建设规范[S]. 2017-02-28.

附录
展览会信息管理系统建设规范
(GB/T 33489—2017)

1. 范围

本标准规定了展览会信息管理系统的术语和定义、建设基本要求、功能要求、安全保障等。

本标准适用于各类展览会信息管理系统的设计、构建及相关软件功能开发等活动。

2. 规范性引用文件

下列文件对于本文件的应用是必不可少的。凡是注日期的引用文件，仅注日期的版本适用于本文件。凡是不注日期的引用文件，其最新版本(包括所有的修改单)适用于本文件。

GB/T 26165—2010 经济贸易展览会语
GA/T 708—2007 信息安全技术信息系统安全等级保护体系框架

3. 术语和定义

GB/T 26165—2010 界定的以及下列术语和定义适用于本文件。

3.1

展览信息管理系统 exhibition information management system

基于现代展览管理理念，利用信息技术实现对展览会信息的全面管理，包括数据采集、数据库管理、观众邀请、商务配对等功能的管理系统。

3.2

观众信息 visitor information

观众的基本信息、行为信息和其他展览会主办单位需要收集和管理的信息。

注1：观众的基本信息包括观众名片、现场登记表等描述观众身份和联络方式的信息。

注2：观众行为信息包括观众入场、离场、参观展台、参加会议和活动等行为的信息。

3.3

参展商信息 exhibitor information

参展商的基本信息、参展信息和其他展览会主办单位需要收集和管理的信息。

注1：参展商的基本信息包括企业名称、联络方式等。

注2：参展信息包括展位信息、会刊信息、楣板信息、胸卡信息、合同信息、付款记录和服务预订信息。

3.4

观众数据采集终端设备 visitor information collection terminal

在展览会现场供主办单位和参展商识别、验证和记录观众信息的设备，包括门禁闸机或移动读卡设备等。

3.5

商务配对系统 match making system

为商务配对提供数据支持和管理的系统。

4. 建设基本要求

展览会信息管理系统的建设应满足展览会主办单位的需求，实现对观众和参展商等展览会重要信息的收集、处理存储、应用维护等，信息收集途径符合国家相关法律法规规定，并符合以下基本原则：

a) 收集信息准确、完整；

b) 系统运行快速、稳定；

c) 界面操作简便、易用；

d) 信息处理功能深入、全面；

e) 信息应用、存储和传输安全可靠。

5. 系统功能

5.1 功能构成

展览会信息管理系统应包括观众信息管理、参展商信息管理、商务配对、邀请、数据库管理等功能。

5.2 观众信息管理

5.2.1 展前数据采集系统

展前数据采集系统应能够：

a) 提供各种来源数据的录入功能；

b) 提供网上预登记和管理功能，以实现：

1) 个体观众预登记，包括：对首次预登记观众，登记观众信息，开展预登记调查等；对往届观众和已预登记观众，提供观众信息和调查表的查看和更新等；

2) 团体观众预登记：提供数据文件上传、数据批量导入等；

3) 活动及会议参加者预登记：提供各类活动及会议信息的检索、下载、打印，提供活动及会议的报名或取消报名等。

5.2.2 现场信息管理

现场信息管理应具备现场观众登记功能，并根据需要实现观众行为管理功能：

a) 现场观众登记：为进入展览会参观的观众办理现场登记，根据需要收集名片、登记表等观众信息，上传到观众数据库，为观众发放观众身份识别标识等；

b) 观众行为管理：根据展览会主办单位对观众信息获取的要求，利用数据采集终端设备收集和管理观众行为。

5.3 参展商信息管理

5.3.1 参展商基本信息管理

参展商基本信息管理应具备下列功能：

a) 储存管理参展商基本信息；

b) 生成招展邀请，保存与参展商的联络记录；

c) 生成用于制作会刊、楣板、参展证件等的信息。

5.3.2 展位销售管理

展位销售管理应具备下列功能：

a) 实现展位管理；

b) 实现销售过程管理；

c) 实现销售人员管理。

5.3.3 展览服务管理

展览服务管理应具备下列功能：

a) 发布和回收展览会服务信息；

b) 实现展览会的互联网服务；

c) 汇总和统计服务信息；

d) 分类和导出服务信息。

5.4 商务配对

商务配对应具备下列功能：

a) 为参展商和观众提供商务信息检索功能；

b) 基于参展商和观众的供求信息分析进行商务匹配；

c) 为参展商和观众之间的自主商务邀约提供系统平台；

d) 管理参展商和观众间的动态预约信息；

e) 根据预约配对情况，生成活动日程并自动提醒。

5.5 邀请

可根据需要配置多种信息技术营销功能，用于展览会的招商、招展等。

5.6 数据库管理

5.6.1 数据处理

信息管理系统应当具备下列数据处理功能：

a) 批量导入和导出数据；

b) 增加、删除、修改、合并数据；

c) 参展历史数据关联及追溯；

d) 重复数据提示及合并;

e) 误操作恢复。

5.6.2 数据利用

信息管理系统应当具备下列数据利用功能:

a) 数据库操作记录;

b) 多检索条件合并查询;

c) 数据库操作记录查询;

d) 数据筛选;

e) 数据分类管理;

f) 统计及分析:

1) 当届数据统计及分析;

2) 历届数据对比分析。

6. 安全保障

6.1 系统加密

系统安全应满足GA/T 708—2007中的第二级基本要求。

观众信息电子识别、观众信息读写、登记系统数据传输和系统间数据通信等采用的密码算法,应符合国家对密码管理的法律法规和标准的规定。

6.2 系统权限管理

应制定专门的系统安全和数据保密管理要求,并在系统开发建设和运行中执行。

应实行数据操作分级授权制度,制定各级权限的分配和审批程序,赋予与权限相对应的账号和密码。

6.3 数据备份管理

应具备数据定时自动备份功能。

6.4 应急预案

应制定系统安全应急预案,并在系统开发建设中测试和运行中演练。